·上海市上海中学作为教育部普通高中新课程新教材实施国家级示范校研究成果
·上海市上海中学作为教育部首批全国中小学科学教育实验校研究成果

冯志刚

张泽红 主编

"龙门书院·上海中学"书系

冯志刚 总主编

志存高远

——普通高中资优生发展指导

上海教育出版社
SHANGHAI EDUCATIONAL
PUBLISHING HOUSE

站在世界一流研究型、创新型学校发展的新起点上

（总序）

上海市上海中学（简称"上海中学""上中"）的前身是创始于1865年的龙门书院。一百五十多年来，学校秉承"储人才、备国家之用"的办学宗旨，坚守"自强不息、思变创新、乐育菁英"的龙门之魂，为国家的发展与民族的振兴培育了一批又一批英才。

进入中国特色社会主义新时代后，上海中学持续走在构建世界一流研究型、创新型学校的道路上，比肩世界名校，不断深化国际视野下不同领域拔尖创新人才的早期培育之内涵，持续为师生营造研究氛围、搭建创新平台，力求在基础教育领域的探索与引领方面继续发挥应有的作用。

学校把一些思考与实践作为办学与文化的积累，形成本套"龙门书院·上海中学"书系。

立足于人力资源强国与创新型国家建设，我们将"世界一流研究型、创新型学校"理解为：以具有国际视野、本土情怀的拔尖人才的早期培育为基础，倡导独立思考、敢于质疑的精神，构建师生感兴趣的良好研究领域，鼓励创新，包容失败；以学校独具特色的、可选择的课程体系建设为载体，集聚大量具有高层次教学与科研能力的创新型师资，同时利用社会资源，做好高校、科研院所等与基础教育阶段的学校在研究与创新方面的有机衔接，不断释放师生的研究激情与创新活力。

构建世界一流研究型、创新型学校的实践，重在搭建一个核心平台——具有国际视野、本土情怀的拔尖创新人才的早期培育实验；追

逐两个发展关键点——"研究型"与"创新型",前者以"研究氛围的营造"为切入点,注重以研促学、以研促教;后者重在创新平台的搭建,以教学创新、课题创新、项目创新推进,并以教育教学、学校管理的创新作为支撑,其内核是思想与方法的创新。"研究型"强调氛围营造与机制支撑,重在土壤培育;"创新型"强调目标驱动与平台建设,重在学问之道。

世界一流研究型、创新型学校力求教育教学质量的高水平和人才培育的高素养,不局限于传统课程和教材内容的传授,而以提升人才核心素养与21世纪所需关键能力为着力点。打破学生发展的学段培养之时限,打破课堂空间之局限,为终身学习、读好书本与实践两本人生之"大书"打基础,着眼于学生的生涯规划与人生之路的可持续发展。

为此,学校把握时代发展的脉搏,注重在"传承中发展、在发展中谋划",在传承上海中学原校长唐盛昌先生的诸多改革思想的同时,在育人方式、办学理念、管理机制、治理体系、人才培养模式乃至校园文化诸方面皆与时俱进,不断创新。

世界一流研究型、创新型学校的建设,有其固有的一些特质:需要在传承与发展的基础上,强化以创新为核心的文化基因,提倡教学与研究并重,在优势学科教学与研究上逐渐形成品牌;需要搭建大量的基于科学技术、体现时代特征的创新平台,促进学生个性潜能的发展,提升阶段最佳发展取向的选择能力;张扬"不走寻常路"的学校精神;展示教师的学术领导力。在世界一流研究型、创新型学校发展的新起点上,我们需要不断强化这些特质,不断寻求学校发展的"新支点"。

我们将一如既往,坚持"守得住理想、耐得住寂寞、干得成事情"的办学精神,坚守中国本色,强调国际特色,促进中西高端教育的融合,努力提升教学的学术水平,为学生创建一片多课程、多课题、多项目的"海洋",让他们在"游泳"中发现自己的兴趣、特长与强潜能之所在，成长为有理想、有本领、有担当的时代新人。

当下，上海中学已经站在世界一流研究型、创新型学校发展的新起点上，需要在坚守理念与做好顶层设计的基础上做很多事情，"龙门书院·上海中学"书系的持续推进就是一项重要的工作。它是为教师拓宽视野、探究育人、追求学术、提升专业所创设的一个发展平台，意在促进教师的反思与顿悟；它也是为学生提供聚焦志趣、激发潜能、提升素养、展示才华的一个舞台，意在为他们攀登高峰搭梯子；它更是为发展具有中国特色、世界水平的现代教育先行先试的一个学校实践记录，为同类学校有特色的多样化发展提供我们的思考，促进彼此的交流。

是为序。

上海市上海中学校长

国家督学

正高级教师

2024 年 5 月修订

目　　录

第一章

高中资优生发展导论

——促进志趣能匹配

人生是一个区间,精彩是这个区间中的点。你在努力过程中取得的一个个突破,赢得的一个个精彩,都是下一个突破的新起点。

——冯志刚

党的二十大报告指出：实施科技兴国战略，强化现代化建设人才支撑。要坚持教育优先发展，加快建设教育强国、科技强国、人才强国，坚持为党育人、为国育才，全面提高人才自主培养质量，着力造就拔尖创新人才，聚天下英才而用之。今日之资优生，未来之发展栋梁。学校需要加强对高中阶段学生成长的导引。完善高中生发展指导制度是一项长期的、复杂的系统工程，呼唤形成针对不同类型学校、不同优秀资质学生群体的学生发展指导系统。

教育部制定的《普通高中课程方案（2017 年版 2020 年修订）》把"切实加强学生发展指导"作为高中阶段学校实施新课程的重要内容提出，要求"加强对学生的理想、心理、学业、生活、生涯规划等方面的指导，开展多种形式的指导活动，帮助学生树立坚定的社会主义理想信念，正确地认识自我，更好地适应高中阶段的学习与生活，处理好兴趣特长、潜能倾向与社会需要的关系，选择适合的发展方向，提高生涯规划能力和自主发展能力"。

进入中国特色社会主义新时代，在"构建德智体美劳全面培养体系，形成更高水平人才培养体系"的现代优质教育目标引领下，发轫于 1865 年龙门书院的上海中学，坚守"储人才、备国家之用"的办学理念，毋负甄陶教泽长，努力实践资优生教育，大力推进基于学术志趣导航的拔尖创新人才早期培育。

学校以促进学生志趣能匹配为核心，以全面、全员导师制为中轴，以"认识自我"与"认识社会"为同心圆不断向外延伸，持续创设多元、优质、高质量的学校发展平台，形成了以"聚焦志趣、激发潜能"为导向的普通高中资优生发展指导系统，帮助学生在高中阶段形成更为理性的生涯发展选择。

当我驻足，回首时光深处
龙门楼的满楼辉光照亮我来时的路
万语千言还来不及诉之于口
往事在此际，一一浮现心头

你说，我们曾一同经历盛夏似火的骄阳
响亮的呼喊声谱写青春序章
艰难困苦我们共同渡过
在蝉鸣声中开启三年的生活

你说，你曾见过前卫村的繁星点点
生存训练里升起的袅袅炊烟
我们并肩奔向茫茫原野
铁锹挥舞，红心播撒田间
寒风凛冽也吹不灭你的笑颜

三年光阴在心中激荡永恒的诗篇
回望友情岁月，师恩绵绵
勿负教泽恩长，志且益坚
将过往回忆化成川流，奔涌入海
我坚信，我们的未来也必定灿烂花开

我们朝着远方的梦想更上一层楼
更上一层楼，到那蓝天振翅遨游
向未来的挑战不懈奋斗
文言史传里论辩慷慨激昂
阅读写作中文思纵横八荒
父母的关怀时在耳旁

师长的教导铭记莫忘

或许彷徨,面对望而却步的数列
或许迷茫,面朝迷雾重重的前方
失意时,是你在我身旁
给我肩膀,予我力量
点燃梦想的微光
聚焦志趣,激发潜能
告诉我前方的路途漫长
我们一起并肩去闯

我们在新时代走上新征程
执笔为剑,化纸为枪
每一次落笔都如利刃出鞘
每一分进步都是你的戎装
不必隐藏锋芒,坚定追逐梦想
在璀璨的星河,无尽的旷野
我们的生命必将在祖国需要的地方绽放

三年时光,拾级而上
梧桐披褐,银杏转黄
樱花漫天,玉兰芳香
春秋冬夏,你我一同吟赏
青春的热忱,年少的莽撞
岁月舒展间,你我一同绽放

我记得水杉林间的斑驳树影
我记得夜晚操场的闪烁星光

有那么多的梦可以畅想

有那么多的事值得疯狂

我们将热血与诗情付与时光

这里是你我青春绽放的地方

我们也曾看见落叶萧萧

经历过怅惘和迷茫

我们也曾欣赏晨曦微光

见证过欢笑和希望

未沉于星河,怎会有胜利和骄傲

未行于暗夜,怎会见黎明和曙光

且看今朝之你我

带着无畏的锋芒

在龙门扬帆起航

唱响"储人才、备国家之用"的铮铮誓言

寄理想于四海,乘风破浪到八方

（摘自 2021 年艺术节闭幕式高三大合唱学生诗朗诵）

第一节　资优生发展认识与拔尖人才
早期培育的时代要求

有一段时间,我国教育界较少提"资优生"概念,而认为我国作为一个教育大国首先要关注教育公平。自上海中学原校长唐盛昌先生在 21 世纪初系统提出与实践资优生教育后,高中阶段对资优生发展的认识得到了较多关注。为解决影响我国科技发展的"卡脖子"关键技术问题,国家十分重视基础学科、新兴学科、交叉学科等领域的拔尖创新人才培养,对资优生教育与发展指导也不断取得共识。国家将资优生教育与中国特色社会主义新时代拔尖人才早期培育紧密结合起来,使之成为新时代高中阶段推进构建具有中国特色、世界先进水平的高质量教育体系的重要组成部分。

1 从资优生教育到拔尖人才早期培育

对集聚一批资质相对优异学生的实验性示范性高中,应针对资优生群体开展资优生教育。如何对资质相对优异的学生进行有针对性的培育,促进他们的创造性、可持续发展?这涉及学校教育改革的方方面面。上海中学原校长唐盛昌先生在其专著《资优生教育:乐育菁英的追求》①中对此进行了比较系统、完整的阐述,用上海中学的教学实践书写了资优生教育的美好篇章,在学校课程建设、教学改革、师资队伍建设、学校管理、创新人才早期培育新路探索等方面提供了促进学生资质发展、潜能开发可资借鉴的思路。

2004 年之前,国内学术圈较少提"资优生"这一概念。然而,对这批客观存在的群体进行早期针对性教育,是未来国家之间人才竞争的重要领域。上海中学从国家人才强国战略角度出发,较早提出并实践了资优生教育,后被广泛接受。对"资优生"的界定,大家比较认可的概念为:被专业人士鉴定为具有卓越表现的儿童或青少年,他们在一般智力、特殊学术性向、创造性思维、领导力、视觉或表演艺术、心理运动能力等一个或多个领域中表现优异或具有潜力。②

---

① 唐盛昌.资优生教育——乐育菁英的追求[M].上海:上海教育出版社,2009.

② 付艳萍.美国高中资优教育发展研究[D].上海:华东师范大学,2016.1972 年,美国联邦政府发布的《马兰德报告》提出关于资优生及资优教育的权威界定,即"马兰德定义"。

"资优生"既是个体概念,也是群体概念。从个体角度来说,资优生是指在某一或某些方面资质优异(包括在多元智能的某一或某些方面表现突出,在数理、艺术、体育、人文等某一或某些方面与同类群体相比表现优异)的学生。从群体角度来说,资优生是指在某一或某些方面资质相对优异的学生群体集聚,像上海中学客观集聚着这样一批资优生。对这批学生进行针对性教育,就成为拔尖人才早期培育的重要环节。

我们相信,上海中学集聚的学生都是资优生,在某一或某些方面具有未来发展成为拔尖人才的潜质。为此,学校期望夯实这批学生的早期发展基础,为他们成为国家发展所需要的拔尖人才做早期准备。上海中学2008年在全市高中学校中率先推进高中生创新素养培育实验项目,2010年被列为首批全国教育体制改革项目"探索建立拔尖创新人才培养基地"试点学校。通过这些年的学校教育改革与实践探索,我们认为拔尖创新人才早期识别与培育应关注四个维度的八个核心要素(见表1-1)。[①] 由于我校的培育优势是重数理基础好的人才,因此这些核心要素的衡量也比较多地偏数理、科技方面的优秀人才培育,艺术、体育方面的优秀人才培育可参阅,或需进一步思考。

表1-1　拔尖创新人才早期培育的八个核心要素

衡量维度	核心要素
激活内动力	要素一　责任与思想境界 要素二　兴趣和潜能的匹配
创新素养养成	要素三　思维的批判性与深刻性 要素四　思维的跳跃性与缜密性

① 唐盛昌.拔尖创新人才早期培育的八个核心要素[J].上海教育,2012(6A):28-29.

（续表）

衡量维度	核心要素
创新人格养成	要素五　钻研与痴迷 要素六　坚忍性
基于兴趣聚焦的发展志向性领域	要素七　个性化的知识构成 要素八　基于一定领域发展的可持续性

2　让龙门学子成为心怀"国之大者"的拔尖人才

进入中国特色社会主义新时代,我们实现了第一个百年奋斗目标,走上实现第二个百年奋斗目标的新征程。2021年9月27日至28日,中央人才工作会议在北京召开。习近平总书记在会上强调,加快建设世界重要人才中心和创新高地,必须把握战略主动,做好顶层设计和战略谋划。在这个新时代,我们要实现中华民族伟大复兴,要加快我国成为世界一流强国的步伐,亟须解决制约我国科技发展的"卡脖子"技术问题,亟须拥有一大批各个领域的拔尖人才。

上海中学努力让龙门学子成为心怀"国之大者"的拔尖人才,努力构建全方位的培养体系。学校致力于培养心怀"国之大者"的拔尖人才,努力关注拔尖学生的实践智能提升,为学生提供异质化课程,提供适合学生发展的动态发展路径,平衡好社会价值导向和个体发展需求,建立全方位的拔尖人才培养和研究体系。[1] 2022年3月8日,中共上海市委教育工作领导小组办公室秘书处专门编发简报《上海中学探索实施基于学术志趣导航的拔尖创新人才早期培育》,报送中央教育工作领导小组秘书组秘书局、教育部办公厅、教育部综合改革

---

[1]　阎琨.构建全方位培养体系　培养心怀"国之大者"的拔尖人才[N].光明日报,2021-10-26(15).

司等部门,并送发各区的区委教育工作领导小组、各部门负责同志。上海中学主要有以下几方面的探索经验:

第一,学校注重学术方向引导,激活学生学术兴趣与潜能。学校以聚焦志趣、激发潜能为突破口,结合时代发展特点与学生未来成长需要,为一批"强潜能"学生提供丰富且合适的选择性学习,设置了数学、科技、工程实验班,自主开发大学选修课程,融入数学、科技、工程领域的课程内容,使中学课程与大学课程成为有机整体,推进思维教学,培养学生的创新精神与实践能力。

第二,学校注重培育实践形式,构建多样化合作育人模式。学校以学生的学术兴趣与素养培育为导向,在课程开发、课题研究指导、"强潜能"学生引导、学生选拔评价等方面,与高校、科研院所、企业构建育人共同体,通过多样化的合作路径,对学生进行个性化、精准化、立体化指导。

第三,学校注重队伍保障,提升教师团队能力水平。学校鼓励教师参与课程开发,搭设多样化平台,基于教育教学实践,共同探究教学方法,让教师主动承担课程开发者、实施者、探究者的角色,提升教师课程开发能力、教材编写能力、志趣引领能力、比较研究能力和现代技术运用能力,进一步提升教师学术水平。学校特别注重集聚一批大师、学者来校开展学科大讲座、微课程以激活学生的学术志趣,通过"院士进校园"、学术周活动来引导学生获得激励与升华。

这里选取 2022 年学校开展五四青年节纪念活动中 1981 届校友、东华大学校长、中国工程院院士俞建勇的寄语,与各位分享,以显现学校努力让龙门学子成为心怀"国之大者"的拔尖人才的期许。

※小资料

展现新时代中国青年的风采
——2022年五四青年节寄语上海中学学子

1981届校友俞建勇院士

亲爱的同学们：

　　大家好！今年是五四运动103周年,也是中国共青团建团100周年,在这个特殊节点上很荣幸能跟各位校友畅谈交流,在此首先祝各位同学五四青年节快乐!

　　今天,因为一个共同的身份——我们都是上中人,让我们共话青春。此刻,浮现在我眼前的是40多年前关于我的青年时代,属于我的那段激情燃烧的岁月。我是在1979年考入上海中学的,当时中国改革开放的序幕刚刚拉开,全国科技大会在前一年隆重举行,"向科学进军"、为振兴中华和为实现"四个现代化"而努力读书、奋力拼搏是那个时代的主旋律。在这样的时代大背景下,我选择了上海中学,当时的想法非常纯粹——努力学习文化知识,为国家建设和发展作出积极贡献,实现振兴中华的理想抱负。43年弹指一挥间,我们国家历经几代建设者。沧海桑田,中国的变化惊艳了岁月,更惊艳了世界。我们是新中国发展的见证者,更是亲历者。时间的积淀也更加清晰地展现了个人命运和国家发展的关系,那就是个人前途融入国家发展,必将成就精彩的人生。

　　我们的母校——上海中学,历经岁月长河洗礼,始终秉持"储人才、备国家之用"的办学宗旨,在深厚的历史积淀和文化底蕴中不断前行,为国家各行各业培养了无数栋梁之才,正向着世界一流研究型、创新型中国基础教育顶尖名校的目标坚实迈进。上海中学为我们每一个上中人构建了引以为傲的共同的精神家园。在此,我代表万千学子向母校致以最崇高的敬意和最诚挚的感谢!

五四运动在中国青年的精神谱系中，代表了"爱国、进步、民主、科学"。五四精神传承至今，成为激励青年人不断奋勇向前的精神力量。前不久（2022年4月21日），国务院新闻办公室发表《新时代的中国青年》白皮书，这是新中国历史上第一部专门关于青年的白皮书，国家对青年一代充满期待、寄予厚望。习近平总书记说："青年是整个社会力量中最积极、最有生气的力量，国家的希望在青年，民族的未来在青年。"你们正处在中华民族发展的最好时期，面临着难得的人生际遇，担当着中华民族伟大复兴的时代使命。同学们，一个国家的进步，镌刻着青年的奋斗足迹。作为你们的校友，回顾自己的人生道路，深切感受到这些伟大精神的抚育滋养对我个人成长发展的重要意义。值此五四青年节到来之际，分享些许感悟，希望能与大家共勉：

　　一是国家兴旺是个人发展的基础，爱国奉献是每一位青年人应有的担当。爱国，是人世间最深层、最持久的情感。国家于我们，是心之所系，更是情之所归。记得我当时的科研工作经历就是围绕国家经济社会以及国防战略的重大需求，刻苦攻关，取得技术突破的。我曾跟我的同行多次提起，虽然我们的团队获得过多项国家级荣誉，但最让我记忆犹新和为之心潮澎湃的是，我们在国家重大战略武器系统研制过程中攻克了一个核心的装备系统。尽管这个成果没有被授予国家级奖励，但我觉得它实实在在地为国家的战略武器发展作出了贡献，内心无比充实而富足。今天，日益强大的祖国给了我们更大的底气和自信，希望同学们能把自身的发展与社会的进步紧密结合，在服务人民、奉献社会的同时取得个人最大的发展，在实现中华民族伟大复兴征程中实现青年人的社会价值。

　　二是志存高远是个人前进的动力，脚踏实地是每一位青年人成长和进步的基石。从世界历史的发展趋势来看，谋求进步是人类社会的永恒主题。当前，新一轮科技革命和产业变革正在向纵深演进，科学技术正在深刻影响着国家的前途和命运。面对世界百年未有之大变局,青年人更要立鸿鹄志,做奋斗者,抓紧高中阶段最基础、最全面的学习,做好全方位的知识储备,为未来大学的专业学习夯实基础。时代在变,青春的责任不变。中国特色社会主义进入新时代,作为时代先锋的中国青年,特别是上中的青年,更要把握社会发展趋势,坚定理想,强健体魄,敢于突破,挑战自我,牢牢把握住每一寸光阴,勇做社会发展的引领者、中华民族伟大复兴的实干家。

　　三是实践磨砺是个人成长的财富,创新是每一位青年人应有的思维方式。高中阶段的教育本身就是对自我意志力、约束力的一次次磨砺,我相信"越自律越自由"的道理,同时任何人的成长过程都不可能一帆风顺。希望你们在抓好文化知识学习的同时,挖掘自身潜能,全面提升素质,注重自身创新意识和综合能力的培养,积极参与各种社会实践活动,养成立体式思维方法。我们人类社会关于数据安全、生物工程、人工智能等新兴领域的治理和诸多问题正等着你们给出答案。未来,我相信我们优秀的上中人一定可以用青春和汗水创造出让世界刮目相看的新奇迹。

　　同学们,我们的母校已经走过了157年的辉煌发展历程,培养出了包括科学家、将军、国家领导人、大学校长等一大批优秀的领军人才。"长江后浪推前浪",一代人有一代人的使命,我坚信"自古英雄出少年"! 衷心祝福同学们不负韶华,书写属于你们的海阔天空、无悔青春!

第二节　促进资优生发展志趣能匹配认识的内涵提升

　　新时代资优生可持续发展,需要充分认识到自身在中华民族伟大复兴的新征程中肩负的责任与使命,并且将国家发展的需要、社会发展的需要与资优生人生价值的实现紧密结合。这就需要资优生立志、激趣、增能,将自身的成长与国家发展的需要联系起来,促进自身志趣能匹配,这样才能获得自身发展最大的内动力。

1 资优生教育改革的方向——促进高中生志趣能匹配

实现我国人才强国建设的战略目标,需要拥有一大批世界一流人才,包括科学家、科技领军人才、工程师和高水平创新团队,一批颇有影响力的高水平哲学社会科学家、人文学科专家,一批具有世界影响力的高端领导人才,一批具有国际视野的企业家与企业高管,一大批技术精湛的高技能人才、国家现代化的治理人才和专业人才,一大批职业化、专业化的高级社会工作人才,等等。我们需要具有持续培养造就世界一流人才的能力,更新人才质量观念、改革人才培养体制机制、创新人才教育培养模式与提高教师的质量和水平。[①]

从人才强国建设需要的各行各业一流人才的角度看,人才是分领域的。从高中阶段开始大力推进拔尖人才早期培育,就要关注资优生的优异资质是有不同领域的,需要早期发现、导引与培育,突破整齐划一的育人模式,促进不同类型、不同潜质资优生在夯实共同知识基础的同时,通过多样化选择学习来找到适合自己的志趣领域,并确定在这一领域中是否有发展潜能。实验性示范性高中教育改革的方向是,在促进学生全面发展的同时,夯实学生个性化知识构成,促进高中资优生志趣能匹配。

高中阶段是资优生思维与人格发展的基础时期,研究普通高中(尤其是实验性示范性高中)的教育改革定位,不仅要思考社会转型发展、创新驱动对高中发展的功能性要求,更要考虑其作为现代人终身发展中的阶段性特征,将功能性定位融入资优生身心发展的阶段

---

① 薄贵利,郝琳.论加快建设世界一流人才强国[J].中国行政管理,2020(12):90-96.

性探索之中。高中阶段教育要抓住资优生在这一发展阶段志向逐渐形成、兴趣逐步聚焦、优势潜能逐步显现等关键阶段性特征,促进高中生志趣能匹配。

※小资料

对高中资优生志趣能的认识①

"志"是让资优生将发展的志向与对社会的理想、信念、责任及一定领域联系起来。

"趣"是让资优生在多样兴趣体验基础上逐步聚焦,促进个性化知识构成,形成创新素养培育的重点领域。

"能"是让资优生在兴趣聚焦领域的基础上,形成未来发展的指向性领域,个性化地发展其优势与创新潜能。

要让高中资优生朝不同领域的拔尖创新人才方向发展,学校就应当帮助他们找到适合自己发展的志趣能匹配领域,进行早期识别与引导,进一步缩短人才培养周期。学术界普遍认为拔尖创新人才的成长过程十分复杂。一般而言,拔尖创新人才具有以下两方面的特点:其一,具有在某一领域突出的专业知识和专业能力;其二,具有一些不同于常人的特质和品格,如深厚的人文底蕴,较强的责任感和使命感,坚韧不拔的意志,敢于质疑、敢于挑战权威的勇气,以及对某一事物具有强烈的好奇心和浓厚的兴趣,喜欢自己动手和冒险探索,等等。②

---

① 唐盛昌.高中改革方向——促进高中生志、趣、能匹配[J].基础教育论坛,2013(1):26-27.

② 贺芬.拔尖创新人才可以"计划"培养吗?——对"强基计划"的冷思考[J].河北师范大学学报(教育科学版),2021(3):67-72.

学校在高中阶段对资优生进行志趣能匹配的导引,通过多样的发展平台与可选择性课程学习,让他们对大学专业、自我的能力与志趣有深入的了解,较早地根据兴趣、爱好、个性来规划自己的成长之路。让高中资优生找到适合自身发展的志趣能,他们才更能静下心来读书,更能沉得住气去面对挑战。上海中学冯志刚校长在2021学年第一学期开学典礼上给学生寄语,希望学生在新学期做一个安静的读书人,在"志趣能"合一的实践中坚定前行,不负新时代赋予的责任。这里选择部分内容与读者分享。

※小资料

做一个安静的读书人

——冯志刚校长在2021学年第一学期开学典礼上的讲话

亲爱的同学、各位老师:

刚才同学们的交流发言,分享了自己在假期生活中的精彩经历。让人印象深刻的是数学班的两位同学用英语做的有关参加世界数学教育大会交流的报告。给我印象最深的还是何慕婷同学关于暑假支教的报告,她把我带入了我读书的那个年代。他们暑假支教的小学,跟我读书的小学有些相似,我就读的小学是一所县城小学。

46年前,我背着书包走进了学校。当时的上学情景是怎样的呢?现在已经没有印象了,但有一点记得很清楚:没有家长陪我上学。为什么要去读书?也不知道。只知道,不去读书,就没有人跟我玩了,因为别人都去读书了。那个时候都说"读书可以改变命运"。其实,对这句话我也没有什么体会,读到高中后才勉强有一点感觉。也就是说,我们那个年代读书是几乎没有功利心的。读着读着,才知道读书是有点用的,感受到读书是有一些意义的。

那个年代,"文化人"是很受尊敬的。每年过年时,每家要贴春联,如果能请到一个"文化人"给家里写一副春联,贴在门楣、门框上是非常有面子的,仿佛一家人都很有文化。其实,那时即使在县城里,大部分成年人的文化水平也是不高的,因为小学都没有毕业。家有"文化人"在那个年代是我们那个小县城里每家每户的追求。怎样才能出一个"文化人"呢? 那当然是要读书,不读书如何成为"文化人"呢? 我今天发言的主题是:做一个安静的读书人。

尽管那时读书还是比较苦的,但我没有经历过饿着肚子读书的时光,而资料匮乏是实实在在的。记得我读高中时,有一套"自学丛书"非常有名。我曾经写信给一位编辑老师,随信附了 6 角钱,求购他编辑的一本物理书。我并没有指望能收到回信,但一个月后,收到了书,还有退回的 2 角钱。我非常感动,每天都捧着书,爱不释手。读大学时,我还去过上海科学技术出版社,试图寻找那位给我寄书并退回余款的编辑老师,想当面感谢。虽然未遇到,但也不遗憾,有些事做过了就很开心。

相对于那个物资匮乏的年代,缺这少那,物资供应要凭票,现在已经是天壤之别了。像异地购书这样的事,只要动动手指,下个订单,没几天就可以快递到家。方便是方便了,但我想或许再也不会有人能获得像我们那时候的感动了。

生活与学习条件的变化给我们带来很大的效益,这种效益是明显的。现在我们获取知识的渠道与方式极大地拓宽了,但有一些东西可能会丢失。我们读书那会儿,想了解一些新闻,是用耳朵听的。很多地方都装有大喇叭,在放学回家的路上,大喇叭里放得最多的歌,就是张明敏唱的《我的中国心》。我们会唱这首歌,因为当时大家走在路上都在跟着唱。现在已经没有人用耳朵听新闻了,都是看新闻,所有的东西在手机上都有。刚才两位数学班的同学分享了线上、线下混合式学习的体会,可见现在的各种教学方式非常多,获取知识的渠道也是非常宽的。现在,我们是不是很难找到一张安静的书桌了? 有时候,真觉得要找到一张安静的书桌没那么容易了,如何成为一个安静的读书人也成了一个问题。

我不确定同学们现在是怎样读书的。如果家里管得不严的话，在家里读书的时候，桌子上放着手机，时不时刷刷手机，找找"答案"……这不叫安静地读书。

在座的各位同学无疑是幸运的，你们凭借自身的天赋和努力，走到了一起，可以在上中校园内共同生活三年。我希望你们都能成为安静的读书人。要做到这一点，在本质上是困难的，只有在"志趣能"合一的实践中坚定前行，才能变为一个真正安静的读书人。这个要求虽高，但可以做到。

我教的学生都是喜欢数学的，他们有一个共同而明显的特征：看到难题就会两眼放光。记得有一次，一个学生对某个题目思考了一个星期未解决，来找我。我刚在思路上起了个头，他马上说："老师，您不要讲了，我再试试。"第二天，他就给出了完整的解答。做过竞赛题的学生是知道的，很多题目只知道一个大概的方向是不够的。但是，这个学生这样的做法，我认为就具备一种安静的读书人的气质。很多题目是教师讲，学生听，这样学到的不是自己的，只有自己做出来的才是真正属于自己的。如果我们对待每一个问题都像那个学生一样，就称得上是一个安静的读书人。其实，这样的体验在每个人身上都发生过，只是"不放弃"的人不多。学会并坚持"不放弃"，兴趣就会变成志趣，读书就会越来越"安静"。

上中搭建的平台足够每一个上中学子找到属于自己的轨道，尽管这条轨道是偏向学术的、有挑战性的。只要成为一个"安静"的读书人，就能充分拥抱这些资源，就能不辜负新时代赋予我们的责任。

新学年的开始也意味着一个新的起步，不同年级的学生会有各自不同的任务。当务之急是尽快从暑假的状态中走出来，心态平和地去迎接新的学期。当大家走进龙门楼，坐到自己的座位上时，请做一个深呼吸，想一下：如何做一个安静的读书人？让我们一起努力！

2021 年 8 月 31 日

2　资优生发展的新时代诠释——守得住理想、耐得住寂寞、干得成事情

在构建德智体美劳全面发展高水平人才培养体系视野下推进实验性示范性高中改革,上海中学提出了构建世界一流研究型、创新型中国基础教育顶尖名校的发展目标。我国要实现高水平科技自立自强,需要一大批拔尖、高水平创新人才。拔尖、高水平创新人才培育需要从基础教育抓起,建立贯穿人才成长各阶段的协同育人机制。

我国高中教育与大学专业教育之间存在衔接盲区,影响了一批有潜质学生的兴趣激活、志向明晰,延长了人才培养周期,制约了高水平拔尖人才的供给。高中阶段资优生优势潜能开发与发展取向选择驱动是一个重要课题。如果导引得好,资优生在高中期间形成的"志趣"可以一直带到大学,乃至走上社会。对高中阶段资优生的发展来说,要引导他们在志趣能匹配领域夯实学术素养,会学会玩,学中有术。高中阶段学生的"学术素养"与大学"学术素养"不同,是从高中生认知发展规律出发,以"学术探究思维和方法养成"为逻辑主线,关注激活学术探究兴趣,培育学术道德,夯实学术知识,提升学术能力。

实验性示范性高中在资优生教育上的育人特色追寻动能,要以学生志趣聚焦为导向,打造理论结合实践、学习结合探究、体验结合创新的课程体系,也要关注"学术高度"(让学生在感兴趣领域中执着探究),引导有发展潜质的学生主动地去获取自身感兴趣领域的知识,接受挑战,享受快乐,逐步积累自己的"非对称优势"。普通高中扎根本土,融通中外,大力进行国际视野下的拔尖创新人才早期培育实践,应进一步深化对资优生志趣能匹配的新时代认识。

2.1 守得住理想——志的树立

对高中阶段资优生的发展,首先应以德为先、立德树人,思考如何让资优生树立远大的理想,将个人发展的近期目标、中期目标、远期目标与国家发展、社会发展的需求紧密结合起来。一个有大志、有理想且能守得住理想的资优生,往往可以被激发出内在发展的无穷力量。志向的高远与坚守,可以决定资优生未来发展的高度与思想境界。

守得住理想,能体现资优生的坚毅。资优生树立自己的理想,就能用三年、五年、七年乃至更长的时间去追求,要不怕跌倒。只有一次次跌倒,资优生才能长得更高。守得住理想,体现了资优生的大气,同时也要懂得取舍。一个聪明的、有坚定信念的人总是会对自己的梦想做长远规划,尽管这个规划不会写在纸上,但一定会写在心上。

2.2 耐得住寂寞——趣的坚守

资优生教育中,要注重引导资优生为了实现自己的理想,在自己的志趣与优势潜能领域的开发方面持续努力。资优生要耐得住寂寞,敢于面对困难与挫折,在趣的坚守中锻炼自己的德行,找到自己兴趣与潜能的匹配点。学校要努力创设多样化的平台,推动资优生去主动识别与发现自己的潜能,在适合他们的舞台上得到更好的发展。要让学生会学会玩,做到学科学习、课题探究、文体活动等齐头并进。一旦学生认准了自己的志趣,就要敢于坚守,在趣、能的匹配探索中享受失败的艰辛与成长的喜悦。

在促进学生对趣的坚守上,学校要努力创设各种平台,让资优生在自己的趣、能探索中有足够的好奇心,并耐得住寂寞。为此,我校提出了构建"拔尖创新人才培育链"的概念,大力推进现代化创新实验室建设与大中学实质性合作,不仅将资优生早期培育的触角延伸到初中教学基地,而且与高校、科研院所形成了以专门课程开发、课题与项目探究、实验室建设为载体的长效合作机制,使学生的志趣能拓展有更为广泛的空间。自 2013 年以来,学校进行了高水平人才培养体系视野下的大中学合作育人机制的系统探索(见图 1-1),有利于高中生学术志趣的聚焦和学术潜能的激发。

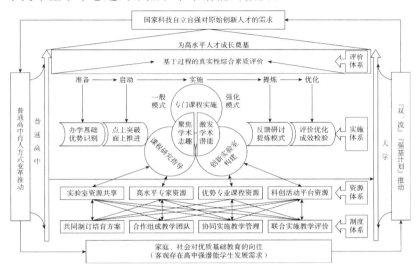

图 1-1　高水平人才培养体系视野下的大中学合作育人机制示意图

　　针对普通高中资优生教育学术引领方式不足的问题(简单指向高考、竞赛),如何拓宽高中资优生的学术视野,在课程内容、教学目标、课堂组织形式上实现育人方式上的突破?可以通过大中学合作,联合进行多领域学术课程开发与多样化教学形式的变革,让高中资优生离高考更远一些(不拘泥于高考),离学术更近一些,引导高中资优生的学术探究从兴趣走向价值追求,不是育人过程的添砖加瓦,而是突破边界找新路。

　　针对普通高中资优生学术素养培育资源不足的问题(仅靠高中师资力量远远不够),需要以高中学校为圆心,合理引入大学的"大师"(各领域的院士、知名教授、专家)资源,拓宽高中资优生学术探究的空间,形成大中学深度合作育人的良好运行机制。这一机制的探索有助于一批实验性示范性高中思考如何引入大学学术资源,实现教育对象、师资、制度、评价等要素的优化组合,为高中资优生提供接触真实学术研究的经历,促进他们在聚焦学术志趣的基础上提升学术素养。

2.3 干得成事情——能的展现

资优生的能力展现要在服务社会中发光发热。学校要让资优生认识到自己的志趣聚焦、潜能开发,要能促进资优生今后走入社会、服务他人、为国家做贡献。干得成事情是资优生持续增能的一种鲜明体现与现实追求。为此,学校在教育学生的过程中,要引导学生干得成事情,不能轻言放弃,对自己感兴趣且对社会有益的事要坚持做到底,善于团结可以团结的力量,不断获得自身的发展。

以上海中学实施的"复旦大学—上海中学学术兴趣与素养培育的导师制计划"(以下简称"导师制计划")为例,2017届至2022届近五百名学生参与了完整的"导师制计划",每位学生都在点面结合的学术兴趣导引中获得了提升。学生们反馈:通过"导师制计划",他们逐步清晰自身未来职业生涯发展的大致方向。从首届参加"导师制计划"的毕业生(2017届)进入大学后的不完全统计结果可知,有84%的学生在学术引领匹配领域中攻读硕士、博士学位。

这些年来,我们的学子在高中阶段养成了做课题研究的兴趣,并且持续到大学乃至研究生学习领域。例如,选择通信专门课程的傅同学在上海交通大学张教授的指导下完成的课题"模块化单片机开发系统"获"丘成桐中学科学奖"之计算机优胜奖,并进入上海交通大学密西根学院展开进一步研究。

参加2020届"导师制计划"的赵同学选择了物理方向,凭借研究成果"基于ADMM剪枝的图像压缩自编码器",在2019年获"明天小小科学家"称号、"丘成桐中学科学奖"之计算机金奖。毕业后进入清华大学致理学院数理基础科学专业,获得清华大学综合优秀奖学金、清华学堂叶企孙物理班奖学金。其间与导师合作撰写的学术论文 MAGIC: Microlensing Analysis Guided by Intelligent Computation 被天文学期刊 *The Astronomical Journal* 录用。

曾参与"导师制计划"的张同学跟随导师一起讨论困惑数学界的难题,在中学时就完成了高质量的数学论文,后获得国际数学奥林匹克金牌。进入高校后,联合团队攻破了困扰数学界七十多年的难题——高维空间等角线数量最大值问题(这个难题在其参与"导师制计划"时正好讨论过),成果发表于数学四大顶级期刊之一的 *Annals of Mathematics*。

学校的许多活动让学生自己动手、动脑去组织和管理,赋予他们创新与突破的机会。在志向的明确、兴趣的激活下,学生充满力量。学校在引导资优生干得成事情的同时,也会通过改革与创新来实现特色发展,在平淡中孕育神奇,在坚守中创造神话。我们培养的学生不仅在学校里干得成事情,而且在社会上也干得成事情,每个人都可以找到自己的突破点。

※小资料

每个人都可以有自己的突破
——冯志刚校长在 2021 学年第二学期开学典礼上的讲话

亲爱的同学、各位老师:

刚过完年,我就不自觉地来到学校,看着美丽的校园,走在整洁的小道上,张开双臂,仿佛可以拥抱整个上中。脑子里却想着:十几天后,在开学典礼上与同学们分享些什么呢?

今年由于疫情防控的需要,每个人的活动范围都受到了一定的限制,但心里的负担小了很多,相对平和的日子仿佛让时间变慢了。如果没有北京冬奥会的开幕,或许做几道数学竞赛题,想想开学典礼上发言的主题,安静地看两本书,就是我的寒假生活了,肯定没有同学们刻苦。

那个震撼人心的冬奥会开幕式给世界人民带来了惊喜。第二天,我准备回看,重温一下这个面向世界、充满人文气息、展现中国特色的开幕式,想去揣摩一下其中无处不在的高科技。但是,没有找到回看,早知这样,应边看边录下来。

人们常说:"一个好的开始等于成功的一半。"冬奥会的开幕式如此成功,让我们不禁有点担心,我们运动员的表现是否也会同样出色呢?后来,苏翊鸣、谷爱凌等差不多与你们一样年纪的运动员以优异的表现让这种顾虑变得多余,他们的争金夺银让大家非常激动。我相信,越来越多的学生也会因崇拜而参与冰雪运动。早年,学校决定在中兴楼的地下层建一个溜冰场,"让我们的孩子穿上冰刀鞋去感受北方孩子们玩的东西"。这个探索是对的,同学们都应去试一试冰雪运动。

"一鸣惊人"或许是苏妈妈对苏翊鸣的期待,从他的名字看是这样的。其实,每一个做父母的都希望自己的孩子出人头地。但是,我觉得,虽然"一鸣惊人"只有极少数人能做到,但是一步一个脚印,认准自己的方向,每个人都可以有自己的突破。集每个小的突破而有所成,每个人都可以做到。

刚才,几位同学与大家分享了自己在寒假期间的学习、生活与反思,看似"平凡",却很"清澈",都指向了"兴趣、热爱与坚守"。

人生是一个区间,精彩是这个区间中的点。你在努力过程中取得的一个个突破,赢得的每一个精彩,都是下一个突破的起点。

著名交响乐指挥家曹鹏先生96岁依然活跃在各大音乐会现场,他是目前最年长的交响乐指挥家。他曾选择用手中的乐器为孤独症儿童服务,也把《梁祝》介绍给全世界,平凡而伟大。"2013 上海·台北城市论坛"开幕式在我们学校的体育馆举行时,他曾充满激情地指挥同学们用音乐开启序幕,将自己对音乐的热爱与社会服务完美结合,并坚守一生,非常了不起,值得所有人学习。

一个人再平凡,也可以不断突破。1990年,我来上中教书时,任务是做好数学竞赛教学工作。十年后,上中有同学获得了国际数学奥林匹克金牌,实现了零的突破,我也因此"出名"。其实,像上中这类学校,只要认定了要做成某件事,是一定能做成的。IMO(国际数学奥林匹克)金牌从无到有很重要,但它是一个必然事件。每个做出成绩的个人都是这个平台上的舞者,只要努力,台上的人都有"出彩"的机会。

同学们经过寒假的休整,回到校园,充实而平和的学习生活即将开始。遇到困难,想一想刚刚夺得亚洲杯的中国女足。取得突破,把它当作下一个起点,学习苏翊鸣、谷爱凌等同龄人接受采访时的心态:玩得开心,取得突破。

拓宽自己的兴趣爱好,为热爱而坚守,我们每个人都可以有自己的突破。开学啦,让我们一起加油!

2022年2月16日

第三节　努力建构普通高中资优生发展的指导系统

实验性示范性高中欲针对集聚的不同类型的资优生,形成自身富有体系的资优生发展整体指导系统,既需要具有国际视野,更要注重中国特色。

1　普通高中资优生发展指导系统的理性思考

对于普通高中资优生发展指导,要把握资优生发展的迷茫期、高原期、飞跃期,有针对性地采取相应指导,促进他们不断战胜自我,及早突破自身发展的迷茫期,尽快走出高原期,迎来自身发展的一个个飞跃期,并且让飞跃期持续更久,飞得更高。

上海中学原校长唐盛昌先生认为,资优生的智能发展存在单核(在一个学科领域中有着优异或优秀的潜质)、双核(在两个学科领域中有着优异或优秀的潜质)和多核(在两个以上学科领域中具有优异或优秀的潜质)的知识结构,要努力推进学生的个性化知识构成。不同的知识结构没有好坏之分,要根据学生的意愿加强引领。[①] 欲在夯实学生个性化知识构成、促进志趣能匹配的过程中获得更多、更大的飞跃,需要学校教师、学校聘用的专家及家长不断给学生的发展提供指导,让他们获得更快、更高的发展。

普通高中阶段的学生面临着未来人生发展方向的初次选择。普通高中作为基础教育走向大学"专业教育"的重要时期,让不同兴趣爱好、不同潜质的高中生理性思考适合自己阶段的最佳专业取向选择,是普通高中教育改革应当思考的重要课题。许多高中生经历高中三年学习后,对自己未来发展的专业领域选择感到迷茫,只知道自己要考哪一所高校,但对选择与自身潜能匹配的专业领域具有较大的盲目性。加强对资优生的发展指导,应当促进资优生在高中阶段的课程学习中形成基本理性的、适合自身发展的最佳阶段发展取向选择。[②]

上海中学冯志刚校长在"复旦大学—上海中学学术兴趣及素养培育导师制计划"2019届学生结业典礼上寄语学生"不要淹没在人群中",要在未来求学、工作等方面的发展过程中寻找自己的兴趣点,善于甄别,坚定信念,珍惜已有基础并追求更高的人生目

① 冯志刚,刘茂祥.唐盛昌优质教育改革思想与实践研究[J].现代基础教育研究,2013(4):77-82.
② 唐盛昌.高中生专门课程的构建与专业取向选择[J].教育发展研究,2013(18):15-21.

标,散发自身为国家、社会作贡献的光与热。学校应鼓励资优生在学校创设的丰富选择性课程与多样创新平台中"遨游",努力找到适合自身的最佳阶段发展取向选择。

2　普通高中资优生发展指导系统的实践架构

普通高中资优生发展指导系统的实践架构,应在新时代构建德智体美劳全面发展的高水平人才培养体系视野下进行探索。普通高中资优生发展指导可以从以下几方面进行系统建构。

2.1　德育导志,立志先立德的探索

作为学校中思维活跃、资质优异的特殊学生群体,资优生的思想道德健康发展,对民族文化的保持与国家、社会的发展具有十分重要的意义。加强资优生德育是新时代科学文化与人文文化发展的必然要求,也是促进资优生可持续发展的必由之路。实验性示范性高中需要加强资优生德育课程体系与活动系统的设计。

2.2　多维导才,注重全员导师制的升华

全面推进资优生的全员导师制,落实立德树人根本任务,构建全员、全程、全方位的育人工作体系,遵循教育规律和学生身心发展规律,促进每一个学生的健康快乐成长,培养担当民族复兴大任的时代新人与德智体美劳全面发展的社会主义建设者和接班人。要从整体上思考对资优生发展的思想导德、学科导志、活动导行、心理导情、生活导能、生涯导航等。

2.3　课程导趣,注重引导学生在知识海洋中遨游

在《普通高中课程方案(2017 年版 2020 年修订)》的指引下,将"德智体美劳全面发展"这一"五育并举"的要求融入学校课程体系化

实施之中,包含对必修、限定性必修课程的校本化实施,对选修课程的系统化设计,对优势潜能开发课程的多元化思考。要让资优生认识到学校创设的丰富的课程选择学习、课题研究与创新实验室平台的广泛空间与舞台。

2.4 劳动导能,促进资优生劳动素养提升

进入中国特色社会主义新时代,为了让资优生认识到自身在促进中华民族伟大复兴中的时代使命,对资优生加强劳动教育显得尤为重要。促进资优生劳动素养提升,应注重指导学校全面落实布局与劳动教育特色创建相结合,引导专门劳动教育开发与学科劳动教育渗透相结合,引入劳动教育的实训基地与社会资源开发相结合,引发基于文化创生的综合劳动与实践育人相结合。

2.5 评价导行,建立以评促学的综合素质评价系统

建立资优生发展指导的综合评价系统,形成学生德智体美劳全面发展的评价指标体系,关注学生各阶段学习过程的评价与结果评价相结合,借助国际教育的评价探索经验与学校基于志趣能匹配的课程学习评价信息系统,给学生提供发展的阶段引领。学校形成以评促学的综合素质评价系统,依托智慧校园建构进行全过程、全方位育人评价,构建富有上海中学资优生教育特色的评价模型。

2.6 生涯导航,促进学生形成最佳阶段发展合适取向

通过职业生涯教育的理论导引,促进学生基于志趣能匹配的专业发展取向选择分析。学校将学生对未来的专业选择、职业思考建立在课程选择学习之上,给学生提供基于自身职业兴趣与性格的职业生涯发展指导,真正实现学生的生涯发展由学生做主。学校通过对学生的专业发展取向与职业生涯指导,让学生在未来的发展路上做自己成长的导演,赢得精彩人生。

※小资料

做自己的导演

——上海中学冯志刚校长在 2019 届学生毕业典礼上的讲话

亲爱的老师、同学、各位家长：

今天，上中的夜晚灯火通明，它们为你们点亮。我们在这里召开毕业典礼，以最隆重的仪式送别 2019 届上中毕业生，这是你们在上中的最后一堂课，不仅为了让你们留下在上中的最好回忆，也为了让老师们再看看你们。

高中毕业意味着很多、很多……是你们生命中最重要的三年学习生涯的一个句号，也是另一段精彩人生的开始。在过去的三年中，你们经历了从懵懂到明白再到蜕变的阶段，成为人生观、世界观基本定型的大孩子。你们又经历了高考的洗礼。转眼间，你们都长大了，老师们感到欣慰，家长很开心。

明天起，你们将头顶百年名校毕业生的光环，离开母校，奔向四面八方，将独自去经历、体会和感悟下一段人生。你们准备好了吗？在接下来的时光里，你们将"凡事都要独自面对，困难都需自己克服"，这是一个意志、品质接受真正考验的时间段。无论你是憧憬还是不憧憬，都已来了。今天，我发言的主题是：做自己的导演。

回首过去，我们从小到大，有几个孩子做过自己的导演？谁不是在父母的呵护、老师的陪伴下，在读书、读书、读书的叮嘱声中长大？有哪个时间段不是在做"群众演员"呢？

今天，你们要毕业了。我想，是时候你们应有"做自己的导演"的观念了。你们也可以主动尝试、认真思考，谋划未来，接下来的每一个选择都要自己负责。想想很酷，但也为你们捏把汗。当然，我相信：上中的三年为你们成为一个"合格的导演"打下了坚实的基础。只要你"守得住理想、耐得住寂寞""聚焦志趣、激发潜能"，人生一定会继续精彩。

"做自己的导演"其实很难,那是对自己和对别人的一种责任,要导出"精彩人生"更难。在这部"大戏"中,我觉得人生目标是主线,踏实做人是"剧本"。很多年以后,当你回首往事,"曾经是上中学生"一定是其中精彩的一笔。我希望这仅仅是一个起点,希望我们的每一个上中学子都成为对社会有意义、对国家有贡献的人,希望你们的人生精彩纷呈。

接下来的大学四年,或许是你们人生基本定型的四年。大家都抱着名校梦走进高考考场,我问你们:为什么要进名校?同学们,你们认真思考过吗?是为了满足家长、老师的期待还是一种从众心理呢?是不是认为考不取名校,下次不好意思回母校呢?我觉得不应该有这种想法,母校是所有上中人的,母亲对每个孩子的爱是一样的。或许这是一个个性化的问题,每个人进名校的念想都不一样,但我希望你们在达成目标后,不能忘了初心,不能迷失方向,要抵挡诱惑,不要沉迷游戏,千万不要荒废学业。如果你没有进入自己心仪的学校,我觉得也不是"天塌下来了"的大事。只要有梦,在大部队里跑,不要紧,一直跑下去,总有机会跑到前面的。

对你们未来的选择,作为你们导演的人生"大戏"中的"群众演员",老师一直是建议者(有时也可能是引领者)。我觉得上中学生应往学术方向走,你们都具备成为科学家的智商和能力。学校创建了那么多创新实验室,提供宽泛的科学课程,经常请科学家来校做报告,都是基于这个判断。

为什么希望你们尝试走学术之路呢?因为这是国家的需要。在任何时候,科学家都是国家的宝贝。上中学子应该有"国家需要就是我的兴趣方向"这样的家国情怀。当然,对你们而言,这也是一条最单纯的路。如果真喜欢,会幸福一辈子。

做学问很难,但不一定苦。如果在你导演的人生中,有"做学问"这个选项,那么首先要有"坚持"二字。此外,还不能蛮干。除了"坚持",还要有很多其他素质,其中最重要的一点可能是"分享"。

　　有一次，我与一个在名牌大学读博士的学生交流。他告诉我："最近有一个想法，还没有决定。本来只有小范围的人知道，现在好多人都知道了，发邮件问我，是否应该告诉他们呢?"我的观点是，对做学问有想法，还能引起同行的兴趣，是非常难得的，也是很开心的事。不要保密，应该分享，让更多的人与你一起研究。正如做人要敞开胸怀一样，要将自己最好的东西、最好的想法与人分享，不要藏着、掖着。懂得分享才可能成为大家。平心而论，做学问有时还是蛮苦的。好不容易有个想法，不大气的人是很难与人分享的。但是，不分享，学术热情就容易丧失，学术寿命就不会长。相对而言，保持那份学术热情比取得学术成果更重要。不管将来是否做学问，都希望大家记住"分享"二字。

　　你导演的人生是否精彩，不要紧，只要平安就好。孩子们，祝你们一生平安! 作为校长，看到你们开开心心地学习、踏踏实实地生活、平平安安地毕业，我就非常满足! 母校是每一个上中学子的港湾，老师就像你们的家长一样，一直惦记着你们。希望你们能经常与父母、老师分享自己的苦与乐，欢迎你们经常回来，"风里雨里，上中陪你"。

　　祝福你们，2019 届的所有孩子!

2019 年 6 月 9 日

高中阶段应有意识地关注"强潜能"学生的生涯规划问题，引导他们在全面发展的基础上"聚焦志趣"，呵护他们在某一或某些志趣领域的质疑精神和创新能力。

——冯志刚

第二章

德育导志

——立志先立德

上中搭建的平台足够每一个上中学子找到属于自己的轨道，尽管这条轨道是偏学术的、有挑战性的。只要成为一个"安静"的读书人，就能充分拥抱这些资源，就能不辜负新时代赋予我们的责任。

——冯志刚

"为谁培养人、培养什么人、怎样培养人"始终是教育的根本问题。高中资优生教育落实立德育人根本任务,需要在德育先导思想下引导资优生树立社会主义核心价值观,传承红色基因,树立爱国之心、报国之志,争做堪当民族复兴重任的时代新人,在实现中华民族伟大复兴的时代洪流中踔厉奋发、勇毅前进。2023 年 3 月 5 日,习近平总书记在参加他所在的十四届全国人大一次会议江苏代表团审议时指出,新时代教育工作者要努力把青少年培养成为中国特色社会主义的建设者与接班人。我们的教育要善于从五千年中华传统文化中汲取优秀的东西,同时也不摒弃西方文明成果,真正把青少年培养成为拥有"四个自信"(中国特色社会主义道路自信、理论自信、制度自信、文化自信)的孩子。

　　对高中资优生的引导,首先应关注这批学生的德育。实验性示范性高中应构建系统的资优生德育课程,开展系列的资优生德育活动,促进学生形成大德、大志,实践"为党育人、为国育才"的育人使命。面对世界百年未有之大变局加速演进,立足中华民族伟大复兴战略全局,普通高中资优生德育迫切需要引导学生认识中国之路、中国之治、中国之理,以中国为观照,以时代为观照,立足中国实际,解决中国问题,不断推动中华优秀传统文化创造性转化、创新性发展,传播中国声音、中国理论、中国思想,让资优生更好地读懂中国,认识世界,进一步坚定地树立为实现中华民族伟大复兴而读书、奋斗的志向,并且在这一志向下培育自身为国家、社会服务的兴趣领域与优势潜能的开发。

　　　　以苍茫的夜色为墨
　　　　以疮痍的土地为纸

是谁？
用生命之如椽巨笔勾勒
虎踞龙盘的中华

以巍峨的青山为胄
以浩荡的赤水为甲
是谁？
在扬子江边万仞山下
将年轻的生命抛洒

为了寻求光明
你怀揣着热血的火种
拯救水深火热中的祖国
在深不见底的漫漫长夜中上下求索
播下燎原的星星之火

平湖秋景化作水中月
洛阳牡丹化成镜中花
白山黑水在你眼前流转
金沙怒涛在你耳畔低叹

风雨飘摇灾厄倾盆而下
你以骨化作石柱
凡人之力撑起苍天的悲悯

黑云压城人们看不见光
你将血燃作星子
连缀出朝阳的辉霞

刀光剑影枪林弹雨
你辗转于群山万壑
跨越过岁月峥嵘
将和平带回天地人间

泱泱中华疆土作画
你的鲜血是那赤红的朱砂
你的身躯是那泼墨的笔杆
挥洒出祖国的大好河山

想当年
戎马半生安息在江畔沙洲
看,这凛冬寒晨,红日初升

想当年
一腔热血浇灌在村前松下
看,那松柏长青,冢前新芽

如今,让我们再一次轻声呼唤你姓名
请允许我们成为你那双永不闭上的眼睛
替你们好好欣赏这盛世和平

如今,让我们再一次轻声呼唤你姓名
用双脚将这你我深爱着的土地一一丈量
感受着你们生命的纯粹与宽广

请让我们踩着你们留下的脚印
续绘今日的中华

这盛世如你所愿

待来年,共赏那,绝代风华!

革命传统代代相传!

中华民族自强不息!

（摘自 2021 年 1 月上海中学学子在崇明区烈士馆缅怀先烈的诗朗诵,由 2022 届方源、徐馨儿同学执笔）

第一节　资优生德育的学校传承与时代使命

综合先天禀赋与后天教育的因素,客观存在着一批资优生。给这批资优生提供合适的教育与引导,是学校（尤其是实验性示范性高中）教育应当正视的重要课题。在资优生教育过程中,首先要特别重视资优生德育。资优生德育是一项具有政治意义的命题,关系到我们培育的优秀人才"为谁服务"的导引问题。资优生德育中,最为重要的是根据资优生的认知发展、主体发展的差异性,在把握德育共性的基础上,进一步为资优生思想道德素养的发展"量体裁衣"。上海中学从 2004 年开始首创性地提出与实践资优生德育,让资优生德育的理念得到很好的传承与发展。

1　资优生德育的学校传承

上海中学一直关注对学校集聚的这批资优生学生的立德树人引领,促进他们在学好本领的同时有理想、有担当,树立良好的思想政治意识与道德价值情怀。1999 年,上海中学提出了以教师为主导、以学生为主体的"三三制德育模式"的实践框架,其基本内涵是:立足三个层面的统一（深层思想、外显行为、服务社会的统一）,构筑三类德育课程

（政治理论课程、社会实践课程、道德行为课程），落实三个学段（高中三个学年）的德育目标要求，多途径、多方位、分阶段落实到每一个学生，以加强德育的针对性，充分发挥其整体效应，提高学生的德育素养。

2004年，上海中学在传承"三三制德育模式"的基础上，提出了"资优生德育"这一命题并进行了创造性实践。学校牵头召开了全国顶尖知名高中参加的资优生德育研讨会，使资优生德育的认识得到了诸多学校的认可与推广。资优生政治思想中的爱国主义精神问题，人生观、价值观、道德观中的社会责任问题，心理品质的承受力问题是资优生德育需要着重解决的三个关键性问题。[1] 智力水平与学业水平并不是决定资优生成长高度的唯一指标，社会责任与思想境界才能不断为孩子调整航向。[2]

经过十多年的资优生德育实践，学校资优生德育走向系统化实施阶段，形成一个核心、两大主题、三个层面、四类课程、五大策略的实践架构。[3] 一个核心——凸显资优生的社会主义核心价值观，让他们在高水平、高质量的实践活动、志愿者活动、国际交流活动中认识到自身肩负的责任。两大主题——深化民族精神教育和生命教育的两纲教育，让自强不息的精神、振兴中华的雄心内化为资优生的素质。三个层面——促进资优生深层思想、外显行为、服务社会的统一，使学生具备良好的道德品质，通过社会实践让深层思想外显，承担服务社会与他人的责任。四类课程——构建认知类、体验类、实践类、反省类相互促进的德育课程载体，推进资优生德育课程图谱的构建与实施（见图2-1）。

① 唐盛昌.资优生教育——乐育菁英的追求［M］.上海：上海教育出版社，2009.

② 唐盛昌.孩子怎样读名校——百名资优生成长故事与评述［M］.上海：上海教育出版社，2011.

③ 唐盛昌，冯志刚.资优生的必修课体系设计［M］.上海：上海科学技术出版社，2017.

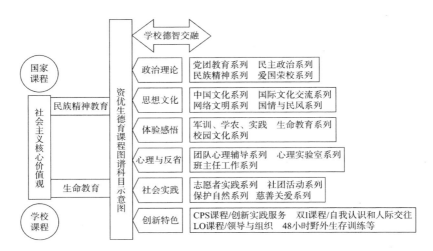

图 2-1　上海中学资优生德育课程图谱示例

在资优生德育实践中形成的五大策略是现代意识的树立、引领水平的延伸、社会实践的升华、知行内涵的深化、数字环境的营造。学校资优生德育关注学生在现代社会中的使命引导;强调教师与班主任队伍的引领价值发挥,强化教师的"潜移默化"与"言传身教";关注学生的诚信教育与言行一致,在社会实践中内化为对国家、社会责任的认识,开展了"中国情·世界风"系列考察活动;注重引导学生认识数字化环境对思想道德成长的影响,在创设数字化管理与学习环境之外,注重在课堂教学中整合数字化元素开展德育渗透、德智无痕交融,让资优生主动应对信息时代、数字时代带来的挑战。

2　资优生德育的时代使命

进入中国特色社会主义新时代,学校资优生德育在传承的基础上进一步随着时代的变化而持续拓展与深化内涵。《国务院办公厅关于新时代推进普通高中育人方式改革的指导意见》强调:突出德育时代性。坚持把立德树人融入思想道德教育、文化知识教育、社会实践教育各环节。深入开展习近平新时代中国特色社会主义思想教育,强化理想信念教育,引导学生树立正确的国家观、历史观、民族观、文化观,切实增强"四个自信",厚植爱党爱国爱人民思想情怀,立志听党话、跟党走,树立为中华民族伟大复兴而勤奋学习的远大志向。积极培育和践行社会主义核心价值观,深入开展中华优秀传统文化教育,加强学生品德教育,帮助学生养成良好个人品德和社会公德。

上海中学资优生德育在这一总体要求下,进一步凸显资优生德育的新时代使命,对资优生德育内涵与外延进行了新的拓展。新时代学校资优生德育进一步深化习近平新时代中国特色社会主义思想的学习与落实。学校将《习近平新时代中国特色社会主义思想学生读本》的学习与思想政治课教学、学校主题讲座等紧密结合起来,形成了细化读本学习的实施方案,并在日常学生德育与教育教学中予以实施。

※小资料

上海中学《习近平新时代中国特色社会主义思想学生读本》教学实施方案

导语:党的十八大以来,以习近平同志为核心的党中央以非凡的政治勇气和使命担当,应时代之变迁、立时代之潮头、发时代之先声,在团结带领全党全国各族人民坚持和发展中国特色社会主义的伟大实践中,从理论和实践结合上系统地回答了新时代坚持和发展什么样的中国特色社会主义这个重大时代课题,创立了习近平新时代中国特色社会主义思想。

教育部组织编写的《习近平新时代中国特色社会主义思想学生读本》(以下简称《读本》)是学生加深对习近平新时代中国特色社会主义思想认识的重要载体。《读本》带领学生认识、理解、掌握这一思想的一系列基本问题,进而掌握这一思想的科学体系、精神实质、理论品格、重大意义,感受习近平总书记坚定的政治信仰、朴素的人民情怀、丰富的文化积淀、长期的艰苦磨砺、高超的政治智慧。

在此基础上,学校以《读本》为抓手,围绕《读本》组织习近平新时代中国特色社会主义思想进课堂活动,引领学生系统学习这一思想,在知识学习中形成正确世界观、人生观、价值观,在理论思考中坚持正确政治方向,在阅读践行中坚定中国特色社会主义道路自信、理论自信、制度自信、文化自信,从而领悟习近平新时代中国特色社会主义思想的独特魅力。

一、育人追求

1. 激发学生爱国之情、强国之志

爱国主义是中华民族精神的核心。自古以来,爱国精神就流淌在我们民族的血脉之中,是中国人民、中华民族维护民族独立和团结统一的强大精神动力,激励着一代又一代中华儿女为祖国繁荣发展而不懈奋斗。在近代以来漫长的历史进程中,中国人民经历了太多太多的磨难,付出了太多太多的牺牲,进行了太多太多的拼搏。现在,中国人民和中华民族在历史进程中积累的强大能量已经充分爆发出来了,为实现中华民族伟大复兴提供了势不可挡的磅礴力量。全面建成社会主义现代化强国,实现中华民族伟大复兴,是一场接力跑,我们要一棒接着一棒跑下去,每一代人都要为下一代人跑出一个好成绩,中国青年义不容辞。

2. 引导学生树立远大志向,坚定理想信念

理想指引人生方向,信念决定事业成败,开展理想信念教育是培养社会主义建设者和接班人的内在要求。新时代是奋斗者的时代,正如习近平总书记对青年的寄语:"无论过去、现在还是未来,中国青年始终是实现中华民族伟大复兴的先锋力量!"青年最富有朝气、最富有梦想,通过思政课堂的引领,我们希望同学们把自己的梦想融入国家和民族的梦想,把自己的奋斗融入党领导人民进行的伟大奋斗,青春才能实现最大价值。

3.倡导明德修身,强化价值引领

立德为先,修身为本,是人才成长的基本逻辑。教育不仅要传播知识、传播真理,更要塑造学生的品德修养、价值追求和精神品格。全心全意为人民服务是党的根本宗旨,是我们党一切行动的根本出发点和落脚点,是我们党区别于其他一切政党的根本标志。为人民谋幸福、为民族谋复兴、为世界谋大同是中国共产党人的初心,也是中国共产党人的根本使命。在思政课上,我们希望广大高中学生能够在《读本》中感受中国共产党人的情怀与信念,并以之为榜样,树立正确的世界观、人生观、价值观。

二、实施要点

1.以政治必修课与思政课为主体,《读本》进课堂系统落实

《读本》共8讲,经过与教育部统编高中政治教材的比对,其中有共性的部分,我们通过在高一第一学期政治必修课补充《读本》的形式来落实这部分教学内容;政治教材中涉及较少的部分,我们将《读本》内容以讲座的形式,在思政课上组织年级大会统一学习。具体安排如表2-1所示。

表2-1　《读本》内容及安排

	课程内容	对应学期/讲座	对应课本章节
第一讲	指导思想:习近平新时代中国特色社会主义思想		
一	中国特色社会主义进入新时代	高一第一学期	必修一第4课第1框
二	新时代孕育习近平新时代中国特色社会主义思想	高一第一学期	必修一第4课第3框
三	习近平新时代中国特色社会主义思想引领时代	高一第一学期	必修一第4课第3框

（续表）

	课程内容	对应学期/讲座	对应课本章节
第二讲	目标任务:实现社会主义现代化和中华民族伟大复兴		
一	实现中华民族伟大复兴中国梦	高一第一学期	必修一 第4课第2框
二	全面建设社会主义现代化国家	高一第一学期	必修一 第4课第2框
三	一以贯之坚持和发展中国特色社会主义事业	高一第一学期	必修一 第4课第2框
第三讲	领导力量:坚持和加强党的全面领导		
一	中国共产党是最高政治领导力量	党的领导与民主政治	思政讲座第一讲
二	中国共产党是最本质特征和最大优势	党的领导与民主政治	思政讲座第一讲
三	增强"四个意识",做到"两个维护"	党的领导与民主政治	思政讲座第一讲
第四讲	根本立场:坚持以人民为中心		
一	中国共产党的根本立场、宗旨和使命	高一第一、二学期	必修三 第1单元第2课
二	以人民为中心的科学内涵	高一第一学期	必修二 第3单元第1课
三	依靠人民创造历史伟业	党的领导与民主政治	思政讲座第一讲
第五讲	总体布局:统筹推进"五位一体"		
一	以新发展理念推动经济高质量发展	高一第一学期	必修二 第3单元第1课
二	发展社会主义民主政治	党的领导与民主政治	思政讲座第一讲

（续表）

	课程内容	对应学期/讲座	对应课本章节
三	铸就中华文化新辉煌	铸就中华文化新辉煌	思政讲座第二讲
四	以保障和改善民生为重点,加强社会建设	高一第一学期	必修二第2单元第4课
五	促进人与自然和谐共生	高一第一学期	必修二第3单元第1课
第六讲	战略布局:协调推进"四个全面"战略布局		
一	从全面建设小康社会到全面建设社会主义现代化国家	高一第一学期	必修一第4课
二	全面深化改革	高一第一学期	必修一第4课
三	全面依法治国	高一第一学期	必修一第4课
四	全面从严治党	高一第一学期	必修一第4课
第七讲	安邦定国:民族复兴的坚强保障		
一	坚持总体国家安全观	民族复兴的坚强保障	思政讲座第三讲
二	新时代国防和军队现代化建设	民族复兴的坚强保障	思政讲座第三讲
三	坚持"一国两制",推进祖国统一	民族复兴的坚强保障	思政讲座第三讲
第八讲	和平发展:新时代中国特色大国外交		
一	当今世界正经历百年未有之大变局	新时代中国特色大国外交	思政讲座第四讲
二	坚持和平发展道路	新时代中国特色大国外交	思政讲座第四讲
三	推动共建"一带一路"	新时代中国特色大国外交	思政讲座第四讲

（续表）

	课程内容	对应学期/讲座	对应课本章节
四	携手构建人类命运共同体	新时代中国特色大国外交	思政讲座第四讲

2. 发挥党课与团课阵地作用，专题学习《读本》内涵

在所有高一学生的课堂学习之外，结合我校现有的学生党课与学生团课，组织参加党课、团课的学生进一步对《读本》进行专题学习，深入领会习近平新时代中国特色社会主义思想的深刻内涵。《读本》中的 8 讲主题均可作为专题学习的内容。党课、团课课程结束后，每个学生就该专题作书面学习报告，梳理学习笔记，撰写学习心得，充分发挥党课与团课的阵地作用。

3. 社会实践课程与《读本》读书小组相结合，理论联系实际

时代是思想之母，实践是理论之源。离开实践的理论是空洞的理论，没有理论指导的实践是盲目的实践。因此，在理论学习之余，我们倡导学生应同样重视将理论与实践结合起来。高一社会实践课程中的学生团队，也可以同时组成《读本》的读书小组，在进行"中国·世界风"等社会考察课程的同时，应努力做到理论联系实际。将政治课、思政课或党课、团课中学到的《读本》内容运用到社会调查、田野调查中，进一步理解《读本》中所提及的基本问题、科学内涵，在实践中进一步坚持正确的政治方向。

4. 评价表彰

政治课、思政课课内常规教学内容应以课内评价为主，可与时政测验相结合。党课、团课的专题学习报告，作为党课、团课结业评价的一部分。读书小组的报告，应与社会实践课程报告相结合，作为评价的参考要素。

《读本》学习课内评价得分较高的班级，评选优秀团支部时优先考虑。党课、团课的专题学习报告优异者，可被评为学习积极分子。

社会实践课程报告与《读本》理论结合优异者,可被评为特色社会实践团队,授予奖状,予以表彰。

三、保障支持

1. 加强组织领导

德育处、政治教研组、团委、学生会与学校其他各相关部门密切配合、组织协调《读本》学习的各项教学和实践活动,各活动负责人确保该活动顺利、有效开展,推动《读本》进课堂活动整体落实与贯彻。

2. 营造浓厚氛围

阶段性及时总结《读本》进课堂活动的好经验、好做法,加强交流研讨,实现教学相长。适时对发挥示范引领作用的老师、学生予以表彰奖励,充分利用校内广播、新闻等渠道,加大宣传力度,营造全校共同参与的良好氛围。

3. 创新形式载体

在活动第一年推进的过程中,各部门要结合实际情况,按照高中生、资优生的学情,努力完善《读本》进课堂活动的形式,更要鼓励创新形式载体,设计更丰富多彩的、更受学生欢迎的学习形式,扩大覆盖面,增强实效性,让我校高中学生在习近平新时代中国特色社会主义思想学习中受到启迪和教育。

（上海中学德育处 2021 年 9 月供稿）

新时代学较资优生德育进一步强调党建带团建。注重锻造引领资优生德育的师魂,深化党建带团建的队伍建设,打造一支有清晰使命愿景、专业素养强、有着出色领导力和凝聚力的班主任队伍。持续开发引领资优生德育的特色课程,形成党建带团建的特色引擎,每年暑假的国情民风社会考察都由党委书记、党委委员、高中党支部书记带队,分赴安徽大别山、江西上饶、贵州遵义、云南弥勒、内蒙古鄂尔多斯等地,考察红色根据地,重走长征路,支援西部落后地区,进行爱国主义和革命传统教育。构筑引领资优生德育的平台,树立党建带团建的品牌意识,树立"青春梦托起中国梦"的理想信念,用科学的理论武装青年,用历史的眼光启示青年,用伟大的目标感召青年,用光明的未来激励青年,增强青年学生的中国特色社会主义道路自信、理论自信、制度自信、文化自信。播撒引领资优生德育的火种,促进党建带团建的实践升华,深入实施"中国情·世界风"社会考察课程,旨在指导学生走出校园、走向全国、走向世界,在实地走访、亲身实践、增长阅历的同时,敏锐地发现问题、尝试解决问题,从而提高学生的社会意识和社会责任感。

新时代学校资优生德育强化在创新人才早期培育中夯实学生的社会主义核心价值观。学校主动探求社会主义核心价值观教育的德智交融的多样化课程载体,有效解决创新人才早期培育为"谁所用"的导向问题,让资优生怀着严谨、刻苦、爱国、坚韧的态度,他们才有可能走得更远,所做的事也才会更有意义。创设社会主义核心价值观教育的多维空间,促进学生在现实空间、数字空间、自我空间三者之间寻求平衡与一致,注重诚信教育体系的建构;走进人大、模拟联大、校学生干部民主竞选、"最受欢迎学生"评选、学代会、团代会等完全由学生自己组织、策划,注重按民主程序开展。开发社会主义核心价值观教育的多种资源,注重借助高校院士、专家科研、人格魅力,影响学生的人生观和价值观;邀请院士、将军进校园,影响学生的价值观与使命感;充分注重本部与国际部在同一校园的特点,关注国际理解教育与开展两部双语辩论赛等。深化社会主义核心价值观教育的多样文化,包括中华传统文化的继承与"自强不息、思变创新、乐育菁英"的学校文化的发扬;把国际教育中优秀文化元素的创造性迁移改造运用到我国学生教育中的文化创新;等等。

新时代学校资优生德育进一步深化志愿服务与资优生社会责任、志趣引领、生涯发展结合。随着上海全面建设"公益之城"的推进,上海中学作为由民政局首批挂牌的 28 家公益基地中唯一的中学,关注资优生的社会责任、志趣引领、生涯发展与志愿服务统整结合,承载着引领上海市校园公益理念和公益文化传播的重任。多样化的合作基地给志愿服务提供了志趣引领与个性发展的广阔舞台。学校共有合作基地 140 多家,采取开源式志愿者服务模式,可以将学生的兴趣与个人特长更好地结合起来。志愿服务注重"规定动作"与"自选动作"结合,促进多样化发展。诸多学生在高中三年超额完成了 60 学时的"规定动作"。通过开源化管理,甚至有部分学生完成了 100 多学时志愿服务,这些超出部分的"自选动作"着实让人感动。学校强化队伍建设,促进志愿服务的团队精神,志愿服务与创新人才培养、企业考察结合。

3 资优生德育的育人范式

党的二十大报告明确将立德树人作为新时代教育的根本任务。资优生德育中的"大思政"课程实施是重要一环。2022 年 8 月,教育部等十部门印发《全面推进"大思政课"建设的工作方案》,要求充分调动全社会力量和资源,建设"大课堂"、搭建"大平台"、建好"大师资"。站在中华民族伟大复兴战略全局和世界百年未有之大变局角度,上海中学坚守"储人才、备国家之用"的办学理念,集聚的学生群体的相对资质优秀,努力让资优生成为心怀"国之大者"的拔尖人才;用习近平新时代中国特色社会主义思想铸魂育人,从"大思政"视角,努力构建普通高中资优生思政课新范式。

3.1 彰显资优生德育的高度

资优生德育是一项具有政治意义的命题,关系到我们培育的优秀人才为"谁服务"的导引问题。资优生德育随着时代的变化而持续拓展与深化内涵,让学生充分认识到自身在中华民族伟大复兴的新征程中肩负的责任与使命,并且将国家发展的需要、社会发展的需要与资优生人生价值的实现追求紧密结合。这就需要学生立志、激趣、增能,将自身的成长与国家发展的需要联系起来,促进志趣能匹配,这样才能获得自身发展最大的内动力,构建起思政育人大格局,使资优生德育达到新高度。

学校注重锻造一支坚守红色根脉的专业教师队伍,形成党建带团建的特色引擎。学校德育教师队伍以政治教师、党委委员、支部书记、党员教师等为主体,通过政治课、党课、团课、社会考察等形式开展德育工作。他们有坚定的信仰、渊博的学识、出色的教学能力,同时能身体力行,建立了"十人讲百年"教师讲师团以及党的二十大精神师生宣讲团,注重将习近平新时代中国特色社会主义思想以教师能理解、学生乐于接受的方式进行多角度宣讲,形成品牌效应。

3.2 强化德智交融的温度

作为普通高中新课程新教材国家级示范校,上海中学将思政课元素融入学校课程体系中。各教研组明确提出,坚持正确的思想导向和价值判断,坚持落实立德树人根本任务,培养学生的核心素养,编写上海中学学科实施纲要。以历史学科为例,核心素养包括唯物史观、时空观念、史料实证、历史解释、家国情怀五个方面。教研组以编写教学指南为抓手,以落实立德树人根本任务为导向,围绕选材设问,进行单元视野下的课堂教学,打造高立意、高互动、高思辨的思政课堂。

一个富有生命活力的思政课堂,往往具有民主和谐的师生关系、兴奋热烈的思想交锋、活泼灵动的教学互动、精致美观的教学设计、有条不紊的教学组织等,无疑对学生充满吸引力。如选择性必修课"历史上的疫病与医学成就"在疫情背景下具有很强的现实意义,将单元内容整合,通过创设情境,引导学生用已学的史学方法分析、思考医疗卫生体系发展与人类文明进程之间的关系、从历史上看,疫情暴发在一定程度上影响人类历史发展。在与疫情博弈过程中,中医和西医都取得了很大成就。将历史与现实紧密结合,有助于学生从纷繁复杂的现象中认识到人类文明发展进步,在弘扬伟大的抗疫精神的同时,引导学生客观看待疫情反复的艰巨性,积累应对、解决现实问题的智慧和经验。德育课不是高高在上、冷冰冰、不切实际的,而是依托吃透教材,挖掘丰富、鲜活的素材,有机融入,达到直抵人心、润物无声的效果,感受可亲可敬的育人温度。

3.3　增强实践体验的力度

习近平总书记强调:"'大思政课'我们要善用之,一定要跟现实结合起来。""思政课不仅应该在课堂上讲,也应该在社会生活中来讲。"红色资源不仅是共产党艰辛而辉煌奋斗历程的见证,也是思想政治教育取之不尽、用之不竭的活教材,加强红色资源与资优生德育的融合,有利于落实立德树人这一根本任务。学校开设"中国情·世界风"社会考察课程和绿色学农、红色研学密切结合,就是搭建红色教育主题平台,多学科协同开发红色资源。学校将《读本》内容用于社会考察、田野调查中。学校以地理、生物、历史、政治四个学科为方向,设置十余个课题,供学生自主选择感兴趣的问题进行探究。

2021届、2025届学生的学农基地选择了江西上饶,学生们踏上的是红色土地,是英雄的土地,是《可爱的中国》的发源地。大家参观上饶集中营、列宁公园、闽浙赣革命根据地旧址,理解习近平总书记说的话:"一个有希望的民族不能没有英雄,一个有前途的国家不能没有先锋。""崇尚英雄才会产生英雄,争做英雄才会英雄辈出。"学生们将对老区人民的崇敬转化为田头高涨的劳动热情。"上饶市村级集体经济发展、精准扶贫现状和发展规划""红色旅游资源对培养青少年国家认同的影响""江西上饶龟峰丹霞地貌考察研究"等课题研究使习近平总书记提出的"共享、发展、生态"等新思想入脑入心。

3.4　拓展全域育人的广度

学校注重将思政课拓展、延伸到各种教育教学活动中。从校内看,实现学科立体化,教学资源互联互通,教学方法互学互鉴,形成多学科协同联动机制,提升协同育人意识。2021年,教育部印发《革命传统进中小学课程教材指南》,植入红色基因,落实立德树人根本任务。学校教学处打造"精品课例赏析",并借助"双新"示范校在全国开展研讨活动,凸显"育人情怀"高度,挖掘学科育人的思想性,建立学科精品资源库,其中"马克思主义的诞生""反对党八股""改造我们的学习"等获评教育部革命传统精品课。

社会是个大课堂,为建构资优生德育的思政育人大格局,实现大中合作、馆校合作,学校开展"复旦导师计划""红色文物进课堂""校友进课堂"等多种形式的活动。每学期的"校友进课堂"和学生进企业、科研院所参观活动,涉及金融、区块链、广告、法律、航天、创业等前沿领域。学生们对马克思在自己的毕业论文中写的"在选择职业时,我们应该遵循的主要指针是人类的幸福和我们自身的完美。不应认为,这两种利益是敌对的……人们只有为同时代人的完美、为他们的幸福而工作,才能使自己也达到完美"有了更深刻的理解。

站在中华民族伟大复兴战略全局和世界百年未有之大变局角度,普通高中努力深化资优生德育与丰富"大思政课"实施新范式。普通高中应对理念思路、实施主体和特色实践进行系统化规划,更好地发挥铸根立魂的育人成效。

第二节　资优生德育的特色课程系统指南

资优生德育课程系统,是推进资优生"守正"与"创新"的重要内容载体。拔尖创新人才早期自主培养,既要坚守"为党育人、为国育才"之"守正",也要推进"扎根中国、融通中外"之"创新"。习近平总书记在党的二十大报告中特别强调,"教育、科技、人才是全面建设社会主义现代化国家的基础性、战略性支撑",应加快建设国家战略人才力量,努力培养造就更多大师、战略科学家、一流科技领军人才和创新团队、青年科技人才、卓越工程师、大国工匠、高技能人才。对"拔尖创新人才可以有计划培养",大家已经形成共识,并走向深化。处在人才发展体制机制改革的新时期,基础教育正好把握机遇,大力推进大学与中学联合培养拔尖学生等实践路径与培养机制创新。

学校应努力提升这批拔尖学生未来服务于"国之大者"的责任意识与思想境界,创设合适的学校培育特色、载体、机制,早期识别与发现有天赋、凸显强潜能的学生,夯实他们的通识基础与创新素质,营造他们早期成长的良好生态环境。基础教育阶段推进拔尖创新人才早期培育,要扎根中国、融通中外,进行自主培育之"创新"。为此,学校创设了内涵丰富的资优生德育课程系统。这里主要提供学校开发的特色资优生德育必修课实施指南。

1　"创新与社会实践(CPS)"特色德育课程指南

CPS 是 creativity(创意)、practice(实践)、service(服务)三个英语单词的首字母组合。CPS 特色德育课程创设于 1998 年,至今已实施二十余年,在促进学生道德体验、提高学生社会责任感等方面发挥了重要作用,成为促进深层思想、外显行为、服务社会三者有机统一的优质载体。

1.1　育人目标

CPS 特色德育课程需要融合核心素养理念,发挥综合育人功能。其一,《中国学生发展核心素养》中,"社会参与"方面有"责任担当""实践创新"两大素养。CPS 特色德育课程的定位与之不谋而合,可在进一步融合中培养上海中学学生的必备品格与关键能力。其二,《中国教育现代化 2035》提出促进德智体美劳有机融合的新方式。

CPS特色德育课程需要发挥课程定位中实践、服务、创新的特色,积极开发公益劳动、社会实践、社区服务等方面的项目,重视新知识、新技术、新方法的应用,创造性地解决实际问题,推动德智体美劳全面发展。

CPS特色德育课程致力于提高上海中学学生的综合素质,主要包括:创新意识和创新能力、社会责任感和道德正义感、同情心和合作精神、开放心态和组织协调能力。同时,CPS特色德育课程也将增进团队建设、结构设计,助力学校形成《中小学德育工作指南》中所强调的"全员育人、全程育人、全方位育人"的德育工作格局。

1.2 组织实施

为切实加强对CPS特色德育课程的管理,学校德育处承担课程实施和协调工作,德育教师和项目指导教师承担具体指导、推进、评价工作,学生会外联部和班级联络人承担事务通知、材料收集、建议反馈等工作。按照活动规模大小,2~5名学生可组成CPS项目小组,每组有一位指导教师全程跟踪。多层联动的组织结构可有效保障CPS特色德育课程的具体实施。

1.3 实施重点

在落实和推进CPS特色德育课程的过程中,需要注意以下三点:

第一,坚持系统规划、整体推进,不断完善CPS特色德育课程的顶层设计。在动员阶段,学生会外联部邀请历届优秀CPS项目负责人进行宣讲,再联系时事热点、社会需求、资源供应等,给出部分方向和切实指导。此外,校园网中的CPS平台逐渐实现和优化项目申报、推进、结题、评价等工作,使师生操作更加便利高效。

第二,坚持分类指导、重点孵化,不断生成有示范性的优质项目。在CPS项目推进的不同阶段,开展分方向的微讲座,为项目小组提供切实指导。分阶段选拔、孵化也可以让更多有创意的项目落地生根,让更多有潜力的项目一鸣惊人。部分优秀课题可采用代际接力的方式,转型为社团或科研项目,产生引领、推广的效果。

第三,坚持德育本位、方法创新,不断扩大 CPS 特色德育课程的社会影响。在信息时代,CPS 特色德育课程可以混合式教学为参考范本,无论是个别项目组织还是普遍汇报方式,都可利用互联网思维的重要价值。最后,将 CPS 项目成果转化为新媒体作品,形成德育教育品牌资源库。

1.4　实施程序

表 2 - 2　课程实施程序

实施阶段	时间	具体内容/目标
准备阶段 高一学年 第一学期	9 月	CPS 动员大会(介绍 CPS 特色德育课程的目标、实施方案及详细流程)
	10 月	组织公益性、创意性、可行性等分方向微讲堂;学生以小组(2~5 人)为单位,确定 CPS 课题名称、组长、组员,开始正式申报
开展阶段 高一学年 第一学期	11 月	评选第一批孵化项目,召开孵化项目负责人座谈会
	12 月	组织项目管理中领导力、组织力、合作力、推进力等分方向微讲堂,上传 CPS 中期报告
深化阶段 高一学年 第二学期	2 月	评选第二批孵化项目,召开孵化项目负责人座谈会(线上)
	3 月	组织作品呈现、发布、调整等分方向微讲堂
	4 月	上传终期报告,组织开展项目答辩
总结阶段 高一学年 第二学期	5 月	设置评奖名额和名称,生成获奖名单(必须确保金奖、银奖的质量和影响面);设计颁奖和汇报方案;召开汇报负责人座谈会
	6 月	CPS 颁奖大会排练并正式会演

1.5 课程评价

每个 CPS 项目由指导教师打分并评价,再经班级推选、多轮师生讨论,按照 CPS 项目的社会影响力大小,根据创造力、参与度、服务性等因素,评选出年度金奖、银奖、铜奖,最佳组织、最佳创意、最佳服务、最具人气、最具爱心等奖项,以及优胜奖、鼓励奖等。同时,学生参与的 CPS 项目得奖情况也与其德育评定直接挂钩。

2 "领导与组织(LO)"特色德育课程指南

"领导与组织(LO)"(LO 为"领导"Leadership 与"组织"Organization 的英文单词首字母大写组合)特色德育课程(以下简称"LO 课程")创设于 2006 年,弥补了我国中学生领导与组织课程建设的缺失。2008 年 6 月,学校编写并出版了《领导与组织(LO)课程》,由上海教育出版社出版。2013 年 8 月,学校对此课程内容进行更新,形成《资优生必修课——领导与组织》一书,由上海科学技术出版社出版。该课程的定位是:为落实"乐育菁英"办学理念与"奠定国家栋梁之材的早期基础"而创设的校本特色德育课程。

2.1 育人目标

作为上中资优生德育系列课程之一,LO 课程主要着力于组织领导意识、素养与能力,引导和培养学生树立正确的领导意识及相应的领导愿景,为日后形成良好的组织领导行为奠定基础。

2.2 组织实施

LO 课程的时间跨度为高一整个学年,分为理论学习和拓展实践两个部分。LO 课程在德育处直接指导下,由课程指导教师具体负责。接受第一阶段培训的学生为高一每班包括班长及团支部书记在内的 5 名主要班干部及当选的学生会委员。授课人主要由教师以及校团委、学生会高二年级的学生干部组成。第二阶段的培训结合 48 小时生存训练进行,接受培训的学生扩展到整个高一年级。

2.3　实施程序

LO 课程的具体实施分为两个阶段。

第一阶段的实施程序:(1)自荐与推荐相结合,高一每班选出 5 名核心学员,建议包括班长及团支部书记在内的主要班干部及学代会当选的学生会委员参加 LO 理论课程学习。理论学习部分共 4 课时,地点在影视传媒中心的录播教室,时间为本学年度第一学期,10～12 月。(2)以上学员在完成理论学习后,于本学年度第二学期初参加 LO 实践拓展课程。

第二阶段的实施程序:(1)高一每班核心学员与高二辅导员充分沟通,确定本学期各次学习的时间和形式。(2)各班在辅导员指导、核心学员带领下自主开展课程理论学习和实践活动。LO 知识测验将与时政测验一起举行。(3)LO 课程的评价性实践活动为本学年度第二学期 4 月份举行的 48 小时生存训练。每位学员要有意识地运用实践 LO 理论知识,在 48 小时总结(即 LO 课程案例分析)中运用 LO 理论知识分析自己在活动中的优点和不足。(4)总结 LO 课程学习情况,记录学习心得和学习案例。(5)LO 课程学生辅导员和课程指导教师对每位学生的 LO 学习情况进行评价并给予等第。

2.4　实施建议

(1)LO 课程的学习中,教师的引导在有关 LO 课程的认知讲解、为学生承担相应领导角色面临困惑提供帮助等相关活动中完成。(2)学生结合在校园生活、社会生活中承担的各类领导角色,学习、体验有关领导与组织方面的知识尤其重要。(3)有关 LO 课程的认知部分的学习,学生宜在高一年级完成,每学期 8～10 课时,在现有的课时设置中找时间完成(如政治课、班会、讲座课等),不额外布置任务,以免增加学生负担。(4)有关 LO 课程的体验与实践内容的学习,学生可以根据自己的实际情况灵活安排。(5)有关 LO 课程的学习时间跨度为一年左右,第一学期侧重认知学习与相关体验,第二学期继续进行角色体验并完成相关 48 小时总结(即 LO 课程案例分析)。

2.5　课程评价

LO 课程案例分析的内容:(1)问题:领导过程中需要解决的问题是否清晰?(2)角色:领导过程中本人承担的领导角色是否明确?(3)决策:领导过程中决策是否科学?是否有效激励团队成员?是否成功解决问题?(4)素养:领导过程中是否充分展现领导者核心素质?(5)描述:领导过程中案例的描述是否具体翔实?结构是否完整?

评价人员构成:LO 课程学生辅导员、课程指导教师、班级成员、班级委员会、班主任。

评价程序:(1)由班级根据各成员 48 小时生存训练的表现,评出 48 小时生存训练标兵和积极分子。(2)由 LO 课程学生辅导员负责对上交的 48 小时总结(即案例分析),依照评选标准进行盲选评分,每班评出优秀总结 10 份,由课程指导教师审核确定。(3)由各班班委会根据班级成员在学校及班级活动中的表现,评出集体活动参与度最高的 10~15 名学生为活动积极分子。(4)班主任及班委会根据班级 LO 课程核心学员名单、48 小时生存训练标兵和积极分子名单、48 小时生存训练优秀总结名单,学校及班级活动积极分子名单,以及学生平时活动表现,赋予班级成员课程等第。(5)进行公示,无异议后通过。

评价等第:(1)优异:在学校及班级各类活动中表现积极,能与团队成员高效合作,能在领导团队完成活动方面独当一面。(2)优秀:在学校及班级各类活动中表现积极、优秀,能与团队成员高效合作,能在完成活动过程中展现领导才能,并受到团队认可。(3)优良:在学校及班级各类活动中表现积极,能积极融入团队,能展现一定的领导才能。(4)良好:愿意并能参与学校及班级各类活动,能与团队成员合作。(5)合格:能参与学校及班级各类活动。(6)待提高:不能或不愿意参与学校及班级各类活动。

※小资料

LO 特色德育课程优秀案例选介
——促进高效沟通

2021 年 6 月,在组织开展上海中学"48 小时生存训练"活动中,在其他组别进行定向行军的同时,采购组的采购活动作为生存训练中重要的一环独立开展。高效完成本次采购任务,是一次领导与组织活动的很好尝试。

一、案例分析

1. 情况概要

(1) 采购组的构成:由团部 3 位学生(采购组组长 1 人＋委员 2 人)以及 10 个班级每班 3 位学生,共 33 人构成。(2)采购组的工作:涉及前期购物清单的拟订、在规定时间内完成采购以及采购时的花销记录、后期核实及统计。

2. 存在问题分析

问题一:从团部角度分析,作为整个活动过程中唯一涉及在活动开始前需要进行准备的组别(购物清单的拟订以及相关规则的解释),存在可能与考试复习周学习任务冲突的情况。同时,由于涉及的内容量大,如果统一开会详解规则,容易出现时间难以协调的情况;若仅仅下发规则解释,容易出现小组对部分细则的忽略,不利于后续活动的开展。

问题二:从班级角度分析,除了以上提到的与考试复习周学习任务冲突外,还涉及班内人员的招募、分工以及食材的确定(涉及与炊事组的沟通,需提前确定菜品)。

3. 领导过程与问题解决

针对问题一,我们总结了目前较合适的方案。考虑到开统一会议的目的是强调规则上的细节,统一解答大家的疑惑,下发材料的意义是让班级同学按照自己的节奏进行研究和安排,我们可以综合两者的优点:提前下发标注重点的材料,然后再安排统一会议进行集中答疑。

这种方案的沟通效率达到最大化,主要体现在沟通时间及信息传递的质量方面。前提是同学们确实对材料进行了研读。为了防止有同学可能没有提前研读,在下发材料时强调提前通读,在会议上强调核心细节。

针对问题二,其实也是在班级组织各项活动中容易遇到的通性问题,实质上涉及劝说同学参与班级活动以及参与活动同学间的信息交流以推动活动进度。

班级活动其实更考验沟通技巧。如果说团部同学面对的是架构层面的沟通安排或策略,那么班级中采购组长面对的是招人、统筹等与人交流的琐碎事,我们可以从很多角度去观察、学习和研究。

此外,我们发现,在班级采购组形成后,若分工不合理,往往会变成"能者多劳"。这对前期分工提出了要求,采购组内部应由负责人牵头,合理商量各方的时间、精力、能力。经综合考量后,进行明确分工。这个过程其实考验的是各方对沟通对象状态的判断。如有些学生表面上答应,但从语气、肢体动作等非语言因素角度判断,表现出不满,这对聆听的要求非常高。我们应敏锐捕捉细节,避免因分工不合理而导致进度拖延或质量下降。

二、指导教师点评

本案例展现了团队面临问题时,决策方和执行方如何使用沟通技巧,使问题得以顺利解决。在这个过程中,涉及与领导力相关的种种核心要素。

作为领导者,为了确保信息传递的效率和质量,需要进行高效沟通,涉及沟通方式和沟通技巧,其基础是良好的大局观和共赢思维。执行方在落实任务时同样需要沟通,需要有良好的劝说、交流技巧,还需要对组内成员有敏锐的观察力,在理性基础上对共情能力提出了要求。

学生从 48 小时适应性生存训练等大型特色德育课程组织与开展中获得经验,并应用到日常生活中。这些看似不起眼的对话和活动,对资优生的培养和发展有着至关重要的意义。

(案例提供者:上海中学 2023 届潘籽荣)

3　自省与交往(双 I)特色德育课程指南

自省与交往(双 I)课程(简称"双 I 课程")开设于 2003 年,至今已实施二十余年。双 I 是 intrapersonal intelligence(自我认知智能)和 interpersonal intelligence(人际沟通智能)的首字母组合,是每一位上中学子需要完成的一项特色德育课程,融专题讲座、团队拓展活动、课题研究于一体。

3.1　育人目标

本课程旨在帮助学生探索自我认知与人际交往的奥秘,与学校"自强不息、乐育菁英""聚焦志趣、激发潜能"的办学理念相契合。

3.2　组织实施

在 2021 学年推出"多维导材·建设成长"全员导师课程后,双 I 课程也进行了调整,作为高一全员导师课程的纵向延伸,侧重"生涯规划",引导高二学生自省交往、志趣聚焦。

3.3 实施重点

"自我认知"是指对自己的洞察和理解,这是自我调节的重要条件。苏格拉底说:"未经反思的生活是不值得过的。"自我认知是自我反思的过程,在不断尝试、思考,经过自我否认与自我肯定后,最终对自己形成一个正确的认知与定位。我们在学习马克思主义哲学时了解到"意识的能动作用",即以正确的思想和理论作为指导,可以通过实践促进客观事物的发展。比如,你在一个群体中找到合适的自我定位后,就可以明确自己努力的方向;你在认识到自己拖延的原因后,就可以寻找改掉坏毛病的方法;你在明确自己的兴趣与志向后,就可以规划未来的职业发展。

"人际沟通"是指人与人之间信息交流的过程,是人际关系的前提和条件,也是人际关系维系的基础。人是社会性动物,我们无法脱离社会,与他人的沟通是无法逃避的。沟通能力与技巧的提高能帮助我们形成长久的、稳固的人际关系,从而适应环境与社会,并在心理的成长过程中获得正向反馈,也使我们的生活更丰富、更充实。

"生涯规划"是指对日后学业、职业方向的规划。清晰而明确的目标和规划,有助于我们对未来少一些困惑和迷茫。在选择过程中,通过各种渠道获得的见解和体验能帮助我们深入了解自我,基于职业特点和个人志趣选定方向,进而尽早为将来做好准备。

3.4 实施程序

双Ⅰ课程的周期为一学年,主要内容如表2-3所示。

表2-3 双Ⅰ课程安排

时间	事项	备注
第一学期 9月	双Ⅰ课程动员会	介绍课程目标、课程内容、实施方案、评价方式和本学期时间节点

（续表）

时间	事项	备注
第一学期 9月底	初选导师 开题报告撰写	学生与导师在系统中完成互选,并完成开题报告的撰写与审核(每位导师指导学生不得超过15人)
第一学期 11月底前	第一次谈心谈话	提醒导师进行网上审核
第二学期 3月底前	第二次谈心谈话	提醒导师进行网上审核
第二学期 4月底前	课程总结	完成结题报告,并提醒导师进行网上审核
第二学期 6月	双Ⅰ课程总结会	表彰优异、优秀课题,进行课题交流展示

此外,每位学生均要完成一项完整的双Ⅰ课题研究,大致由下列几部分组成:确定课题、选择指导教师、撰写开题报告、记录两次辅导、总结课程。

3.5　实施步骤

第一步,确定课题。切入点可小可大,可浅可深,但一定要符合学生自己的实际,并具有一定的现实意义。若案例具有普适性或总结与成果对他人有一定的启发与思考,便是一份优秀的双Ⅰ报告。

第二步,寻找指导教师。教师的知识、阅历和经验能为学生指明方向,答疑解惑。学生可以选择了解自己的教师,也可以选择与课题内容有一定关联科目的教师。在课程进行过程中,学生需要与指导教师定期交流沟通,共同思考。

第三步,完成课题。学校下发的手册供学生在课题推进中及时做好留底记录,也需要上传课题报告,查看指导教师的评价与寄语。开题报告需阐明课题研究对象和实施步骤,融入自我思考。辅导记录要涵盖学生与指导教师交谈的主要内容,并加入自己的反思与收获。课程总结则是梳理对所选课题思考的成果,畅谈自身的提高与进步。

在指导教师帮助下,双 I 课程给学生提供直面自我、思考人生的机会,希望学生在此过程中剖析自我、理解自我,努力完善自我、悦纳自我,在探讨反思和学习实践中提升人际交往能力,并对未来发展形成初步构想。

※小资料

学生双 I 课程实施项目优秀案例节选

一、自我认知类

刘同学:社会标签下的自我认识

我认同的观点是,人是多元的,存在不同的层面,是立体化存在的。我们不必因某个刻板印象而限制自己。因为我知道,人比其内涵深厚得多。

"标签"是一个将在某些方面存在类似特征的人同质化的手段,方便高效,但粗鲁刻板。我们认识到,标签有好的一面,如帮助弱势群体发声,找到归属,但也要洞悉其对人的约束作用。

"价值客观评价"可参与构建对自我的认识。我们的自我认知是复杂多变的,时刻波动。我们不需要附和他人的认识,而要寻觅属于自己的世界。

二、人际交往类

郭同学:如何缩小和父母的代沟

在本次双 I 课程的交流中,我发现换一个角度思考问题,很多问题就能迎刃而解。我们没有办法改变父母的性格,那我们就想办法改变与他们的沟通方式,找到一种适合双方的相处方法。

或许在我们看来,父母有点不可理喻,难以沟通。但事实上,通过和父母的交流,我逐渐发现,代沟的形成只是价值观取向的差异。想要消除代沟,我们需要理解父母。试想,如果自己生活在父母的年代,会怎样？我在平时多和父母聊聊天,了解他们从前的生活,发现父母的观点并没有那么难以接受。理解必不可少,我们除了需要努力理解父母,也要给父母了解我们的机会。我和父母常常分享好看的电影,讨论娱乐圈的新闻……现在我和父母的关系非常融洽。

三、与生涯规划结合类

王同学:对自身职业规划的认识

在两次辅导过程中,老师和我对职业规划这一主题进行了交流。我向老师提出对未来职业方向的选择、大学和专业的考量等方面的疑惑,老师不仅进行了解答,而且向我提供了很多思考方法,为我的选科、学业规划及自我认识提供方法和帮助。

通过双T课程,我意识到职业规划是一个漫长而有意义的过程,在探寻适合自身、自己喜欢的职业方向时,需要对各学科领域有足够的了解,并对自己、社会有一定的认识。找到这样的方向,也能为接下去的学习规划提供帮助,如高考选课和大学专业的选择等,但实现目标更需要当下的努力付出,空谈目标和规划是无用的。

在此期间,我不仅深入挖掘自己对未来的思考、内心的疑惑,以及产生这种思考、疑惑的原因,它们与当下学习、生活的联系等,而且发现了很多之前从未留意到的自身的问题和性格特质,在解决自身疑惑的同时,也为如何调整、改善处境提供思路。职业规划的方法和思路也适用于未来人生道路上的许多事。探寻、认知、付出,这种精神将持续陪伴我很长时间。

4 "48 小时适应性生存训练"特色德育课程指南

"48 小时适应性生存训练"课程经历了一个从无到有、从设想到现实、从萌芽到逐渐成熟的过程。本课程的开设可追溯到 1992 年的一篇关于中日少年比较的文章《夏令营中的较量》,曾震撼中国教育界,引发了一场关于中国少年素质教育的大讨论。之后,学校于 1994 年开设了 24 小时野外生存训练。最早是在东海之滨进行,从第一天 13:00 开始,从学校出发,到第二天 12:00 为止,在这段时间内进行"背包行军""安营扎寨""生火做饭"等生存训练活动。后选在奉贤、南汇等地开展,2002 年后在东方绿舟等处进行。2004 年,该课程从 24 小时拓展为 48 小时适应性生存训练。

4.1 育人目标

48 小时适应性生存训练,旨在培养学生的环境适应能力、社交能力、协作能力及艰苦奋斗精神,增强使命感和社会责任感,激发学生报效祖国的志向。

4.2 组织实施

作为学校与校外营地合作筹划的、长达两天两夜的大型全年级外出活动,48 小时适应性生存训练是对学生生理和心理的双重考验,一般安排在高一年级第二学期期中考试后进行。所有高一学生从第一天中午开始从学校出发,到第三天中午从选择的训练营地回校。学生们在这 48 小时内进行徒步行军,在集合营地自己搭建"军帐";步入市场与店家讨价还价,采购食材并自己烹饪三餐;与满天繁星一起执勤,成为一个个通往黎明的守夜人。激昂的红歌响彻营地,学生们领悟到这次活动的意义——生存能力,是拓宽视野,是家国情怀。

4.3　实施重点

(1)体育与智力的迸发——野外定向越野。学生以班级为单位,凭借对地图及指南针的使用能力,依据预先设计的路线,通过徒步或跑步依次到达路线上的标记点,完成任务后到达终点。(2)默契与技巧的考验——搭建帐篷与宿营。经过定向越野到达营地后,学生自己搭建帐篷,在班级同学的合作下完成。(3)生存智慧的比拼——自建炉灶、自购粮食、自做饭菜。(4)紧张之余的放松——军民联欢。(5)爱国主义精神与团队力量的激发——野外军事活动。团队项目不固定,可选择火炮操纵、单兵战术、战事演练等。

4.4　课程评价

课程评价主要采用自我评价与学校评价两种方式。自我评价是指每个参加活动的学生需要完成一份活动小结,填写自我评价表。学校对班级的评价包括纪检、文艺活动、采购活动、军事活动、新闻活动等方面。学校会评选出每班标兵 4 名、积极分子 8 名;评选出 4 个优胜集体,以及根据班级各自特点评定一系列单项奖,如龙门神厨奖、精打细算奖、独具匠心奖、英姿飒爽奖、气势如虹奖等。

※小资料

学生参加 48 小时适应性生存训练感悟选介

学生活动感悟一:远离城市的华灯,我们放下了些许焦虑与不安,虔诚地体验生活,感恩自然的赐予,审视生命的意义。从柴米油盐酱醋茶的食事中,吮吸一碗人间烟火,纵使行路时疲惫彻骨,生火时被烟气熏得满脸黑红,却体会到了踏实的美好。吃饭时环顾周围,满眼尽是纯粹的笑容。平凡的幸福来之不易,采购、行军、搭帐篷的画面仿佛在岁月的长河里奔流。

想象八十多年前，一群血气方刚的年轻人，翻雪山，过草地，战胜了各种艰难险阻，历经沧桑岁月、风霜洗礼，依然自强奋进、蓬勃不息，为中国人民指引前进的方向。时至今日，我们仍被那抖擞的雄姿震撼。

今之少年的青春同样是滚烫的。骄阳正好，风过林梢，胸中有丘壑，立马震山河。前途似海，来日方长！

红歌汇演落下帷幕，可歌声中每一个词每一个字都同我们血肉相连，同我们的心尖一起跳跃。十个班级上上下下，用最嘹亮的声音唱出自己质朴的爱国之心：此刻"爱国"被我们具化，变成大声喊出时的自豪，变成听到歌声时内心澎湃感情的断层，变成对生存训练的深切体会。这一刻，三百八十颗心与我们的祖国紧紧相连。我们是向上的青年，用这样质朴的方式去爱这一片土地——不必救济苍生，也不必惊天动地。那些吟唱抖落着光阴的尘埃，跨越千年，在此刻汇聚成信仰的火焰。那光芒冲天直上，让我想再高唱一曲盛世华章。

学生活动感悟二：48小时生存训练即将画上句点，这两天，充实而难忘。七千米行军，面对一路上重重关卡的考验，我们团结一心，攻克难关，去帮助，去挑战；红蓝对抗赛，在冲锋号响起的那一刻，我们越出战壕，奋不顾身，去战斗，去拼搏；龙舟比赛，滔滔浪花扑面而来，我们争分夺秒，掀浪而过，去喝彩，去冲刺。从零零散散的部件到方方正正的帐篷，从尚带泥土的蔬菜到热气喷香的菜肴，被杆子砸到了脚，被火烫到了手，大家也全然不顾，依然坚守岗位，只为让帐篷早早地拔地而起，只为让所有人尽早吃上饱饭。当然，还有本已疲惫的记者、通信员，在活动紧张的间隙用照相机、纸笔定格下、记录下一个个美好的瞬间。三百多份照片、稿件，是我们独一无二的48小时。

我们互相信任，互相合作，学会思考，学会担当。我们为共同的目标而努力，真真切切地注解了"龙门精英团"的意义。

48小时就此告一段落，更是一个新的开始，一段新的航程。冯校长在自招时说过这样一句话："上中的学子，在这个活动里是兵，在下一个活动里就是将。"在 48 小时中,我们每一个人都兼具两种身份,在跟着大部队行进的同时,也在用自己的一言一行影响着别人。我们接受信息,也传递信息;我们执行决策,也决定决策。合作与分工,独立与协作,如何将自己的横向领导力发挥到极致,是我们所有人应思考的问题。

5 "中国情·世界风"社会考察特色德育课程指南

"中国情·世界风"社会考察课程于 2009 年创设,2010 年全面推广,成为资优生德育的必修课,引导学生走进社会、体验社会,促进学生在国情民风、世界风云考察中的锻炼分析与研究能力,获知团队合作与社会经验等方面的独特意义。本课程引领学生们着眼于社会科学,在社会服务中挥洒自己的满腔热忱,虽埋首于书中,但仍不凉热血,在社会研究中创新求索,研社会机理,究群体行为。学生们借社会考察这一机会,拨开原本端坐于书卷上的社会科学的面纱,用行动构筑起自己社会科学实践的第一块基石,迈出穷究世界之理的第一步。

5.1 育人目标

本课程引导学生走进社会、走向世界,在实地走访、亲身实践中增长阅历,促进学生敏锐地发现问题,学会正确分析问题并尝试寻找答案,甚至解决问题,从而增强学生的社会责任感,促进文化奠基、道德内化与潜能激发。

5.2 组织实施

本课程既关注学生对我国国情民风的考察,在了解不同地区的风土人情中对自身的社会责任与价值进行思考,也关注学生走向世界,在异域风情下拓宽视野,对各国教育、文化、交通等方面有更深入的了解,从而进一步明确"四个自信"。本课程主要引导学生利用寒暑假时间在学校或监护人的组织下开展社会考察,在保证课程实施质量的同时,尽可能减少学生不必要的负担,促进学生以天下为己任,增强社会责任感。

5.3 实施程序

学校在高一年级第二学期结束前,召开"中国情·世界风"社会课程动员大会与辅导讲座;利用高一年级暑假、高二年级第一学期寒假等时间开展考察活动;在高二年级第二学期召开优秀报告展示会等。

5.4 实施要点

每个学生每学年必须参与至少一次社会考察活动。考察报告不能以游记的形式描述考察过程或通篇是资料性摘录,要做到有所思、有所悟。考察报告应建立在亲身实践探究的基础上,杜绝假大空和大量随笔性文字,要求有较为深刻的见解和观点。报告总字数不少于2000字。如有问卷调查、研究性论文等自己制作且与该考察活动密不可分的材料,可附在报告后。学生用文字、摄影、摄像、录音等不同的方式记录考察过程,并加以保存。

5.5 课程评价

学校对学生完成的社会考察报告进行评价,关注问题意识、考察内容的翔实程度、科学性检测工具、创新性、社会影响力等,给学生优异、优秀、优良、良好、待提高等评价等第,进行最佳、优秀报告展示会。

有关学校资优生特色德育课程的详细介绍,可参阅学校编制的《资优生的必修课——体系设计》①、《资优生的必修课——创新与社

---

① 唐盛昌,冯志刚.资优生的必修课——体系设计[M].上海:上海科学技术出版社,2017.

会实践》①、《资优生的必修课——领导与组织》②、《资优生的必修课——社会考察》③、《资优生的必修课——自省与交往》④、《资优生的必修课——生存训练》⑤等拓展型读本。

第三节　资优生德育的活动实践导引

高中阶段教育是学生个性形成、自主发展的关键时期,对提高国民素质和培养创新人才具有特殊意义。我国从人力资源大国走向人力资源强国的征程中,要求将立德树人、社会主义核心价值体系融入国民教育全过程。学校除了引导学生汲取知识的养分外,促进学生在资优生德育活动实践中树立正确的价值导向、修炼高远的思想境界、培养强烈的责任意识、锻炼务实的实践能力,成为决定其未来发展方向和高度的必备素养。

---

① 唐盛昌,冯志刚.资优生的必修课——创新与社会实践[M].上海:上海科学技术出版社,2013.

② 唐盛昌,冯志刚.资优生的必修课——领导与组织[M].上海:上海科学技术出版社,2013.

③ 唐盛昌,冯志刚.资优生的必修课——社会考察[M].上海:上海科学技术出版社,2017.

④ 唐盛昌,冯志刚.资优生的必修课——自省与交往[M].上海:上海科学技术出版社,2012.

⑤ 唐盛昌,冯志刚.资优生的必修课——生存训练[M].上海:上海科学技术出版社,2018

1 特色活动育人

上海中学秉持"储人才、备国家之用"的宗旨,既注重全面发展,又聚焦志趣,激发潜能,并创立了颇具上中特色的活动体系。上中丰富多彩的活动正是以此为基础,为每一位龙门学子提供了寻找兴趣、坚持兴趣、发展兴趣的平台。不论来自哪里,你都可以找到一个属于自己的舞台去历练、去成长、去突破。

1.1 新生军训

作为新生入学"第一课",新生军训是上海中学的特色德育课程之一。学校从高一新生入学伊始,利用一周的时间,以队列训练为主,以适应性课程为辅,不仅磨炼学生意志,更帮助学生更好地了解上中,了解上中生活。

1.2 新生辩论赛

每年9月,一年一度的新生辩论赛如期举行。高一年级每班围绕辩题,用观点、逻辑与言语唇枪舌剑,激烈争辩。同时,在赛场上表现出彩的高一学生还将与高二精英队学生开展一场高一高二精英辩论赛,展现高一新生的特色与风采。

※小资料

新生辩论赛宣讲词

九月的上海中学,辩论赛是一道年年新的风景——观点的百花园里千葩齐绽,逻辑的战场上人人针尖对麦芒,言语的魔术奇幻绚丽……欢迎参加上海中学新生辩论赛!今年的年度最佳辩手会是你吗?

上海中学新生辩论赛共分为三场赛事:高一辩论赛、高二精英辩论赛、高一高二精英辩论赛。在每年的新生辩论赛中,高一各班组成一个六人的参赛队伍,学生自主报名。高二年级组成两支辩论队。

每一场辩论赛都分为立论、攻辩、自由辩、结辩四个环节。辩论赛的全程又分为两轮:

第一轮淘汰赛,十晋五。高一年级 10 个班级两两对战,决出 5 个班级进入第二轮。

第二轮循环赛,"左右互搏"。每班分别以同一辩题的正反两方进行两场比赛,选出 5 名辩手,组成高一精英队,与高二精英队对战。

高二辩论队一队和二队通过比赛决出前 5 名,最终代表高二精英队参加高一高二精英辩论赛。

还在因缺乏经验而犹豫吗? 请放心,经过比赛辅导与资料的查询,赛场上,选手们一定已对辩论赛有所了解。如果对方愿意,选手们也不妨向各班语文老师与上届同学寻求帮助。

辩论赛辩的是思维。辩论赛所培养的,是同学们的思维能力。步入高中的你们已经在为面向更广阔的世界做准备。无论在未来你们遇见什么,都请务必保持思考的习惯,保持辩证的理性。拥有思维的人,才拥有尊严;拥有尊严的人,才拥有真正的幸福。

欢迎你们来到表达的舞台。这里的火光不属于硝烟,而属于一次次思维的碰撞;这里的轰鸣不属于炮口,而属于相异的思维轮奏的乐章。

你们的风采,拭目以待。

听听学长说的话:

于我而言,辩论赛与高一开始时的美好回忆融合在一起,难以分离。

所有辩题中,既有贴近实际的(新闻工作的目的是制造/传播热点),也有科幻式的(一个能让人知道所有真相的按钮……),可谓精彩纷呈。

当时，我们只是初识辩论，初识彼此，挤在办公室里赶一辩稿，一言一语搭建起整个论证框架……好多事情都是第一次，却因有"我们"而弥足珍贵。

辩论前兴奋与紧张相交织的奇幻感受，辩论时每一分每一秒全情投入的专注状态，辩论后满足或失意，回头来看，都是不可多得的深刻体验。

1.3 两部双语辩论赛

继本部新生辩论赛后，每年12月初，学校会进行本部、国际部联合举办的双语辩论赛。经过多轮选拔，正反双方每支队伍各由2名国际部学生和2名本部学生组成，在立论、质询、对辩、自由辩论、结辩等环节中均需要采用双语的形式进行辩论，十分考验选手的口语表达能力和临场应变能力。届时，学校还会邀请社会知名人士作为重磅嘉宾，同上中两部的明星中外教评审进行点评。例如，2021年，学校邀请到央视著名主持人董卿女士作为评委，她悉心点评了辩论各环节中的闪光点，鼓励场上的年轻选手，同时还以自己的主持经历为例，形象地阐述了辩题"干一行爱一行"与"爱一行干一行"两者之间的关联与依存，深刻精辟的点评把整场决赛推向另一个高潮，让学生们受益匪浅。在双语辩论赛的舞台上，两种语言，唇枪舌剑，观点碰撞，激烈交锋。这里有更广阔的思辨空间与国际视野，学生们可以充分表达自己的观点，一展辩论的热情与才华。

※小资料

曾担任双语辩论赛辩手的学长学姐如是说

"英语辩论重视数据，比较踏实，而中文辩论更重视逻辑和语言美，双语辩论将两者结合。对我来说，这不仅是一个非常大的挑战，更是一次非常好的学习机会，改变了我的思考方式，使我受益匪浅。"

"能与国际部同学一起辩论,一起交流,感受不同教育体制下的学习和生活,更好地打开了我们的视野。"

"双语辩论赛在上中(乃至一个人的整个辩论之旅上)是一个着实难得的契机,它给了所有热爱辩论、热爱语言的人一个在学习之余展现自己、寻找同伴乃至思考社会的契机,也让国际部与本部学生来了一次思维的交流。"

"寻找一些热爱的事情并为之努力,多对生活和社会进行思考,多接触和认识一些厉害的伙伴,这些最终都将帮助我们成为更好的自己。双语辩论赛给予的是挑战,更是机遇;辩论双方是对手,更是同伴……感谢双语辩论赛,那些因其而成就的张张稿纸、因其而闪耀的侃侃而谈、因其而有幸聆听到的字字珠玑,都将化为我前行的力量。"

※小资料

2022年上海中学本部·国际部双语辩论赛决赛纪要

2022年11月15日下午,在学校甄陶楼报告厅举行第六届上海中学本部·国际部双语辩论赛决赛,辩题:正方——知易行难,反方——知难行易。本次辩论赛旨在增进两部学生交流与合作,为学生提供一个展示双语辩论技巧的舞台。

比赛赛制:比赛分三个阶段,第一阶段使用英语,第二阶段使用汉语。相应语言阶段的比赛必须全部使用规定的语言进行。自由辩论阶段,正反双方会被分别计时。第三阶段为总结陈词阶段,两队各推选一名学生用两种语言进行总结陈词。

表 2-4 双语辩论赛安排表

第一阶段	英文发言	时间
立论	正方一辩	3分钟
	反方一辩	3分钟

（续表）

第一阶段	英文发言	时间
质询	反方三辩 vs 正方二辩	2 分钟
	正方三辩 vs 反方二辩	2 分钟
自由辩论	正方 vs 反方	各 4 分钟
第二阶段	中文发言	时间
立论	正方一辩	3 分钟
	反方一辩	3 分钟
质询	反方二辩 vs 正方三辩	2 分钟
	正方二辩 vs 反方三辩	2 分钟
自由辩论	正方 vs 反方	各 4 分钟
总结陈词	正方四辩	3 分钟
	反方四辩	3 分钟

延续往年的传统,本次决赛阵容的正反双方依然分别由 2 名国际部学生和 2 名本部学生组成。在赛场上,队友们相辅而行,配合默契;对手间唇枪舌剑,此呼彼应。在赛场下,辩手们都是相亲相爱的上中人。其中一位选手说:"双语辩论赛让我看到了自己熟悉的圈子之外更大的世界,也在一次次的碰撞中丰富自我,收获成长。"

图 2-2 双语辩论赛

学校邀请知名人士担任评委。让我们以上海中学两部为平台，以中英文为媒介，点燃思辨的火花，认识自己，理解世界，发现人生更多可能性。

图 2-3 双语辩论赛选手与评委合影

1.4 秋季体育周

体育周为上海中学"三大节"之一，于国庆后的第一周举办，为每位上中学子提供了展示自己的速度、力量与激情的舞台。本部学生全部参与，在互相的竞技比赛中体现"友谊第一，比赛第二"的风格。这是用汗水与活力谱写的青春旋律——持续时间达一个星期的体育周，其背后看不见的"战线"还要更长。开学伊始，赛事规划、报名工作、项目预赛便陆续且有条不紊地进行。乒羽中心、篮球馆、绿茵场、排球场、游泳馆、大礼堂中进行的是各项赛事的决赛：乒乓球、羽毛球、足球、篮球、排球、游泳、啦啦操等。周三下午的嘉年华活动更是全校参与，规模盛大。你可以逛遍校园中的每一个"易拉宝"（各类比赛导引），集齐纪念册上的每一个奖章并兑换纪念品。随着大礼堂闭幕式上掌声雷动，体育周画上句号，每一个上中人都在这里挥洒了汗水，收获了阳光。

※小资料

学生活动感悟
——体育精神无疆界

青春的动感与活力于此完全展现。我等正值青春,当进取,当勇往。

体育嘉年华是全校师生共同参与活动、体验趣味体育项目、培养默契的好机会。乒乓球具有大众性,大众性是其最大的特质,人人都可参与;篮球在团队竞技性外,其磨炼个人技术的过程同样魅力十足;羽毛球轻巧,但技巧复杂多样,在快速反应中充盈着乐趣;飞镖项目考验精准度,在命中靶心的那一刻,你会体会到无与伦比的快乐。学生和教师间的默契可在"三人四足"和"同舟共济"中体现,更有棒球和新设的射击项目让我们体验更加多元的体育项目。解说员大赛给我们一个展示解说才能的舞台。健身操大赛更是给我们一次充分挖掘和展示自身舞蹈才能的机会。

运动会入场式上的班级联合表演彰显班级的独特风格。大会操时整齐划一的动作展现集体的精神风貌。备受瞩目的接力大赛考验选手之间的配合。选手们在田赛项目中奋力拼搏,凝聚成一条完美的抛物线。绿茵场上,热血沸腾的师生足球赛也将如约而至,我们将与参赛选手一同感受"世界第一运动"的魅力。新增的师生互动项目要求团队配合,考验团队默契,必将带给我们一段难忘的回忆。

"更高、更快、更强——更团结",是我们每个人熟知的体育精神,它诠释着运动员努力的目标和奋斗的方向。我们要不断拼搏,锲而不舍地去突破自我,本着"友谊第一,比赛第二"的理念,尊重比赛,尊重对手。在1992年巴塞罗那奥运会400米半决赛中,英国运动员德里克·雷德蒙德右腿肌肉撕裂,他拒绝医护人员把自己抬上担架,顽强地冲向终点。赛场沸腾了,人们为雷德蒙德的坚持所感动。他的经历成了彰显体育精神的经典事例被永远铭记。在某轮意甲联赛中,意大利名将德罗西进球后并没有庆祝,他清楚自己是用手将球打进的,于是向裁判阐明情况,最终裁判收回了进球有效的判决。全场为德罗西鼓掌。他们身上坚毅的品格、追求公平的正义,都书写着体育精神。

霍金曾说:"自从文明的曙光开启以来,人们便一直渴求了解这个世界的运行规律。这个世界为何是现在这个样子,它又为何而存在?希望大家一道颂扬思想、科学与创造力赋予我们的无限可能,我们将因之开发自己的全部潜能。"他在 2012 年伦敦残奥会上呼吁:"人类共同探索奋进的脚步不应当被任何国界或疆界束缚。"愿我们打破同学之间、班级之间的隔阂,共同向着崇高的体育精神奋进。

体育比赛的完美呈现,离不开每一个角色的倾情投入。严谨公正的裁判员老师、维持秩序的学生志愿者等,大家的默默付出将保证体育周有条不紊地进行。

愿我们如龙凤般冲破苍穹,叱咤风云,展现青春的活力,勇敢进取,超越自我,成就自我。一周的时间虽短,却足以使我们感受体育的魅力,燃起对体育的热情,拥抱和践行崇高的体育精神。

(余彦泽同学供稿)

1.5 狂欢夜义卖

每年艺术节闭幕式前一晚是上海中学狂欢夜义卖活动。在这场大型义卖会上,班级与社团各显神通,合作售卖各类特色商品,如一本独特的教师寄语日历,一套精美的上中风景明信片,一个个带着老师 Q 版图案的可爱钥匙扣,还有很多同学最爱的纸胶带、手帐本等。义卖会上筹集的善款将全部捐赠给公益基金,用于帮助生活困难的人,为他们带去温暖与感动。

每个人的内心深处,都有属于自己的一片天地。创造力是生存的唯一要素,当你前往秘境深处,那里有各类文创产品,你可以将各色创意尽数收入囊中。你可以参加一场"烧脑"的反话剧,也可以感受诗社的人文气息。如果你累了,便歇会儿吧,在甜点屋和暖冬驿站给自己的味蕾添一丝香甜,增一份能量,再以光之速掠过哈利·波特的魔法街,在迎新庙会上来一场酣畅淋漓的音游挑战赛。一不小心,你会掉进塔罗密室或灵境行者的梦境中……

或慷慨激昂,或婉转动听,上中校园里可爱的老师们汇聚在平行宇宙里,唱出一段段超越时空的乐曲,进入心灵,诉说心声。在这里,你为老师们挥舞荧光棒,为他们欢呼,为他们鼓掌,一切如梦如幻。那弦外之音似当下,又似未来,在这最有意义的时间点闪耀出光芒。庆典中,如果你的活动经费不够,可以去龙门楼门厅或食堂门口兑换代币,继续这场平行时空的纪元之旅。

1.6　校园十大歌手比赛

校园十大歌手比赛是艺术节的先声,是上中超高水准的歌唱类比赛。报名于 11 月底开启,先由每班自行选出两名选手参加年级初赛。国际部初赛也会同步进行。最后脱颖而出进入决赛的十位学生成为校园十大歌手。

如果你成功凭借动听的歌声与高超的技巧进入决赛,那么你将在比赛前得到艺术老师的指导,并与为你伴奏的乐队磨合,目的是争取达到最好的舞台效果。如果你是观众,那么你可以享受一切:绚丽的灯光,现场的伴奏,似水的深情,燃爆全场的炸裂感觉……挥舞你的荧光棒,为喜欢的歌手呐喊,尽情地被音乐、歌声感动。

1.7　艺术节闭幕式盛典

艺术节是学校每年末最盛大的艺术盛宴,活动、演出与比赛贯穿整个 12 月。报名于 12 月初开启,以班级为单位参加。艺术节项目分为纽唱、舞蹈、语言、特色四大项和摄影、音乐等小项,每个大项都有分年级的初赛和校级决赛。学生们可以选择自己感兴趣的赛事观看。

如果你热爱音乐,你可以拿起话筒,和你的搭档用和声、阿卡贝拉等形式一展歌喉,或用你原创的旋律传递真情实感;如果你擅长舞蹈,你可以踏轻云舞步,以形体之美打动观众;如果你对表演感兴趣,你可以和同学排练相声、小品、话剧,在举手投足间演绎人生百态。特色项目是上中独创,也是每年舞台上最靓丽的风景线之一。你可以用创意和多种艺术形式编排节目,大展龙门学子风采。还有摄影、设计、艺术鉴赏等小项目为有一技之长的学生提供舞台,上中艺术节的舞台因多元的艺术形式而缤纷多彩。

艺术节闭幕式是上中年末的压轴大戏,届时精挑细选出的最优秀的节目齐聚一堂,配以高科技灯光、音响等现场效果,同时对外直播,给所有人带来一场极致的视听盛宴,也是上中艺术水平的最高代表。还有高三大合唱的催泪环节,感受毕业生的拳拳深情,更让我们用心珍惜上中的美好生活。

※小资料

离别时我回头眺望

心中的往事将来路照得分明

夜幕深深 巍然龙门

铭写着一次次 远别与重逢

时间被光圈晕染

晚霞将流年装点

薄暮的球场上 我们挥汗 呐喊

四月的绿舟 回荡歌声与炊烟

父母的关怀时在耳旁
师长的教诲铭记莫忘
承载着殷切的嘱托与期望
愿我们不负甄陶教泽绵长

你是否困于及时雨后的泥泞
我也曾凌乱在料峭的春风里
当我们踏上周四傍晚失意的小径
唯你我并肩　才能长久前行
在风雨中　丈量知识的路程

看　夜晚依旧沉静　河流尚未凋零
命运总是蛰伏深处　它始终寒冷
但　当我们决意攀升　再次逾越外部
真相会在宽阔的夏日里展开自己

此刻
让手臂高擎炬火　寻找流淌甘泉的远方
让肩膀背起行囊　驶向盛开繁花的海洋

我刻下无数的诗行
追逐无尽的远方
执笔作桨　棹歌也应彻响
风雨彷徨　双眸仍会明亮

当光阴从指缝中溜走
荆棘已织成行囊　兀自走向远方
再一次　我蓦然回首

上中园的天空清澄　一如既往

先棉堂下　逸夫楼边
你曾见到银杏转黄　枫叶染霜
卧龙亭畔　大礼堂前
也伫立着常青松柏　立雪昂扬
又一次
我们重逢在　这玉兰幽香

层云舒卷作海潮
木叶翻涌成绿浪
成林的水杉在静默地摆舞
梧桐会将我们庇护

至白雪飘飞
至焰火飞扬
希望　随每一次落日上升
前方　因每一场久雨晴朗

我们的生命灿烂轻盈
我们的青春永恒燃烧

那些愚稚、踟蹰和迷茫
终将化作年轻之我的力量

描摹我的轮廓　升腾我的梦想
导我以云川穹宇和骄阳
教我去踏　去闯　去翱翔

纵使日夜从不停留

无悔奋斗　却能永志不忘

让我们追逐梦想

飞越浩瀚汪洋

在这碧海蓝天中　放声歌唱

星芒灿烂耀天光

长河贯空夜未央

追风赶月无穷路

踏歌徐行逞轻狂

当轮回再次来到

命运催促我们启程

在时间的细沙里赤足奔跑

每一次注视都宛若新生

未来啊,你的回声悠长

举目高眺,透过黑色的眼角

我们继续把光明寻找

心之所向,歌之所至

萦宇彻宙,万世不止

纵有千百道沟壑

纵有亿万般阻隔

追逐春光,我们一路向明天奔驰

怀揣梦想,我们砥砺以书卷谱诗

当挥舞起光荣的旗帜

理想与月　会一路飞扬

飞扬,飞扬,飞向心中的彼方

飞向皇皇的云间,飞向皎皎的月亮

不怕长路万里,惟愿前途绵长

让我们相互拥抱

在星河尽情徜徉

维北有斗,尽挹西江

维南有箕,载翕簸扬

我们是黑夜的银河

要吟响白日的序章

望向天极,是那太阳升起的地方

朋友!　且看

每一个黎明　都有喷薄的破晓

此刻,我们吹响翱翔的号角

共同喊出那句

我爱上中　上中的明天更美好

（2022 年艺术节闭幕式高三大合唱朗诵词）

1.8　最佳学生评选

上中每年会评选出能代表上中特色且具有优秀素养、卓越品质、极致追求的学生代表作为年度最佳学生。上中学生不仅需要做到品学兼优,学习"佳",而且需要关注社会,实践"佳",彰显青年一代的责任与担当。

每学年第二学期,各年级组将推选两名学生成为最佳学生候选人。候选人将通过宣传栏海报、公众号、升旗仪式介绍等方式展示风采。在五四表彰大会上,最佳学生作为上中学生的最高荣誉之一,将与最受欢迎学生一同揭晓,并进行展示。

※小资料

最佳学生感言

能被同学和老师认可,我感到很高兴,并且也觉得很荣幸。还有很多同学比我优秀。我会继续在这条路上努力奋斗下去。

——2022 年最佳学生陈修安

获得"最佳学生"的奖项,我感到非常惊喜。因为我认为平时自己更像一个比较安静本分而不求舞台、不求出挑的人,所以这次能获得老师们的认可而被评为"最佳学生",是一次让我非常感激的经历。

——2021 年最佳学生余文晔

1.9　最受欢迎学生评选

最受欢迎学生评选被称为上中一年一度最大的综艺节目。该活动在每学年的下学期初举行,一共有海选、初赛、预赛三个阶段。海选面向本部全体学生,每个人都可以为心中的最受欢迎学生投上一票,当然也可以自荐,最终会选出 20 名候选人。接着各位候选人将经历初赛与预赛,经全校学生投票,最终评选出本学年"最受欢迎的学生"。

1.10　五四表彰大会

上中五四表彰大会旨在表彰过去一年中在各领域获得荣誉、作出杰出贡献的学生,让大家向身边的榜样学习,弘扬当代青年的五四精神,展现龙门学子的昂扬风采。获得各类奖项的学生过去一年中在数学、物理、化学、信息、技术、英语、体育、艺术、社会实践等领域收获了累累硕果,努力实践"聚焦志趣、激发潜能"的箴言。青年者,人生之王,人生之春,人生之华也。秉承"储人才、备国家之用"的理念,上中青年应继往开来,牢记使命,用青春点亮岁月,书写与国同梦的华章。

※小资料

获奖学生 TED 展示:人,生而平等,科技也如此

　　两年前,我走进了身边的社区,引导一群特殊孩子的接触工程——接触机器人。正是这群孩子,他们初见机器人的眼神,他们在探究过程中的些许迷茫,让我对一个群体——也是他们的父母——产生了关注。在上海,有这样一群人,他们有的来自安徽,有的来自江苏,有的来自山东,还有的来自更远的省市。

　　我在看到这样的新闻时,总会问:"为什么他们不用机器人去工作? 这样不就安全多了吗?"我想,他们并非不愿意,或许他们担忧失去工作,或许他们还不知道有这种工具可让人大大减轻工作压力。人们常说科技在不断进步,有一部分人,就像我们一样,通过优秀的教育去改变科技。但是,这并不意味着每一个人都拥有平等的教育条件以及平等接触科技的权利。

　　这些思考最终演变成我的工程项目,我尝试用机器人去辅助斜拉索桥上的工人,去降低他们工作的危险性。我曾有过各种新奇的想法,但最终推动创新的却是项目所受到的限制。这看似有些意外,但事实上,我将低成本、结构简单作为设计的重要因素。这直接影响了我对机器人材料、结构、电机及许多部件的选择。我的最终目的只是让斜拉索桥上的工人也拥有平等使用机器人的权利。

　　对于我的课题研究,细讲各类原理显得有些枯燥,我就列举几个数字吧。在过去的 837 天中,这个机器人共改变了 6 次结构,优化细节 78 次,编写了 121 段控制程序,记录了 200 多页的实验结果。最后的成品就像你们所看到的,你们或许会觉得这其实就是铝条与一

些零部件的拼接,但这也正是这个工程的魅力所在。一个明确的目标,加上不断尝试的过程,构成了我所经历的大部分。

工程的推广所需要的物质基础很少。当我们希望赋予所有人平等的教育条件、平等接受科技教育的权利、平等接触科技的权利时,科技的进步才会带动整个社会的进步。

(张逸凡同学供稿)

1.11 钢琴大赛

钢琴大赛每两年举办一次。比赛主要面向上中本部与国际部的钢琴爱好者,给他们提供一个交流钢琴技艺的平台。同时,比赛也吸引了很多观赛同学。希望钢琴这项音乐艺术在学校中得到更多的普及与发展,活跃大家的音乐细胞,丰富大家的精神生活。

※小资料

上中钢琴大赛宣传语

钢琴,诞生于三百多年前佛罗伦萨的广袤土地上,以其极广的音域、多变的音色、简朴而不简单的黑白交织,吸引着后来者前赴后继的追随。钢琴艺术,潜移默化,润物无声,让演奏者直面内心,不断探索和叩问,从而变得深邃而深刻,丰富而博大,厚重而成熟,向着既定的人生目标去展示自己的本质力量。静听琴声悠扬,那是灵魂深处的回响,亦是"慎独"的完美演绎,是对自我本真的探寻之旅,来这黑白世界,一窥澄净湖水中倒影着的真实自我。你是否也有过这样的时刻:聚光灯下,指尖轻舞,一曲慢板,轻吟浅唱?上海中学钢琴大赛的舞台,欢迎你的到来,无论是胸有成竹,跃跃欲试,抑或是拂去旧尘,重拾乐音。这里,只有一个你、一架琴,或三五知己,无须多言,且听高山流水,弦舞龙吟;看指尖轻扬,蝶绕兰芷。和钢琴对话,与灵魂共舞!

1.12 器乐大赛

器乐大赛也是每两年举办一次，与钢琴大赛交替举行。比赛主要面向上中本部与国际部的器乐爱好者，给他们提供一个交流技艺的平台。吹响典雅悠扬的萨克斯，明亮的乐声咏唱高雅脱俗的情趣；弹奏一曲琵琶，轻拢慢捻抹复挑，说尽心中无限事。民乐或西洋乐，一串串音符在你的指尖跃起，被赋予新的生命，在无垠苍穹焕发万丈光芒，照亮每个人的心。学生可以选择民乐或西洋乐，在绚丽的舞台上奏出缕缕动人的音符，表达对音乐永恒不变的热爱与动心。

※小资料

上中器乐大赛宣传语

音乐，带给人心灵的共鸣，流露最真实的感情。乐器，作为音乐的载体，成为一种自我表达与心灵沟通的方式。

拿上你心爱的乐器，加入这场音乐的盛会吧。沉寂多年的你，热爱音乐的你，坚持梦想的你，这个舞台为你闪耀。在这里，你可以尽情展示你不为人知的音乐才华，不用担心演奏不够完美，你的勇气会得到所有人的肯定。在这里，有一群和你怀揣同样梦想的人，我们期待你们在音符的碰撞中寻找自己的知音。在这里，你能在喧嚣的世界中找到一片净土，在音乐的浸润中获得内心的宁静。

带上你敏感的耳朵，加入这场音乐的盛会吧。或许你想在学业压力中寻找放松的契机，或许你热爱音乐，想要赴一场听觉盛宴。我们欢迎所有人用心来聆听，来欣赏，来感受音乐的魅力。

愿大家仔细品味旋律背后的情感，细心挖掘演奏者背后的故事。

1.13　科技周

　　每年 5 月举办的科技周给有想象力、创造力或有一技之长的学生提供了一个展现自我的舞台。科技周的活动包括头脑 OM、实验比赛、纵理明文、多米诺骨牌、科幻微小说创作等。不论是能工巧匠还是文学巨匠，都可以在科技周的活动中大显身手。5 月，草长莺飞，春意盎然，一年一度的科技周也在这个月拉开帷幕。

※ 小资料

科技周的主要活动项目选介

　　1. OM

　　OM 是 Odyssey of the Mind 的缩写，全称为"头脑奥林匹克竞赛"，宗旨是：开发青少年的创造力，培养青少年的创造精神和团队合作精神。OM 鼓励做到三个结合：动手与动脑相结合，科学与艺术相结合，自然与人文相结合。

　　OM 比赛不设长期题，只设即兴题，即兴题的评分方式与正规 OM 比赛相同。OM 比赛初赛分行动题和语言题两部分，决赛分语言题、行动题和综合题三部分。初赛与决赛难度不同，但初赛与决赛不同组别间难度相同。语言题要求选手根据题目信息进行口头回答，力求用发散性思维和创造性答案来回答。行动题要求选手按照题目要求，利用比赛主办方提供的材料完成相应的作品，考验选手的动手能力、团队合作能力以及理论知识应用能力。综合题包含语言题和行动题。开动脑筋，成为头脑奥林匹克之王吧！

　　2. 实验比赛

　　实验比赛以班级为单位，每班三名学生组成一组参赛。比赛试题当场公布。选手只能使用组织者提供的实验仪器和实验材料，按照比赛要求进行实验。当然，实验比赛也要注意安全。

3. DeCode

预赛采取笔试和团队合作的形式,主要为虚拟场景下的逻辑推理题,要求选手根据所给定的虚拟场景进行合理的逻辑推理,并将结果以书面形式写在相应材料上,在比赛结束后上交。决赛采用逻辑推理和动手制作相结合的形式。逻辑推理部分分为个人题与合作题,考察个人能力与团队合作能力。除逻辑推理题外,还有应对特定环境要求的道具制作环节。选手需在规定时间内根据组织者提供的道具和材料,完成比赛印刷资料上规定的项目(决赛中包括道具制作环节)。

4. MineWorld

比赛以班级为单位,每班两名学生组成一组参赛。比赛要求选手根据自己的设计方案,使用 VR 设备制成 VR 软件,制作出直观、可体验的虚拟情景。画面富有冲击力,视觉效果震撼;场景真实,有代入感;情景制作完整,无系统 bug;VR 程序有一定技术性,人机互动良好。

5. 纵理明文

比赛以班级为单位,每班两名学生组成一组参赛,没有特殊原因不得更换比赛选手。比赛试题当天公布。预赛采用笔试的形式,两名学生共同解答一道综合文理两科的25题填字游戏。决赛采用解密性校园定向赛的形式。试题考查范围包括但不限于校园生活、时事政治、科学技术、逻辑推理、文学素养等方面的知识。比赛共设一条线路、六个地点。高一、高二沿不同方向开始,题目相同。比赛将以龙门楼为起点开始,依据预赛排名决定出发顺序,从第一名出发开始计时,比赛总时长为 1 小时。在偌大的校园中,谜题的答案到底在哪里呢?每个地点发放的线索是解答下一个地点谜题的重要线索。

6. 多米诺骨牌

组织者下发供各班进行赛前练习及设计的多米诺骨牌,可适当运用直尺、橡皮、玻璃弹珠等小的物体辅助,构成机关。机关的定义为"通过辅助物完成骨牌传递过程的装置",仅仅具有装饰效果。不对骨牌传递提供辅助的物品或装置不算机关。评分环节内,每个班级有 90 秒的陈述时间。陈述完毕,得到评委老师的同意后开始推倒骨牌。注意:第一枚骨牌不得用手推倒。若倒下过程中出现中断,可由本班参赛同学协助用手推倒。各班比赛在划分好的场地上进行。场地约为 5 米×5 米。心灵手巧的你能否搭建最具特色的骨牌呢?

7. 学术先锋

比赛将展现学生们学术上的思维碰撞。上交的论文先由校内评审老师完成评审工作,再由高校专家评出进入答辩环节的论文。

8. 科幻微小说创作

发挥自己的想象力,创作一篇科幻微小说。注意:一定要结构严谨、条理清晰、构思新颖、内容丰富充实、简洁流畅、有文采。

1.14 社团节

为了丰富和创造上海中学特有的校园文化,加强学生素质教育工作,促进校园精神文明建设,扩大 CPS 特色德育课程的实施面,增加学生自主活动在社会上的影响力,在德育处的支持下,上海中学学生成立了各类特色社团,目前共有 30 多个学生社团,覆盖语文、数学、英语、物理、化学、地理、历史、政治、心理、体育与健康等学科。这些社团的成立都遵循和贯彻党的教育方针,以促进学生德智体美劳全面发展,培养和提高学生综合素质,有计划地开展健康有益、丰富多彩的课外活动,服务和凝聚学生。

社团是兴趣,是信仰,更是龙门学子心中温暖的另一个家。一直以来,学生社团都是推进学校第二课堂素质教育、繁荣校园文化的重要载体。从形式上看,学生社团是同学们喜闻乐见的组织形式,通过开展方向正确、健康向上、格调高雅、形式多样的文化活动,丰富课余生活,繁荣校园文化,促进学生德智体美劳全面发展。

每年 5 月下旬,在龙门楼门前,全校各类社团进行集中展示。在这里,各家社团各显神通,展现过去一个学年中社团的风采,如街舞社的火热舞蹈、聚云社的上中周边产品等。

上海中学学生会下设社团部,管理各学生社团。同时,各社团均有青年党员教师作为指导教师,指导社团开展特色活动。社团活动以全面推进素质教育、培养德智体美劳全面发展的高素质人才为目标,努力把思想道德教育的内容融入社团建设的各个方面,有力地促进学生的全面发展和健康成长。各社团每学期至少两次参与人数超过总人数一半的大型活动,须有详细的活动记录。社团活动形式丰富多样,学生可以参与学校的大型活动,如艺术节、运动会嘉年华、狂欢夜等,也可以自行组织社团特色活动,如师生排球赛、棋类交流赛等。社团可以在校内或校外进行跨校交流活动,也可以创办各类内部刊物,极大地丰富了校园文化生活。

社团每学期召开一次社员大会,社员大会由社员组成,是社团的最高权力机构。社员大会行使下列职权:(1)选举和更换社团负责人;(2)审议批准负责人的工作报告;(3)对社团变更、注销等事项做出决定;(4)修改社团章程。社员大会做出的决议,必须经出席会议的社员半数以上通过;对更换社团社长做出决议时,所有社员和指导教师均须在场。每学年末,学生会社团部会对全校所有社团进行综合评估并评定等级。社团年度评分由影响力评分、展示评分、社团节评分和日常活动评分构成。每学年第二学期举行社团评级,其中前两项由参与评分的评委给出,第三项由学生对社团节展示进行打分,最后一项由学生会社团部基于社团影响力、社团上交的活动记录、荣誉证明等资料的完整度给出。

作为学校精神文明建设的生力军,学生社团担负着促进校园文化发展、加强师生沟通的重任,同时也作为锻炼自我、展示自我的桥梁。建设好学生社团,对加强学生思想政治教育、促进学生全面发展具有重要意义。

※小资料

上海中学学生社团选介

　　五星社团·聚云社。聚云,充分保障物种的多样性——在这里,有 shs 官方周边设计师,有无情催稿审核的甲方,有掌管钱款的财务总监,有金牌销售。各部门各司其职,合作互助,成就着这个闪闪发光的、独一无二的聚云社。我们不是美术天才,不是文案导师,不是商学专家。我们只是在幕后默默无闻付出的志愿者,打造为我们带来无数感动的上中记忆。在这里,众多产品受众面颇广,持续创新,只有你想不到,没有我们做不到;在这里,我们为新生修订入学手册,提供暖心帮助;在这里,我们为高考学长制订专属明信片以送祝福;在这里,我们如云相聚,快乐同行。

　　四星社团·街舞社。或许你本就有一技之长,本就有心之所向,那么坚持下去。如果没有,试着走出舒适圈,不要把自己的青春刻画得死板枯燥。我们包容一切舞种!

　　四星社团·戏剧社。来自地球的监听员,你好! 你现在接收到的是来自 On Air 星球 0014 号发信者发出的电波信号。接下来,将带你走入这个造梦的星球。On Air 戏剧社成立于 2008 年,在十余个春秋间,足迹遍布台前幕后。聚光灯开启,我们与光共舞;幕布落下,沉淀的思绪又在黑夜中发散。当戏剧与新媒体融合,微电影、腾讯会议戏剧共赏都成为我们崭新的道路。如此的 On Air 星球,你是否愿意一探究竟?

　　四星社团·复兴诗社。感谢诗歌,祝福诗人。"复兴"原取意"复兴诗词",是寻找被自己藏起来的诗心,探索根植在内心深处的自我。诗社从来不是枯燥地写诗,诗社的主体是人,是你,是我。我们相聚交友,作诗聊诗,编社刊,踏青行飞花令,假期联谊,举办诗创大赛。或许悄悄写下看似蹩脚、矫情的文字,或许在浩瀚题海中试图寻觅内心深处的自我,或许只是有着感受生活、表达情感的本能……在理科氛围浓厚的上中，因为热爱，我们相聚，无所顾忌地交流，"偷得浮生半日闲"。诗意不是来自世界，而是来自诗人的注视。

三星社团·侦探推理社。每周四想来一场酣畅淋漓的推理战解压吗？在侦推社，我们愿意尝试任何形式的推理游戏。在狂欢夜等大型活动中，我们筹备过面向大众的密室与密码学谜题，钟情于那一份洞察人心的推理奥秘。

三星社团·三秋棋社。"初疑磊落曙天星，次见搏击三秋兵。雁行布阵众未晓，虎穴得子人皆惊。"（刘禹锡《观棋歌送儇师西游》）诗人凭借对围棋的理解，赞美了在棋盘的方寸天地中战斗的激烈以及战场形式的变化多端。正如诗中所言，虽不能总揽全局，但亦可以小见大。围棋，这样一种古老的棋类，发展过程中经历了太多，终于蜕变成今天的模样，开放、包容是其底色，"友谊第一，比赛第二"是其原则。除了起到陶冶情操、增强记忆、培养大局观等作用，它让你在忙碌的学习生活中找到内心的宁静；它还可以让你在赛场上体验到拼搏的乐趣，收获相互促进、惺惺相惜的纯真友谊。

三星社团·F1社。上海中学F1社是高中学生车迷团体。F1与科技的关系密不可分，因此我们不仅关注有关赛车的最新资讯，也了解最前沿的科技。我们努力提供更好的活动质量与丰富的社团工作。我们志在为每一个对赛车运动感兴趣的学生提供亲切、和谐、共同进步的交流平台，传播我们热爱的赛车文化和知识。

特色社团·文欣社。欣文化之所在，燃不熄之流光。我们是以传播传统文化为初衷，充满文艺和古典气息的小众社团。在这里，你可以体验戏曲、汉服、古风音乐，也可以与大家一同了解各种不同的中国传统文化。我们的一切仅仅建立在"喜欢"的基础上。你可以只是在心中有一个梦，有关过往、有关诗性、有关烟火气、有关纸上山河，这里就是一个为你构建的空间。你可以在繁忙的学习之余随意谈谈风月，聊聊笔尖下绽放的美好。我们坚持热爱至上。

特色社团·财经社。2008年立社以来，财经社致力于带领同学们提高财商,体验博弈的魅力。在这里,你不仅能陶冶发挥对财经的兴趣,也能体验真枪实剑商场的博弈,更有交流思想、探讨学术的轻松团建和来自专业人士的授课。近几年来,社员还有机会得到教授的专业推荐信与世界前五百强企业的实习证明。

特色社团·天文社。当你尝试过天空的味道,你就会永远向上仰望(列奥纳多·达·芬奇)。念一片星光璀璨,我们,在此相会。当你抬头仰望星空,是否想尝试去探索、去了解这片无垠苍穹? 忙碌一天后的你,是否愿意透过窗户,在漆黑的画卷上寻找城市中难以用肉眼辨别的星点? 旅行者1号探测器仍在前进,新地平线号探测器也从未停下脚步。自诞生以来,对未知的渴望一直推动着人类窥向宇宙深处,人类永远不会停止对宇宙的好奇,你我皆是。不如就在这里,留下你的足迹。

3H社。3H社秉持 Two Hands and One Heart 的理念,聚集了一群热爱公益的人,尽自己的微薄之力温暖他人,参与公益活动,关注社会,服务社会。

城市定向社。两人一组,奔跑在上海街头,到达一个个任务点,完成一个个任务,在竞争中收获独特的经历。上海中学城市定向社旨在通过这种形式让学生体会合作的重要性与乐趣,对各处风景与相关文化典故有一个更深入的了解。

二次元研究社。在上中,二次元研究社无疑是 ACGN 爱好者的家。我们每学期举办象棋交流赛;每季度有新番讨论会,帮你更快入手新番,了解其潜在价值;关于声优、抱枕等的讨论会也会尽快上线,狂欢夜的售卖会让你心动不已。

和风社。你在为自己找不到喜欢相同的冷门番剧和游戏的好友而发愁吗? 你在为自己的社团活动太无聊而发愁吗? 你还在担心日漫中的社团生活在现实中得不到实现吗?

化学实验社。化学实验社的社员在实验室相聚时,一场令人期待的化学盛宴就开始了。在一节课的时间中,我们用常见的化学试剂组合出丰富多彩的实验现象，充分领略物质变化的奇妙与美丽。我们从书本走向实操，加深对化学知识的理解，对这门学科更加热爱。

科幻社。这里，是思想的飓风眼、灵感的交汇点。这里，是创意的导火索、梦想的起航站。这里，是所有天才、思想者和科幻迷的家园。对着闪烁的宇宙背景，我们绘出 137 亿光年的辽阔。循着跃动的粒子音符，我们窥探 1 普朗克长度的纤巧。千万个故事，千万个未来。

篮球社。这里有热情洋溢的同学，有耐心细致的指导老师，有丰富多彩的活动，更有对篮球的一份热爱。期待热爱篮球的你的加入。

历史研究社。或许，历史这门学科在大家印象中只与 30 分中考有关。但在上中历史研究社，不管对历史有无深入了解，任何人都能找到志趣相投的好友，一同遨游在中外历史的深邃海洋中。

觅音社。觅音，觅心底之音。这是一个热爱音乐的集体，我们相信音乐独特的力量，听从自己内心的声音。不论你是否善于歌唱，是否精通乐器，只要你对音乐有这份赤诚与纯真即可。

模联社。悄然掀开模联的篇章，聆听时代的历史回响，把握未来世界的基本脉搏与趋势。在这里，每个关心或曾经关心这个世界的人，只为探求世界的答案；在这里，我们迸发思维的结晶，闪耀青春的光彩！上中模联，渴盼追求真理、热爱世界的你。

排球社。不管有没有基础，都可以来！只要来，就有学长学姐指导，带你走入这项充满热血的团队运动。

桥牌社。桥牌社自上而下代代相传，已不知有多少年了，也不知有多少英雄豪杰曾替龙门出征，满载而归。

摄影社。通过取景器观赏世界，使用照片定格永恒，摄影社欢迎每一个热爱摄影的人，与我们一起找到生活中的美好。

松鼠会。这里是一个轻松有趣的科普社团。我们传播各种科学知识，窥探世界运转的规律，开拓认知的视野，在科学的果壳宇宙中敲开一个个科学的坚果。

网球社。上海中学网球社拥有悠久的历史。三个网球场欢迎你的到来,用球拍挥洒热爱,用运动挖掘生活的乐趣。

武道社。武道不同于暴力,更讲究修身养性,将武道之技用于培养自身的秉性,同时增强自我防护能力,以备不时之需。日常的训练也可以锻炼自身的身体协调性,这样不用为体育发愁了。

心理社。在上中,心理社在学习的闲暇之余带给我们心灵的交流。我们没有狂野的派对或热闹的游戏,但我们提供最安静的氛围、最理性的交流与最净化心灵的文字,帮助你找到本真的自我,启发未来的方向。

英语辩论社。听上去很严肃,其实是很有趣的社团。在这里,哪怕你是超级社恐,也会在其中感到乐趣。轻松的氛围,伴随着叽叽喳喳的讨论声,思维的火花在碰撞,闪耀着理性的光芒。

纵深文学社。如果你孑然一身,你可以天马行空,四处闯荡。纵深,就是这么一个不羁灵魂的驿站。我们是唱诗者、反抗者,从不畏惧表达自己的天性。如果让我形容纵深,我更愿称其为星尘回收中转站。脑海中乍现的灵光、偶得的词句在这里皆被收容,我们共同书写,你的声音会被同频的人听见。我们都是星尘,爱文学,爱这世间的美,不必有任何顾虑。纵横八百里,深浅凭君试。

足球社。足球场就是每日活动场地,无须组织,自发前往。同时,欢迎各路球迷讨论比赛,快乐看球。

1.15 校友进课堂

作为学校的一门特色德育课程,校友进课堂是一项每学期以年级为单位的全员性活动,邀请在各行各业中取得成就的"大牌校友"重返校园,为学弟学妹介绍自己的事业,讲述自己的故事,让大家初步树立职业观念。进课堂的不仅有专注学术方向的校友,如医学、科学研究人员等,也有来自企业的优秀代表,为同学们讲述各领域的专业知识,使同学们的职业蓝图更加清晰。

※小资料

校友进课堂宣传语

一代代上中人走出校园,步入职场,在社会中绽放自己独有的光彩,成为各领域的佼佼者,是我们心中的偶像。你是否有自己的梦想职业或极其感兴趣的领域?是否期待着进入职场的那一天?想与行业中顶尖的人才来一场思维碰撞的交流吗?在校友进课堂活动中,让我们收获知识,坚定梦想,埋下希望的种子,向着自己的目标不断前进。

1.16　企业考察

每学期期末考试结束后,学校会组织部分学生进行企业考察实践活动,实地参观知名企业,学习了解企业文化精神和前沿领域最新进展,给大家提供规划未来职业生涯的契机。

※小资料

企业考察宣传语

这是上海中学纷繁的学生活动体系中最耀眼的一片星。成功源于此刻的梦想,而梦想源于最初的那份热爱。每一个学生都有一种可能,而上中愿为每一种可能提供平台。不论你来自哪里,这里都有属于你的舞台。踏实走好脚下的路,放眼望未来的梦。我们期待看到艺术舞台上全情投入的你,运动赛场上挥洒热情的你,科学探索中孜孜不倦的你。最重要的是,我们期待看到独一无二的你,发扬龙门精神,谱写属于自己的高中三年华美乐章。

2 实践育人

学校注重开展多样的实践活动,促进多样的社会实践,在实践中育人,在活动中立德,不断增强学生的责任意识。除了上述特色活动外,学校还开展了多样的实践活动。

2.1 红色研学

作为新形式下的教育形态,红色研学通过实地调查研究获取知识,在实践中培养社会主义核心价值观,追寻红色基因,弘扬革命精神。学生通过走入烈士陵园、革命根据地,追寻英雄足迹,感悟红色精神,激发红色信仰,在独特的实践体验中逐步形成高尚的品格,实现身体和心灵的共同成长。

2.2 绿色学农

学农是我校一项传统德育课程,是实现立德树人根本任务的有效方式之一。学农活动旨在让学生近距离接触中国的乡土大地,在劳作中切身体验乡土中国的智慧与吃苦耐劳的奋斗精神,感受劳动的意义。通过劳动教育,学生能够理解和形成正确的劳动观,树立劳动最光荣、最崇高、最伟大、最美丽的观念,体会劳动创造美好生活,体认劳动不分贵贱,热爱劳动,尊重普通劳动者,培养勤俭、奋斗、创新、奉献的劳动精神,具备满足生存发展需要的基本劳动能力,形成良好的劳动习惯。

2.3 志愿者服务

上海中学要求所有学生在升入高三之前完成上海市教委规定的40小时的志愿者服务活动,旨在鼓励学生积极参与社会实践活动,在志愿者服务过程中尽自己的力,培养"奉献、友爱、互助、进步"的志愿服务精神。

2.4 特色志服

特色志服是团委志服部开设的特色志愿者服务性质的活动，旨在为对志愿者服务活动有想法、有热情、能创新、能实践的学生提供一个展示特色志愿者服务活动成果的平台。每个班级都参与其中，主题可以从贴近日常的校园生活入手，也可以聚焦社会实践，而且富含班级特色。从初期意向的填写，到根据志服部及相关教师的反馈意见展开实施，学生都能在特色志服中感受到不一样的乐趣。

2.5 劳动教育体验周

劳动教育体验周是上海中学为学生开创的一项特殊的限定性活动，由志服部收集学生的意向并完成岗位分配，目的在于让学生参与校园日常生活中各类校工的工作，如除草、查寝、捞湖等。志服部每年会按照学生意愿设置新的岗位。学生借此体验校工在幕后的默默付出，为校园尽自己的力。这项活动致力于让学生感受到劳动带来的乐趣，鼓励学生在日常生活中热爱劳动，注意保护校工辛勤劳动的成果。

2.6 多样主题班会

上海中学的主题班会形式丰富多彩，内容生动活泼。班主任发挥自己的才智，贴合学校教育和学生发展，组织了一堂堂妙趣横生、观照现实、立意高深的班会。上中的班会不是空洞的说教，而是一次次心与心的近距离分享、思想与思想的交流融合。班会着眼于爱校教育、行为规范、心理健康、爱国教育等，为学生指引思想的航向，帮助学生形成重要成长阶段的世界观、人生观、价值观。

※小资料

上中特色主题班会主题选介

1. 行为规范教育——"做合格上中人"主题班会

文明礼仪的重要性,永远不会是一句空话,永远都不是一个定义,而是渗透在我们生活中的一种品质,体现在我们一举一动的素养中。行为规范是用于调节人际交往、实现社会控制、维持社会秩序的工具,是人们说话、做事所依据的标准,也就是社会成员都应遵守的规范。行为规范建立在维护社会秩序理念的基础之上,因此对全体成员具有引导、规范和约束作用。行为规范引导和规范全体成员可以做什么、不可以做什么和怎样做,是社会和谐的重要组成部分,是社会价值观的具体体现和延伸。

明确行为规范的定义,了解行为规范的重要性,认识到不文明行为给自己和旁人带来的负面影响,此系列班会课启发学生反思自己的日常行为规范,加深对"做合格上中人"的理解。

有的班级一起学习《菜根谭》,帮助学生理解行为规范的意义。

(1) 读书与做人:"心地干净方,可读书学古。"这与培养德才兼备的人的道理是相通的,只有一个品德高尚的人才可用学问来修身、齐家、治国、平天下,对社会有所贡献。所以,不管什么时候,加强思想品德教育都是十分必要也是必不可少的。

(2) 处事的方与圆:"做人无点真恳念头,便成个花子,事事皆虚;涉世无段圆活机趣,便是个木人,处处有碍。"这句话强调,做人要知进退,在必要时灵活变通,不能只知"进"而不懂"退"。这并不意味着随波逐流,没有自己的原则与底线,而是一种根据"时"来调整自身行为方式之道。

(3) 知行合一:"读书不见圣贤,如铅椠庸;居官不爱子民,如衣冠盗;讲学不尚躬行,如口头禅;立业不思种德,如眼前花。"人不仅要具有正确的道德品质,也要在日常生活中践履道德,以便获得真实的道德体验,还要做到克己自反,形成对道德品质的深刻认识。从某种意义上说,人只有在日常生活中进行正确的道德引导和道德实践,从而自觉追寻个人内在良知,才能真正"成人"。

有的班级针对学生中一些潜藏的不文明现象做了文明测评,并且请文明代表发言,分享经验,最后共同拟订一份文明宣言。还有的班级学生交流讨论在日常生活中遇到的一些值得表扬与学习的文明规范行为。先小组讨论,然后每个学生依次发言,与全班同学分享自己的所见所想,告诫大家严格遵守相关规定,避免违纪和不规范行为的发生。

文明行为不是空泛的,而是具体的。这些具体的事,似乎只是微不足道的小事,却展现了一个班级、一个学校学生的总体素质,展现了一个城市市民的总体素质,展现了一个地区公民的道德水平。要做一个文明的高中生,必须遵守学校的纪律和规范,必须从身边小事做起。

在主题班会上,大家通过视频、小组讨论、游戏互动等方式总结生活中常见的不文明行为,并分析这些不文明行为产生的原因。通过主题班会,大家更了解了上海中学的各项规章制度,能在完成学习任务的同时,注重德育方面的发展,培养行为规范意识,树立正确的人生观和价值观。希望每个学生按照行为规范的要求,做合格上中人,做合格社会公民。

2. 职业生涯规划班会

人的一生只有一次,如何将有限的一生过得充实而有意义,适当进行生涯规划是十分有意义的。职业生涯规划班会让学生对职业生涯规划有所了解,树立正确的职业观和价值观。每个人的人生发展都与自己的生涯规划有关,生涯规划是在自我认知的基础上,通过努力可以实现的目标。有生涯规划的人会有清晰的发展目标,内心会更加充实,做事态度更加笃定,可以抗拒短期诱惑,更能体验成就感,从而进一步提高积极性和专注度。科学的生涯规划有利于明确人生的奋斗目标,有利于指导学生在校学习,有利于适应社会经济发展和人尽其才。生涯规划中的具体措施和安排,能让学生不断鞭策自己,督促自己努力实现职业理想。

中学是人生承前启后的一个重要阶段,合理科学的职业生涯规划是学生未来职业道路的奠基石。学生要帮助学生树立正确的就业观念和竞争意识,确定自己的职业目标及现在努力的方向,做到未雨绸缪。本次班会以中期阶段为契机,组织学生进行认知思考,树立目标。有班级结合马克思《青年在选择职业时的考虑》选段进行思考:

"一个选择了自己所珍视的职业的人,一想到他可能不称职时就会战战兢兢——这种人单是因为他在社会上所处的地位是高尚的,他也就会使自己的行为保持高尚。

"在选择职业时,我们应遵守的主要指针是人类的幸福和我们自身的完美。不应认为,这两种利益会彼此敌对、互相冲突,一种利益必定消灭另一种利益;相反,人的本性是这样的:人只有为同时代人的完美、为他们的幸福而工作,自己才能达到完美。如果一个人只为自己劳动,他也许能够成为著名的学者、伟大的哲人、卓越的诗人,然而他永远不能成为完美的、真正伟大的人物。

…………

"如果我们选择了最能为人类而工作的职业,那么,重担就不能把我们压倒,因为这是为大家作出的牺牲;那时我们所享受的就不是可怜的、有限的、自私的乐趣,我们的幸福将属于千百万人,我们的事业将悄然无声地存在下去,但是它会永远发挥作用,而面对我们的骨灰,高尚的人们将洒下热泪。"

围绕选文,大家展开了对青年职业选择的讨论:马克思提出青年职业选择有哪几点考虑?这些考虑合理吗?你想补充吗?为什么?你怎样理解高尚的工作?如何平衡对职业的热爱和社会对该职业的需要?……通过充分的讨论,学生们实现了对职业的深入理解。

也有班级通过观看纪录片《钟南山》，以钟南山的经历启发学生选择。

余同学发言：钟南山在北京医学院读书时，在田径比赛中连破纪录，教练极力推荐他进国家队做一名职业运动员，但是他坚持自己的最初选择——从医，做一名医生。由此，可见他对医学专业的热爱，对自己职业选择的坚定。

应同学发言：钟南山先生非常热爱自己选择的事业，在自己的职业领域中作出了杰出贡献。

金同学小组展示：我们可以先根据自己的爱好在高中阶段选择自己喜欢的学科，对应大学的相关专业。比如，有学生喜欢医学，将来想像钟南山先生一样当一名医生，在高中阶段可以选择学习生物课程，学好基础知识，为将来学医打好基础。在大学里学医是很苦的，但是选择了就要坚持到底，绝不放弃。

冯同学小组展示：除了根据自己的兴趣爱好选择合适的专业方向，还可以利用课余时间多参加社会实践活动，多接触不同的职业，找到适合自己的相关工作，提前实践，有利于找到自己的理想选择。

班主任总结：看了视频，我们体会到选择并坚定自己信念的重要性。通过讨论，在高中阶段多了解自己所喜欢职业的相关知识，认真学习，规划好每一天的时间，找到自己的志趣方向，并在相关领域中发光发热，为祖国作贡献。

3. 党史主题班会

2021 年，是中国共产党成立一百周年，在这一百年中，既有风雨飘摇，也有鲜花漫野。一百年来，中国共产党领导全国各族人民顽强奋斗，不断夺取革命、建设、改革的重大胜利。从小小红船到巍巍巨轮，中国共产党人始终牢记为中国人民谋幸福、为中华民族谋复兴的初心和使命，带领中国人民迎来从站起来到富起来再到强起来的伟大飞跃。建党百年来，党带领中国人民攻坚克难，完成了一个又一个伟大的历史使命。学校组织了党史主题班会，大家一起回顾百年党史。

学生提前搜集资料，了解上中校友党员的光荣事迹。在新中国革命和建设时期，上中学生踊跃响应国家号召，积极参军参干。在新中国最为紧缺的雷达兵、通信兵、防空兵等兵种中，到处可见上中学子的身影。1950年，上海一共抽调了五六十人去学习航空雷达技术，其中上中学生有39人，后来他们成为新中国第一批雷达兵。他们曾经在祖国和人民需要的时候将个人生死置之度外。

赵同学：中国共产党一百年的光辉历程，是我们党探索救国图强的真理、开辟民族独立和民族振兴道路的一百年，是我们党不断发展壮大、以实际行动和辉煌业绩赢得人民群众拥护的一百年。

郭同学首先引用了习近平总书记的话，向同学们说明了学习党史的作用与重要性。随后，他播放了央视新闻《鉴往知来——跟着总书记学党史》视频，其中展现了诸多革命征程中富有纪念意义的物件，包括抄写有《中华苏维埃第一次全国代表大会土地法令（草案）》的墙壁、红军长征战士的绣球草鞋、宁都起义主要领导人董振堂的帆布书箱、《论人民民主专政》单行本……这些使同学们明白了初心和使命是我们走好新时代长征路的不竭动力，对习近平总书记说的"一切向前走，都不能忘记走过的路；走得再远、走到再光辉的未来，也不能忘记走过的过去"与"历史，总是在一些特殊年份给人们以汲取智慧、继续前行的力量"有了更深刻的认识。郭同学指出，学习党史的重要意义在于从历史中摄取智慧和力量，从而加强党的思想理论建设，继承党的成功经验和优良传统；中国共产党顺应历史的规律，带领中国人民建设好新中国，并开创了中国特色社会主义道路。

益同学对党的历史给我们的三大启示进行了讲解。他首先提出，没有中国共产党的领导就没有国家的统一，党百年来的奋斗带给我们一个新中国。他为同学们播放了有关建党以来历史的影视作品视频剪辑，生动地串联起党的百年历程中的重要事件，让同学们深受感动。借此,益同学引出了党史给我们带来的"长期坚持、永不动摇"的三大启示。

陈同学在第四模块中梳理了中国共产党统筹推进疫情防控和经济社会发展工作的基本要点,让同学们感受到共产党人"关键时刻冲得上去、危难关头豁得出来"的精神,"战胜一切敌人而不被任何敌人所屈服"的大无畏革命气魄,"勇当先锋,敢打头阵,用行动展现"的政治本色。

陈同学随后为本次主题班会带来结语:在疫情防控阻击战中,我们始终坚持党的集中统一领导,引领人民披荆斩棘、砥砺奋进,绘就了一幅波澜壮阔、气势恢宏的历史画卷,谱写了一曲感天动地、气壮山河的奋斗赞歌。前进道路上,我们必须毫不动摇地坚持党对一切工作的领导,不断加强和改善党的领导,不断强化"两个维护"的高度自觉,把中国特色社会主义推向前进。

百年征程波澜壮阔,百年初心历久弥坚。在继往开来的历史性时刻,中国共产党人以习近平新时代中国特色社会主义思想为指引,重温百年奋斗的恢宏史诗,以信仰之光照亮前行之路,用如磐初心凝聚奋斗伟力,接续谱写新的历史篇章。从百年党史中汲取前行力量,让初心融入血脉,把使命扛在肩头,新时代共产党人的信念将更加坚定。

经过这次班会,同学们对中国共产党的历史有了更深的认识。历史事实雄辩地告诉我们,没有共产党就没有新中国,只有社会主义才能救中国,只有改革开放才能发展中国、发展社会主义、发展马克思主义,只有中国共产党才是中国特色社会主义事业的坚强领导核心。同学们在学习党史后,立志为社会主义现代化建设贡献自己的力量。

在拔尖创新人才早期培育阶段,"守正"是基础。学校要引导学生志存高远,将自身发展志向与对国家和社会的理想、信念、责任等紧密相连,在自己感兴趣的领域内踏实前行。

——冯志刚

第三章

多维导才

——全员导师制的升华

我们都知道每个人的好奇心是天生的，给一点刺激就能激发兴趣，但要真正做到"聚焦志趣"，必须自我奋斗，要先拓宽自己的知识面，然后不断地去"试错"，可能会经常跌倒，这样才可能找到自己真正的"志趣"方向。

——冯志刚

资优生发展的志趣能匹配,是需要加强引导的。高中阶段学生的各项身体机能、心智逐渐走向成熟,需要自主独立,同时也需要在未来的发展道路上获得指导与陪伴。全员导师制是上海市教委对中学生发展指导的统一要求。每个学校集聚的学生不同,如何根据学校集聚的学生群体进行全员导师制的设计与突破,实验性示范性高中怎样根据学校的资优生群体进行多维导才的整体思考,需要加以认真探究。

上海中学针对资优生发展的全员导师制,强调思想导德、学科导志、活动导行、心理导情、生活导能、生涯导航的整体设计与思考,通过多样的导师制形态(包括校内外导师、教师与家长导师的结合等),促进学生聚焦志趣、激发潜能,在深层思想、外显行为与服务社会的统一上作出深度思考,内化全面素养,提升本领,追逐梦想。本书对学生的发展指导是从多方面对学生进行成长指导。本章主要分析学校如何将教育改革要求与学校实践设计紧密结合。

巍巍龙门,百年书院

杉松荟萃,桂馥兰香

灯下奋笔,书生意气正当先

台上吾师,谆谆教诲留心间

粉笔一支,写不完桃李天下情

讲台三尺,诉不尽四季耕耘心

回望数载时光

风飘雨潇,国族艰难时

莘莘学子立德行　琅琅书声忆古今

勇往,上中青年勇往
重光,炎黄神胄重光

物换星移,寒来暑往
今朝龙门,初心依旧
丹桂飘香,熏染南北西东
银河璀璨,点缀寰宇星空
翩翩少年,志在四方
甄陶教泽,山高水长

回首,与您的点滴过往
烈日下,那四处奔波的身影
课堂里,那心潮澎湃的声音
赛场上,鼓励安抚我的悲伤
礼堂中,掌声肯定我的梦想

您带我畅游知识的海洋
您为我的灵感插上翅膀
教我用汗水灌溉初生的梦想
使我书写人生又一新的篇章
眼里,闪耀着求知的目光
脑中,活跃着思维的力量
一次次突破是我的成长
一份份收获是您的期望

犹记,第一张一片红的周爽
挫败与怀疑在笔尖盘旋回荡
是您和声的安慰,拼凑温暖的阳光

让我拾起再战的胆量

回想,第一次失去灯塔的迷航
不安与慌张在心底肆意滋长
是您鼓励的目光,驱散厚重的浓雾
让我看到前路的希望

追忆,每一晚月色苍茫
疲惫与忙碌将灯火通明的龙门笼罩
是您不停的脚步　满载质朴的心意
让我们拥有笃定的安然

难忘,这一场突如其来的疫情
我们也许错过了校园里盛放的二月兰
却没有错过每一堂您精心准备的线上课
是您熟悉的讲解　缩短屏幕的距离
让我们满足求知的渴望

徜徉在这一百五十余载的默默守望
物是人非不改您的气节
星河流转不掩您的锋芒

龙门发轫进无疆
一柱中流海上
一身蓑衣也可以傲立雨中
竹杖芒鞋也可以乘风破浪
是您,让我们明了
亦是您,让我们不忘

我敬爱的老师,我尊敬的先生
少年时日太匆忙,冬去春来便终章
但您不疾不徐,在我们的心田埋下一颗种子
您说,以赤诚去拥抱世界
用知识去领略山河
执起青春的笔,在知识的画卷任意挥毫
扬起梦想的帆,从恢宏的龙门整装启航

三年寒窗,砥砺前行
百年鸿志,师生同守
且看,风华正茂　挥斥方遒
无愧,携手与共　亦师亦友

征途不必远送,定会更上层楼
愿听雏凤清声,感念师恩重重
天涯尽头再回首,仍见
讲台存日月,粉笔写春秋

千言万语,说不尽心中感激
却上心头,道一句真挚感谢
人生导师,您辛苦了
上中因你们而骄傲
上中因你们而辉煌

（摘选自 2021 年教师节表彰会上学生诗朗诵）

第一节　促进资优生发展的全员导师制设计

学校关注从资优生发展的思想导德、学科导志、活动导行、心理导情、生活导能、生涯导航等方面进行整体架构。全员导师制是上海市教委推广的育人课程,旨在通过建立"学生人人有导师、教师人人是导师"的制度体系,重新构建新时代的师生关系和家校关系,更好地落实立德树人根本任务,完善全员、全程、全方位的"三全育人"工作。我校结合实际情况,打造"多维导才·建设成长"全员导师课程,以满足龙门学子的需求。

"多维导材·建设成长"全员导师课程于 2021 学年首次推出,旨在缓解学生的学业压力和情感压力,构建和谐的师生关系、家校关系和亲子关系,以谈心、家访等形式,在思想导德、学科导志、活动导行、心理导情、生活导能、生涯导航六个方面引领高一学生适应高中生活。我校开展的双Ⅰ课程将承接高一全员导师课程,继续在高二实施,延续全员配备导师模式。

在定位方面,全员导师课程助力学生在导师的指导和帮助下完成初高中衔接,力求从心态、学业、活动、交际等方面为学生排忧解难,全方位保障高一学习生活的顺利通关。双Ⅰ课程的涵盖面则限于"自省交往"与"聚焦志趣",更契合高二学生的阶段性情况,引导学生加深对自我的认识,探索人际交往的奥秘,为未来的求学与工作做好规划与准备。

在内容方面,全员导师课程包括:(1)每位学生及导师在整个学年内完成一次家访;(2)在每个学期完成一次谈心谈话,并由导师撰写寄语。双Ⅰ课程主要围绕课题展开,辅以讲座和各类生涯规划及体验活动,为学生提供实践和了解的机会。

在要求方面,全员导师课程相对灵活,话题不限,谈心次数不限,学生可以畅所欲言。在双I课程中,每位学生则必须落实课题的推进,在导师的辅导下深入研究或思考某一问题,形成见解。

具有上海中学特色的全员导师课程还在不断完善和优化中,因而每一届的内容和要求会随着课程发展与现实情况略有变化。下表再现了2024届时间线,补充了相应说明,有助于学生进一步了解全员导师课程框架与内容。

表 3-1 2024 届时间线

时间	内容	说明
9 月	动员会	可通过动员会上的介绍和分享多维度了解全员导师课程。随后,每位学生开始选择心仪导师,导师可以是班主任、任课老师或其他老师
10 月	师生签约	领取课程活动手册,在为期一年的课程中可随时在手册上记录每次活动情况。 提醒:一定要和导师正式签约
10 月至 12 月	第一学期谈心	利用课余时间与导师进行线上或线下谈心,话题不限,次数不限,可着眼现在,也可畅谈未来。学生提前和导师预约时间和地点。 提醒:完整记录一次谈心过程,并上传至平台
1 月	导师寄语	在紧张的期末考试阶段会收到导师的寄语,或鼓励,或共勉,这份关心会是冬日里的一束阳光,为学生带来无尽的温暖
2 月至 5 月	第二学期谈心	利用课余时间与导师进行线上或线下谈心,话题不限,次数不限,建议结合现状和最新思考与导师进行交流。学生提前和导师预约时间和地点。 提醒:完整记录一次谈心过程,并上传至平台
5 月	家访	学生和导师约定家访时间。 提醒:完整记录家访过程,并上传至平台

（续表）

时间	内容	说明
6 月	课程总结	把各类活动记录上传至平台，撰写课程总结，并查收来自导师的寄语。 提醒：注意字数要求和提交时间
暑期	导师访谈	学校视学年总体情况安排暑期访谈，可在导师的指导下更加合理地规划假期的学习与生活，做好充分准备，迎接新学年的到来

第二节　资优生发展的全员导师制实践指南

促进资优生发展的全员导师制实践，应当坚持"储人才，备国家之用"的办学宗旨，以习近平新时代中国特色社会主义思想为指引，遵循学校教育规律和学生身心发展规律，促进每一个学生的健康快乐成长，培养担当民族复兴大任的时代新人与德智体美劳全面发展的社会主义建设者和接班人。

1　高一年级的全员导师制奠基

1.1　工作目标

通过与学生建立良师益友的师生关系、与家长建立协同合作的家校关系，对学生进行全面发展指导和开展有效家校沟通，促进每一个学生健康快乐成长，重构与现代教育治理体系相适应的和谐师生关系、家校关系和亲子关系，打造"家—校—社"共育的中小学生全面发展支持网和身心健康守护网，显著提高学校育人工作的针对性和实效性。

1.2　工作举措

学校高度重视推行全员导师制工作,关注在党委领导下推进全员导师制,德育处、教学处负责统筹协调学校各相关部门推进此项工作,德育主任、教导主任等中层干部负责细化各项工作要求,与年级组长共同负责落实本校全员导师制的整体推进;年级组长负责导引,为本年级学生匹配导师,做好本年级班主任和任课导师的日常管理;班主任定期组织本班的导师团队,及时沟通学生的学习和情绪,发现问题,及时反馈上报,形成管理闭环。

1.3　实施原则

(1)统一思想,价值引领。德育处和教学处利用班主任会议和教研组长会议传达工作精神,让所有教师明确全员导师制是立德树人工作的重要组成部分,是教师的职业使命,是新时代教育发展的需要,是保障学生身心健康发展的有力举措。

(2)加强培训,集中研修。通过专家报告、案例分享、情景模拟、小组交流等方式定期帮助教师适应导师角色,导师之间展开交互研修,开展德育备课,不断提高导师在开展学生指导和家校沟通工作中对具体问题的专业处置能力。

(3)双向匹配,定向帮扶。高一新生需要一个适应新学校、新老师的过程,因此学校计划在他们入学一个月后逐步建立导师与学生之间的双向匹配关系,落实导师的三项基本任务,加强班主任和任课导师家校沟通的归口管理和家长微信群、家校沟通软件的规范化使用。在学生和教师双向选择的基础上,学校为每一个学生配备导师。对新教师,可由年级组长、中层干部、心理老师点对点进行指导帮扶,加强其育人能力和沟通能力。

(4)边行边试,反思微调。在推行的过程中,定期召开研讨会,不断改进方法,及时听取家长和学生的意见及建议,不断调整措施,及时总结好的做法并加以推广。

1.4 明确职责

（1）导师的基本职责。导师要成为所指导学生的良师益友，建立尊重平等、相互了解、亦师亦友的师生关系，为每一个学生提供陪伴式关怀与指导。导师要做好与所指导学生家长的家校沟通，建立陪伴支持、真诚互动、协同合作的家校关系，开展科学、有效的家校沟通和家庭教育指导；做好技术赋能，通过线上线下、典型应用场景、沟通平台等，拓宽沟通时空，产生更多更大的育人效益。

（2）导师的基本任务。导师的工作主要包括三项基本任务和归口管理。其中，三项基本任务包括：一次学生家访、一次谈心谈话、一次书面反馈（"三个一"）。一次学生家访：开学前（班主任导师）或学期中（任课导师），开展一次学生实地家访（班主任导师）或视频家访（任课导师）。一次谈心谈话：每位导师在学期中寻找合适时机，如学生生活发生变故、学生心理出现波动、学生学习出现偏差等关键时间节点，与学生进行一次正式的谈心谈话，并及时开展家校沟通。一次书面反馈：每位导师在每学期末，要围绕学生本学期的成长发展情况，以积极肯定、正面鼓励和挖掘学生的闪光点为导向，撰写个性化"成长寄语"，向学生及家长进行书面反馈。

（3）工作小组的管理职责。通过一段时间的运行，开展面向学生、家长的调研，听取反馈意见，调整工作节奏和方式方法。把导师工作列入各项考核评价中，作为教师师德表现、评优评先进的重要依据。定期总结相关工作，为今后全面铺开做好充分准备。

2 高二年级的全员导师制升华

学校在高一年级的全员导师制的基础上，在高二年级借助学校长期实施的双Ⅰ课程，进一步深化导师制的实施。上海中学的传统特色德育课程——双 I (自省与交往)课程自 2003 年实施至今已有二十多年,它是基于学校"自强不息、乐育菁英""聚焦志趣、激发潜能"的办学理念,针对学生自我认识和人际交往开展的面向全体上中学生的校本特色德育课程,融专题讲座、团队拓展活动、自我设计与反思、自我职业生涯规划于一体。每个学生可以在班主任、任课教师或家长中寻求一位适合自己双 I 课题方向的指导教师,通过定期谈心谈话的方式开展交流沟通。双 I 课程与全员导师制不谋而合,但全员导师制的站位更高、任务更细,因此我们在双 I 课程实施的基础上重新定位、整合创新,制订具有上海中学特色、基于全员导师制深化的双 I 课程工作方案。

2.1 导师需要做什么

导师要成为所指导学生的良师益友,建立尊重平等、相互了解、亦师亦友的师生关系,为每一个学生提供陪伴式关怀与指导。导师要做好与所指导学生家长的家校沟通,建立陪伴支持、真诚互动、协同合作的家校关系,在线上线下开展科学、有效的家校沟通和家庭教育指导。

表 3 - 2 导师的工作内容

内容	次数	说明
学生家访	整个学年共一次	开学前(班主任导师)或学期中(任课导师),开展一次学生实地家访(班主任导师)或视频家访(任课导师)
谈心谈话	每个学期至少一次	每位导师在学期中寻找合适时机,或根据学生预约情况,与学生进行一次正式的谈心谈话,并及时开展家校沟通
书面反馈	每个学期末一次	围绕学生本学期的成长发展情况,以积极肯定、正面鼓励和挖掘学生的闪光点为导向,撰写个性化"成长寄语",向学生及家长进行书面反馈

具体流程安排如下：

表 3 - 3 导师的工作安排

时间	事项	说明
10 月底之前	正式签约	需处理两项事宜： 1. 提供"导师基本信息"，选择其中一种或多种谈心联系方式并签名。 2. 与学生进行简单交流，如"为何选择我作为你的导师?"，并拟订本学期第一次谈心时间。家访暂缓，可根据实际情况灵活安排
12 月底之前	第一学期谈心谈话	本学期需与学生进行至少一次谈心谈话。 提醒:需在审核学生填写的"谈心谈话记录"后签名确认。 注意:话题范围不设限，可以是生活、家庭、学习、未来、兴趣爱好、成长趣事、新闻热点等;每次交流的主题也可以不同，建议以校园生活、学习情况、成长烦恼、自我认知、人际交往、生涯规划等为主题
1 月上旬	第一学期成长寄语	需填在学生的课程活动手册上
5 月底之前	第二学期谈心谈话	本学期需与学生进行至少一次谈心谈话。 提醒:需在审核学生填写的"谈心谈话记录"后签名确认
6 月上旬	第二学期成长寄语	需填在学生的课程活动手册上

2.2 导师应该怎么做

高中生自我意识变得愈加强烈，他们会更倾向于按照自己的想法去控制自己的言行，并且希望得到他人的尊重和理解，表现出强烈的自主性和自尊心。高中生的情绪呈现出内隐特点。

（1）充分发挥学生的自主性。要为学生创造更多探索与表现个性的机会,重点培养学生的自主决策能力。在选科、选专业等问题上,引导学生综合考虑自己的志趣、技能、价值观等因素,自主做出最适合的选择。

（2）注重了解学生的真实想法。高中生常常会用乐观积极的外在表现来掩饰内心情感,导师不能只看表面现象,而应在获得学生信任的基础上,了解其真实的感受与想法,摸清学生的"症结",有效开展指导工作。

（3）引导学生正确处理同学情感。在理解学生的基础上,及时引导学生自主思考什么是自己高中阶段的主要任务,恋爱可能会带来的各种影响,自己是否做好了进入亲密关系的准备,是否能承担相应的责任,等等。

（4）培养学生应对挑战与解决问题的能力。为学生提供更多与社会发展相关的信息与机会,引导学生建立起学科学习与社会发展、个人未来发展之间的联系,鼓励学生多参与社会实践活动。帮助学生学会用多种方法应对学业压力和人际冲突,为适应校内外社会生活做好准备。

2.3 如何提高谈心谈话质量

（1）温馨的谈话氛围。一是寻找合适的空间。导师和学生谈话的地点要安全、安静、温馨,避免在隐私性差的空间或只有两人的密闭空间内进行谈话。二是让学生放松心情。导师亲切的微笑、关爱的眼神、幽默的话语,都能让学生放松心情,在温馨的谈话氛围中敞开心扉。三是保持平和的心态。导师应保持心态平和,注意谈话的语气、语调和语速。

（2）有效的倾听与反馈。一是耐心倾听。导师要尊重学生的独立人格,耐心倾听,了解其内心的真实需求,不随意打断,让学生充分表达自己的情感和想法。二是及时反馈。在认真倾听的基础上,导师要善于澄清、确认学生的想法,及时关注学生的心理需求,使双方的沟通逐步深入进行。三是引导思考。建议多用提问启发学生思考正确的价值取向、解决问题的方法和获得帮助的路径。四是提供建议。导师在陪伴学生成长中，可以收集并为学生提供解决问题的信息、资源和建议，促进学生的成长和发展。

（3）良好的沟通方式。一是避免使用否定、责备的语言。否定、责备的语言不仅无助于教育目标的实现，反而会损害和谐师生关系的建立。二是避免无休止逼问。沟通中，学生突然闭口不语或默默流泪，可能是受到委屈或用无声表示抗议，此时若无法缓解学生情绪，不妨暂停谈话或试着换一个环境。三是避免随意泄露学生隐私。导师要依法保护学生的隐私，保守学生的秘密，不拿学生透露的秘密作为教育其他学生的案例。

2.4　如何写好成长寄语

（1）撰写原则。一是个性化。导师寄语不能千篇一律，也不可笼统全面。导师可以抓住学生的某些典型特点进行撰写，从细节和小事入手，具体说明学生的哪些行为是值得赞赏的，让学生充分感受到导师对自己细致入微的关心。二是情感性。导师可以把撰写成长寄语看作与学生和家长的一次心灵沟通，用真诚和饱含情感的语言表达自己对学生的关心、爱护与期望，使寄语成为融洽师生关系、家校关系的催化剂。三是激励性。导师要充分发挥寄语的激励功能，既要拿着"放大镜"去发现学生身上的闪光点，又要用"望远镜"为学生提供具体的成长建议和下一阶段发展目标，让学生在感受前进动力的同时，得到操作层面上的方法指导。

（2）参考框架。一是回忆相处的细节。要有真情实感且有针对性，对学生本学期给导师留下的印象进行真实的细节描述，以此打动学生的心灵。二是表扬具体的行为。表扬学生的焦点应集中在学生的具体行为或取得的成绩上，欣赏其优秀品格或性格特点，强化正向行为，内化积极品质。

（3）提供成长的建议。要着眼于学生全面发展,善于发现学生的兴趣爱好和特长,并通过具体、可操作的建议和方法指导,帮助学生找到成长的动力和方向。

第三节　资优生发展的全员导师制指导实例

在初步了解全员导师课程后,学生一定会提出不少问题,那就来看看以下问答。数据均来自 2024 届学生参与的两次问卷调查,也许能解答学生心中的疑惑。当然,学生也可以个性化地选取对自己有用的内容,将其视为全员导师课程参照实例。

※小资料

2024 届学生参与的两次全员导师制问卷调查

Q:在第一次谈心中可以和导师聊些什么?

A:半数学生在入校第一学期关注的话题为"学业指导",符合初高中衔接阶段的主要需求。"生涯规划""人际交往""自我认知"均占 1/6 左右,与"多维导材"整体方向一致。

Q:我和导师不熟,第一次谈心谈话的效果会好吗?

A:95% 的学生认可第一次谈心谈话的效果,说明师生交流起到了积极作用。九成学生对沟通质量表示满意。仅有个别学生对导师不太满意。若不适应交流方式,可选择更换导师。

Q:一般和导师聊多久比较合适?

A:过短或过长的交谈较少,时长总体上控制在 10~40 分钟,基本上能对话题进行深入探讨。

Q:导师寄语有什么作用?

A：绝大部分学生对导师寄语持正面看法，近 3/4 学生通过寄语感受到导师的"鼓励与鞭策"，过半数学生认为"得到具体帮助"，也有近一半学生在寄语的帮助下"解开心结或释压"，效果良好。

Q：通常第二学期的谈心会聊些什么？

A：经过一个学期的交流，学生的兴趣开始多元化，建议和导师约定增加谈心次数或适当延长交流时间。"生涯规划""自我认知""学业情况"是第二学期最受关注的三个方面。与第一学期谈话主题相比，前两者的比例大幅上升，可为高二双 I 课程打好基础，提前确定双 I 选题方向。

Q：我对导师的引导方式可以有哪些期待？

A：学生在交流中最想获得关于具体问题的建议，因此可请导师结合实例或个人经历，引导学生理性分析遇到的问题及可行的对策。

Q：线上平台有什么功能？

A：目前已实现线上师生互选、提交信息（谈心记录、家访记录、课程总结）、导师寄语、课程评分等功能，将来会推出预约、日程提醒等更多实用功能。具体操作步骤可参见下发的"操作指南"。

Q：全员导师课程能给我带来收获吗？

A：第一学期，学生表示在心理层面得到激励，变得自信，缓解压力，学会调整心态；在生活层面获得人生规划方向的建议，学会调整节奏的方法，了解人际交往的原则；在学业层面通过师生交流明确学科特点，规划学习和职业发展方向。第二学期恰逢网课，全年级有近一百人每天或每周与导师交流，频率较高，且师生双方沟通意愿强。在与导师交流过的学生中，3/4 学生得到学科指导，过半数学生获得情绪疏导，以更加积极乐观的心态应对居家学习。另外，近 1/4 学生与导师畅谈各类话题，导师为学生解开困惑、指点迷津。可见，居家学习期间，导师根据学生的实际需求，提供了多方面的指导，起到了良好的引导作用。

Q：家访可以聊些什么？

A：以下是 2024 届学生的家访内容，供参考。

学科类：学科问题、学科建议、学科素养、竞赛教学计划、深入研究的方法等。

学习类：学习技巧、自学能力、时间管理、学习计划、提高成绩/效率、学习状态调整、考试评析、自律方法、消除惰性/拖延症、听课效率、总结阶段学习、课题实验等。

心理类：焦虑感的产生、调整心态、亲子/家庭关系、应对各类不适症等。

生理类：作息习惯、生物钟、体育锻炼等。

生活类：社交辅导、时事探讨、生活安排、使人变好的生活细节等。

规划类：人生规划、职业规划、高二/高中学习规划、学生阶段未来重大事件及处理等。

其他：人生观、价值观、艺术、政治、学习与生活的平衡、自我、近况、公平正义、消除误解、课外阅读、热点、语言表达与理解等。

在全员导师课程中，学生与心仪的导师建立起正式的指导关系，畅所欲言。在为期一年的活动中，可以吐露心声、倾诉情感，也可以寻求帮助、征询意见。在每一次谈心时，都可以结合当下实际情况，聚焦不同话题，让导师为学生照亮前行的道路。以下是 2024 届部分学生的课程实例，也真诚祝愿各位学子在全员导师课程中收获良师益友，享受精彩的校园生活。

1 谈心家访记录集锦

袁同学：我和王老师先从居家学习这段时间内阅读过的书谈起，接着，话题提升到人生哲理高度。我从诗人的感触出发，提到内心细腻丰富的情结，以及不被理解、没有真心朋友的苦闷。王老师说，有一种可能,自我满足可能是一种处于迷雾中的自我欺骗。在迷雾中,我反而觉得毫无忧虑。相反,值得做的是打破自我囚笼,寻觅志同道合者,去探寻更广阔的天地。

陈同学:本学期,我和耿老师一共进行了两次谈话,他对我进行了一次家访。由于疫情影响,后一次谈话和家访改在线上进行。尽管如此,仍无法阻挡住沟通中智慧的碰撞。在家访中,我和耿老师分别就沟通的艺术、如何处理压力等主题进行了交流,从中也收获了很多。首先,沟通是一门艺术,也是每个人都要修的必修课。在沟通中,争论、冲突难以避免。可是,冲突不是坏事。相反,如果可以做到心平气和地争论,甚至会有好处。遇到隔阂,我们要善于理解,使用换位思考的办法,多多考虑对方的感受,防止问题扩大化而造成伤害,同时也可以更好地解决问题。在日益发展的社会中,压力无可避免。特别是在疫情期这样的特殊时期,这样的负面情绪会不断滋生。我们虽然不能避免压力,但可以有效地处理压力,可以使压力成为助推力。通过转移注意力、关心社会和保持希望的方式,让我们始终保持积极向上的状态,让我们始终与世界相连,这些都是减轻压力的好方法。在一次次沟通中,耿老师不仅耐心回答我的问题,和我分享她的见解,也关心我的心理和生活情况,在"在线学习"期间给我很多帮助。通过本次德育课程,我掌握了很多沟通技巧及减轻压力的方法。在网课阶段,我也进行了一些实践,确实比较好地剔除了一些负面情绪。

韩同学:本学期是特殊的一学期,突变的疫情形势和授课方式刚开始确实令我猝不及防。在教师的引导下,相较上学期,我的心态确实发生了一些变化。上学期的我因初高中跨度太大而极不适应,产生了很大的心理落差。这学期,一方面由于上网课,另一方面由于自己心态的调整,因此我对成绩没有看得太重,转而关注自己的掌握程度。我也不再纠结暂时未能完全掌握的高难度题目,适当放手,相信只要把握基础,找准节奏,跟上步调,日后一定会掌握的。我在上学期末大致确定了未来的选科方向,这学期对不选择的科目,仅要求自己掌握基础知识;对选择的科目,更加认真地完成作业,努力提高擅长科目的成绩。对学科组举办的学科活动,我也积极参加。我在录制视频、剪辑素材、创作小说、参与小组合作的过程中收获了乐趣,偶尔娱乐一下,为日常生活增添了一抹亮色。在家访后,我听取教师的建议,为自己设置日程表,周日制订好日程表后,安排一周的任务,并尽力全部完成。任务虽不多,但按照自己的节奏循序渐进,让作息逐渐规律,生活逐渐充实。希望日后继续保持一颗平常心,学会平衡学习和生活,找准状态,精神饱满地迎接每一个挑战。

魏同学:在线上教学的过程中,我和沈老师讨论了有关线上学习及生活的一些看法。由沈老师先引入话题,我开始回忆线上教学的利与弊。对线上教学的利,我们想到了以下几点:

一、大部分课程有回看功能,如果有未掌握的知识,可反复观看。

二、线上课程为学生省去了路上所花的时间,省下的时间可用于拓展学习,也可用于休息。

三、线上教学的时间有一定的弹性,可以培养我们制订计划的能力。

同时,沈老师也引导我思考了线上教学的弊端。首先,线上教学会考验学生的自控力,若没有良好的自控力,便会导致不良的后果。其次,学生无法面对面地向教师提出问题。

张同学:课题与我们平时接触到的学习不同,不是解一道题,也不是为了拿到一个成绩,而是为了找到自己的兴趣所在。现在,我们总是专心于基础知识。很多学生进入大学后,在专业上陷入迷茫,原因是没有认识自己。课题的意义是让学生在这个过程中发现自己的兴趣所在,甚至中途失去兴趣也不是一件坏事,至少能知道自己对其不感兴趣。做课题,一是要有兴趣,二是要有能力,缺一不可。做课题的好坏并不取决于其最终成果,过程才是最重要的。如果我们投入很多精力，产生了兴趣，有所收获，就可以说是一个好的课题；同时，也实现了课题的价值，达到了最初开展课题研究的目的。

陆同学：在学校里，我主要向树老师咨询了关于自己的学习动力、学习习惯以及目标与拖延的问题。我不是学习动力非常稳定的学生，也经常为此感到紧张和焦虑。我得到的建议是：一次不要有太多的目标，要制订自己有能力完成的计划。兴趣爱好活动方面也不要过多，要学会有选择地参加活动。如果遇到问题也不必慌张崩溃，顶住压力，努力把事情处理好，不要定超过自己上限的目标。

安同学：王老师从学习到生活，再到个人习惯及日常行为，给我极大的启发。特别是背诵，王老师建议我要做到动手、动脑、动嘴。英语学习是一个长期的过程，而词汇量是最基础的。万丈高楼平地起，一切锦上添花的技巧都是以词汇量为基础的，所以先背单词，不断积累，再加上适当训练，一定能成功。在日常生活中，每天保持适当的运动是极为重要的。这可以保证我们每天拥有足够的活力与激情，让我们进行学习。因此，这次谈话使我对自己的状态及心态有了全新的认识，对一些学科的热情和态度似乎需要进行调整。在日常学习中，不能忽视任何一个环节，这样才能走得更远。

王同学：这学期，郭老师成为我的导师。在第一次谈心活动中，我与郭老师对"追求"进行了探讨：先要确定自己的目标，明确追梦路上经过的阶段和事项，分为大、中、小三级。我们先确立大目标，再把大目标细分为中目标、小目标（也就是短期目标），小目标越小越容易做到。然后，再从小目标出发，每达成一个小目标就给自己一点奖励，这样在追梦路上体会到的是满满的成就感。

沃同学：通过这学期的谈话，我对自己的学习和生活情况有了一定的反思。我的网课学习状态不稳定。学习状态好的时候，我每天都过得很充实，按计划完成任务，还可以看不少书，心情也很稳定。

学习状态差的时候,我总是在寻求短时间的"快乐",这种短期的强刺激不利于学习的细水长流。我从写日记开始,为焦虑归因,可以是对话题的议论,也可以是早起时的一些随感,频率不高,几天才会写一篇,但表达与输出确实让我明确自己的目标和现状,也使我平静了下来。

周同学:我选择张老师作为自己的导师,我们交流了许多问题。在音乐方面,我加深了理解,渐渐地开始听一些古典音乐,不强迫自己听不喜欢的乐曲,而是听自己喜欢的,了解一些自己感兴趣的音乐知识、乐理以及与音乐有关的书籍。虽然我依然不能很好地理解音乐的内涵,但我并不感到困惑,并相信自己在成长过程中会慢慢理解。张老师在线上谈话时鼓励我继续弹琴。在他的鼓励与引导下,我渐渐重新拾起弹琴的爱好,学会了平衡好学习和兴趣,也认识到两者之间并不冲突,处理得好反而能更好地休息和学习。

2 课程学习体会集锦

吴同学:2021 年,我通过自招考入上中,通过分班考进入 9 班。我们班是特别"卷"的班级,多科成绩位居年级组第一。要想在这样的班级中"生存",真的是太难了。第一学期期中考,我三门主课总分勉强考到班级平均分,可慢慢地落了下风。秋冬季来临,我的鼻炎又犯了,对我的影响很大。都说高中生涯一年都不能落下,否则高三根本来不及补上。第一学期第一次面谈正是在这一背景下展开的。当导师问及谈心主题时,我抬头,心虚地回答:"聊聊我的学习吧!"导师和颜悦色,语重心长,解答了我的种种困惑。最后,她告诉我:"要想提高学习成绩并不难,英语学习就是要多背多听,但要提高自信不能光靠学习。"她鼓励我,多参加各类活动,不仅能锻炼能力,还能提高体能。她让我明白,学习并不是提高自信的唯一途径。这次谈心让我深受启发,我的自信在恢复,一切都在朝好的方向发展。

　　受疫情影响,第二学期基本上都在网课中度过。没有了校园生活,每天困在家里,和父母抬头不见低头见,我嫌他们事事都要管,太考验家庭和谐了。我与导师的沟通也转到网上。由于逐渐熟悉,我们之间的话题不再限于学习,也会聊聊疫情、居家的琐事。导师鼓励我多和父母沟通,换位思考,她用幽默的话语让我体会到了做父母的不易,化解了我的抱怨之情。随着心态的改善,我的居家学习和生活也步入正轨。

　　暑假中有两次导师访谈。暑假伊始,导师就建议我针对自己的情况制订计划,过个别样的假期。在导师的鼓励下,刚年满16周岁的我决定挑战自我,利用暑期去麦当劳当一名兼职咖啡师。我原以为打工对缺乏家务锻炼的我来说,最大的难关是动手能力,可真正的挑战远不止于此。上岗第二天,我就被顾客投诉,没有达到他对咖啡浓度的要求。我为自己辩解:"我刚入职,尚在学习阶段。"可顾客回答:"既然你站在这个岗位上,你就应该是称职的。"面对顾客的指责,我十分羞愧,差点打了退堂鼓。后来与导师谈及此事,她说:"实践会给你带来不一样的体验,等成为一名合格的咖啡师时,你的强大之处一定不仅限于动手能力的提高。"的确,在成长过程中,有家长的呵护、老师的包容和同学的友爱,还未真正体会到社会的现实。经过这段暑期打工的体验,我明白了缺少生活经验和历练的我们,只有多实践、多体验才能武装自己、壮大自己。

　　回想高一开学时刚拿到全员导师活动手册,我以为只是完成学校的一个项目。后来我才发现,导师是我前行的领航人。当我陷入困境时,她会为我排忧解难,鼓励我负重前行;当我感到困惑时,她会为我指明方向,引导我做正确的事。这一年,在树老师的鼓励、帮助和指导下,我收获满满,成就了更好的自己。我也知道,每个同学都在各自导师的关怀下有了不同的收获。有人发现了自己的兴趣所在,明确了将来的职业方向;有人改变了日常生活习惯,增强了自控力;有人收获了人生智慧和感悟,深入探索了具体问题;有人对自我有了更加全面的认识,改善了人际关系……在此,感谢每一位导师的辛勤付出。

新的学期已揭开序幕,相信经过一年洗礼的我们会在高二继续成长,变得更强、更出色! 也希望新一届的学弟学妹用好学校搭建的平台,更快更好地融入新学校、新班级、新生活。

虞同学:上半学期,在教师的建议下,我逐渐适应了高中生活。下半学期的全员导师课程主要围绕网课学习以及居家生活展开谈话,我在这段时间中也对网课生活有所感悟。关于上网课期间的课内学习活动,我总结了以下几点。

制订计划:在学校中的时间总是安排得很满,每个时间段都有相对固定的事要完成,而在家里则自由得多,将课外时间划分成不同时间段进行安排,保证每一天都过得充实丰富。

劳逸结合:平衡好学习与休息的时间,学到极限时适当休息一下再继续,在家里也坚持锻炼,缓解久坐的不适。

打造仪式感:学习需要仪式感,打造良好的学习环境,整理书桌。

导师在谈话中提到利用居家的自由时间。我们在校内只能利用一些零碎时间进行阅读,而居家生活则提供了充足的阅读时间。在保持正常学习节奏的基础上,我规划时间表,在时间表中每天留有一定自由时间,平时留出半小时进行阅读,周末则有 1 个小时,也算是把家里的"库存"清理干净了。最近,结合复旦学术日,我对未来的专业选择缩小了范围,在父母的建议下,对感兴趣的专业也有了更多充裕时间进行深入了解,看一些访谈,听一些讲座,希望或多或少对未来选择的专业有一定帮助。此外,我也努力给居家生活制造一些"幸福感",用团购的鲜花装饰房间,捧着一本书在阳台上坐一个下午,渐渐感受到居家生活的美好之处。

虞同学:我很感谢刘老师对我们的谆谆教导和关心爱护。刘老师是语文教师,不仅在语文学科学习方面给我们支持与帮助,而且在讲台上、生活中向我们传授人生的智慧与感悟。在和刘老师的交流中,我印象最深刻的是在第一次谈话中所提到的"静"字。曾经的我容易受情绪左右。而如今,我正在尝试慢慢向"静"字靠拢,能抽出时间来读一些有深度的书,也会偶尔从繁忙的学习中脱离出来,思考一些关于人生和未来的问题。

夏同学:这学期的全员导师课程让我受益匪浅。我们在家中学习最重要的是自觉,但与教师的沟通也必不可少。只有与教师交流,我们才能明白自己对知识点的掌握程度,明白自己的弱点、缺点,从而有针对性地进行复习、巩固知识点。当然,上网课期间缺少教师、同学的陪伴,我在成绩不如意时也会沮丧、难受、怀疑自己。这时候,沟通的作用就显现出来了。教师温暖可靠的言语以一种强有力的方式安慰了我们,给我们无比巨大的勇气与坚定不移的信心去继续刻苦努力地学习。在学习上,我们需要不断进行沟通。知识最主要的传播方式是语言,而沟通可以帮助我们取长补短,获得新知识。双 I 课程给我们的不仅是学科上的帮助,更多的是心理上的安慰。教师既像和蔼可亲的大家长,又像幽默风趣的好朋友。在一次次谈话中,教师给我们前进的勇气,为我们的心灵注入一股股暖流,源源不断地给我们的学习提供优秀的、经典的方法,使我们更加顺利地稳步前行在学习的路上。

沈同学:这学年的谈话令人受益匪浅,话题从人文思想到科学理论,围绕自我认知但又不囿于自我认知,延伸到更为广泛的社会和时事讨论。

一些令我较为不解的现象得到了解答。或许我的想法带有自己的主观意愿。我的脚步永远囿于我所行的地域,我的眼光可能无法超越这个时代,但我能找到栖息之地。

总而言之,我在王老师的引导下拓宽了视野,围绕社会问题或心理问题的讨论进行自我定位,包括希望成为什么样的人,希望做什么有意义的事,怎样看待这个世界,等等。

3　导师寄语集锦

章老师：要感恩父母。你在小小的年纪已多次出外旅游，这不仅是经济支持，更是父母内心对你深厚的爱，他们让你开阔眼界、打开心胸，成为不一样的你。

旅游的意义是什么？是到另一个地方去看一看，看不同的风土人情、生活方式，感受不同地方人的思想情感和价值观。不用主观意愿去评判，仅仅去感受、包容、尊重不同的地域文化。中国很大，民族很多，山水很美，有空去走走看看。旅游会让你变得更充实、更快乐、更博大。

昂老师：我看了你的课程心得。"不要依靠别人给的力量而要强化自己的信念。有些路或许真的是需要一个人走的，朋友只是辅助力量。我需要炼就一颗强大的内心而不会动摇，那才是人生路上最需要的'伙伴'。"我能感受到看起来文静的你，其实内心一直有一种坚韧向上的力量。在读书方面的小小困惑，反倒证明了你在不断自我反思。很多时候，不妨先去做，先去读，就像王阳明所说的："立志用功，如种树然。方其根芽，犹未有干；及其有干，尚未有枝。枝而后叶，叶而后花实。初种根时，只管栽培灌溉，勿作枝想，勿作叶想，勿作花想，勿作实想。悬想何益？但不忘栽培之功，怕没有枝叶花实？"

全老师：相信我们一同在成长。我们在学会解决痛苦的过程中体会幸福。对待一些冲突与矛盾，接受与否，我们选择自己舒服的方式即可，没有对与错。我们可以艺术地学会拒绝，建立自己的心理边界，最终还是为了让自己有更舒服的状态，保持更好的关系与幸福体验。在未来的两年中，希望我们多了解自我，多收获成长。

杨老师：温暖懂礼，乐于助人无疵瑕；不疾不徐，蒸蒸日上行千里。你总是以微笑待人，在最灿烂的日子里做最努力的事。希望你更勇敢一点，自信追逐梦想吧！

第四章

课程导趣

——在知识的海洋中遨游

在科学的海洋中学会游泳,找到自己的兴趣与能力的匹配点,"聚焦志趣、激发潜能"才能不断进步,达到并超过自己预期的高度。你们做到这一点的人越多,从上中国走出的大师、国之大者就会越多。

——冯志刚

为推进新时代普通高中育人方式的改革,国家明确要求普通高中在 2022 年前全面实施新课程、使用新教材。《普通高中课程方案(2017 年版 2020 年修订)》明确规定新课程"推动人才培养模式的改革创新,培养德智体美劳全面发展的社会主义建设者和接班人"的育人追求。上海中学作为新课程新教材实施的首批国家级示范校,把握新时代普通高中育人方式改革要求,高品质实施新课程,努力探寻适合学校资优生特色的高质量发展的空间与能量,让学生在课程选择学习中找到自己的未来发展取向。这是学生发展指导的一个直指学生探索志趣能匹配的关键环节。

　　学校"高品质"实施新课程,来自对新课程实施要求的精准把握,推动普通高中人才培养模式的改革创新。"高品质"体现在普通高中立足于新课程"面向人人"(教育公平)、"适合人人"(尊重差异)、"更加灵活"(保证基础,兼顾选择)、"更有质量"(强调培育学生核心素养与综合素质)的特质彰显,带动学校在实施新课程中从生源选拔到促进学生课程选择、从关注学生学科成绩到注重学生全面成长的观念转变,形成具有中国特色、体现国际发展趋势、充满活力的学校课程实施系统,提升课程思想性、科学性、时代性、系统性、指导性。

　　　　又一次,站在舞台中央
　　　　思绪掠过,那是曾经的模样
　　　　懵懂的我们,在龙门启航
　　　　欢笑和泪水,伴着我们成长

　　　　念慈湖畔,逸夫楼旁
　　　　龙门的砖墙灰黄,晨间的书声琅琅

香樟树下，林荫道上
午时的铃声敲响，"奔饭"的身影匆忙
夜色笼罩，满楼辉光
师长的孜孜不倦，为我们的梦想保驾护航
有幸三载同窗，一同经历那些难忘的时光
编织进百年龙门的华彩篇章

可当钟声敲响，书页合上
我们将要分别，天各一方
泛红的三角枫叶，是离别前最后的回想
光阴一闪而过
你们早已成为，记忆中不可取代的影像

前方的挑战，我们勇敢去追
一起展翅翱翔
放心去飞，澎湃的往事不曾走远
时序在今日更迭
深藏心底朦胧的祝愿
——映上心间

你说，那个八月，我们第一次遇见
骄阳下，笔挺的军姿，嘹亮的口号
那得不到纪检分的窗帘
那擦不去颗粒感的桌面
是汗水浸润土壤，让心悄悄相连
盐汽水的气泡浮起
我们开始了三年的咸涩与甘甜

我们高歌着向前

挥毫立就宏阔的诗篇
辩论赛上思维的火花
迸发出势可燎原的烈焰

我们也有阴雨连绵
周爽失利,望向窗外,萧瑟无边
啜泣时是你轻拍我的肩
伴着我收拾心情再访知识的花园

你说,东方的拂晓我们曾一起迎接
绿洲的泥土上我们一路急行
袅袅炊烟里我们感受彼此的温暖
星空下,帐篷里,爱凝聚成小小的港湾

你说,我们一同见过凌晨三点的上中
三分钟上车,三分钟下车
三百人与三百行囊,如一人般的整齐阵仗
那是我们乘秋向西南
与土地拥抱,看自然呢喃
课题中指点江山,简讯里文字激扬
我们满身泥泞,我们携手向前

多少沿途风景,而今更上层楼
有流火、凛冬、繁花相送
夏初的归途,我们载梦启航

启航,怀着无畏与锋芒
哪怕面对数列压轴依旧迷茫
史传文言已然是心中的伤

坚守,怀着最珍重的期望

就算大作文写不到五的平方

而三角公式已抄了五的立方

只有经历磨砺的时刻,我们才真正成为自己

无论怎样的艰难困苦,我们都永远同舟共济

前路虽险阻,我们也不轻言放弃

经历过千淘万漉,我们定能溢彩流金

我相信,六月灿烂我们必会花开盛夏

我相信,登上山峦我们定将征服峰巅

仰望的天际苍穹,是上中不变的布景

见证着我们试翼的彷徨

书页堆积成阶梯,轻轻踏上摇摇晃晃

一步步地求索,走出意料之外的骄傲

（摘选自 2021 届高三大合唱学生诗朗诵）

第一节 学校"高品质"实施新课程的总体思考

"高品质"实施新课程的能量,来自对学校已有优势的传承与创新,是对国家立德树人要求的创造性实施。普通高中实施新课程的能量集聚与扩容的"高品质",首先强调忠实地贯彻新课程新教材改革的精髓,进行规范化实施,要"坚守"新课程的改革精髓,关注对新课程要求、规则的把握（如必修学分 88 学分,选择性必修学分 ≥42 学分,选修学分 ≥14 学分,是必须强调与达成的）,然后才能根据学校的教育文化传统与办学特色进行拓展与延伸。在此基础上,强调"有特色""大格局",予以"创造性"实施。

　　"有特色"在于把握新一轮课程改革为学校课程实施留足的自主空间,进行特色谋划;"大格局"在于注重整体设计与分步推进相结合,正确处理好"小"与"大"的辩证关系,既要关注高位突破的"一小步",也要强调整体实力提升的"大发展"。"创造性"在于人才培育上突破惯性思维,师资培养上敢于推陈出新,综合素质评价改革引领上瞄准学校发展的战略定位。

　　"高品质"实施新课程的设计,来自对学校实施空间的延伸拓展,对学校实施能量的整体优化布局思考。普通高中在分析学校已有基础、生源特点、新课程方案要求的过程中形成学校实施方案,可以在聚焦一个"目标"、提升两大"素养"、凸显三个"亮点"、激活四大"平台"、优化五个"系统"上下功夫(如图4-1所示)。其中,聚焦一个"目标"与提升两大"素养"是学校实施新课程的价值追求,凸显三个"亮点"、激活四个"平台"、优化五个"系统"是学校实施新课程的实践突破。

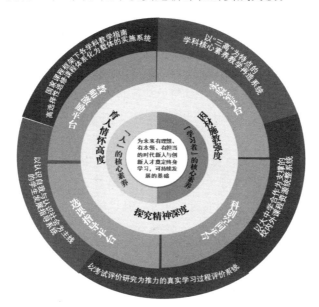

图4-1　"高品质"实施新课程的设计

聚焦一个"目标"。普通高中实施新课程新教材,必须牢牢把握落实立德树人根本任务,强化"五育并举",促进学生全面而有个性的发展,为使高中生成为有理想、有本领、有担当的时代新人与创新人才奠基。应力求通过育人方式的变革,实现"凝聚人心、完善人格、开发人力、培育人才、造福人民"的学校教育改革追求,促进学校持续走在研究型、创新型高中发展之路上。

提升两大"素养"。普通高中实施新课程新教材,需要把握学科核心素养的内化要求,在促进高中生核心素养与综合素养提升方面形成契合学校发展特点的思考,具体可以表现在高中生作为"人"的核心素养和作为"学习者"的核心素养上。其中,"人"的核心素养主要体现为作为时代新人需要具备不断学习以适应时代发展的正确的价值观、必备品格和关键能力。"学习者"的核心素养体现为通过高中阶段各学科核心素养的学习者内化,为学生适应社会生活、高等教育和职业发展做准备,为学生终身发展奠定基础,为学生成为未来国家发展需要的时代新人夯实根基。

凸显三大"亮点"。

其一,凸显新课程新教材"育人情怀"高度的教育教学改革,凸显高中育人方式变革的时代特点与思想高度。充分挖掘学科育人的思想性,在新课程新教材的实施中培育社会主义核心价值观。在挖掘新课程新教材的育德元素上形成示范经验,将社会主义核心价值体系有机融入新课程新教材的实施体系化建设中,对新教材进行大单元、任务群、结构化、演绎式、组合型、串联组等多样教学探索。

其二,凸显新课程新教材实施的"因材施教"强度。根据学校集聚学生的共性与差异性特点,在筑牢学生发展共同基础,高标准实施国家必修、选择性必修课程的同时,在规定课时中选择增加学科课程"溢出内容"进行延伸与拓展,用足用好新课程提供的选修课程开发空间,为具有不同优势潜能和不同兴趣爱好的学生提供丰富、多样、高品质的选修课程系统。

其三,凸显新课程新教材实施的"探究精神"深度。以跨学科研究、深度学习、课题开展与项目设计等为载体进行突破,深化基于学习生活记录的评价制度改革。重视学生探究精神与创新能力的培养,注重学科间联系与内容整合,鼓励具有不同学科潜能学生合作、不同学校学生之间合作完成跨学科课题与项目的研究。

激活四大"平台"。新课程新教材的实施需要相应的师资资源、课程资源、实践资源、技术资源匹配,不同类型的普通高中可以立足学校已有基础进行延伸与突破,激活四个方面的平台:

第一,新课程新教材实施的教师激励平台。持续推进以研促教、以研促学、以研促校的普通高中"教学学术"系统与教研激励系统,让绩效激励与学术激励融为一体。

第二,拓宽激发学生兴趣、开发学生潜能的实验室探究平台。充分挖掘新课程新教材中的实验探究内容与学生聚焦志趣、激发潜能的实验空间,进一步优化学校已有的科技、工程、艺术、技能类等实验室发展空间。关注学生的学习过程和经历,促进学生基于实验室平台的自主、合作、探究学习。

第三,围绕学生生涯发展指导,进一步优化学生的选课指导平台。在尊重学生兴趣和志向的基础上,充分考虑学生对新课程新教材的学习内化特点与系统化选修课程的高选择拓展,发挥走班教学和行政班教学优势,优化学生的选课指导平台,引导学生的课程选择与兴趣特长、潜能开发、社会需要融为一体。

第四,提升学生进行探究创新的科创空间平台。学校应善于拓宽现有的科创空间,整合现实空间与虚拟空间,打造场景化、沉浸式、互动式的智慧校园;大力推进跨学科的 STEAM 课程实施空间,营造具有引领价值的、基于高水平人才综合能力与创新素养培育的科创平台。

优化五个"系统"。普通高中应注重匹配新课程标准的思想性、时代性、基础性、选择性、关联性五大原则与德智体美劳"五育并举"

要求,围绕《普通高中课程方案(2017年版2020年修订)》"课程实施与评价"中学校可以"大有作为"的五个方面(即合理制订课程实施规划、切实加强学生发展指导、大力推进教学改革、努力完善考试评价系统、充分开发与利用课程资源),进一步优化学校的五个"系统"。

这五个系统可以从以下几个方面进行努力:(1)国家课程框架下以各学科教学指南、高选择性选修课程体系化为载体的实施系统。普通高中应形成以认识自我与认识社会为主线的学生发展指导系统,围绕学生的志趣聚焦、潜能开发,创设有助于学生全面发展基础上个性特长发展的成长环境。(2)以"三高"(高立意、高思辨、高互动)为特点的学科核心素养教学再造系统。普通高中应推进基于新课程新教材的内容重组的教学方式、教学路径、教学管理与教学评价的变革,促进课程教学改革从"他组织"向"自组织"转化,推进高水平人才培养体系的建构。(3)以考试评价研究为推动力的真实学习过程评价系统。普通高中应稳步推进学分认定和管理制度,完善综合素质评价制度,编制契合学生成长特点的成长记录册和考评办法。(4)以大中学合作为支撑的校内外课程资源统整系统。普通高中应善于拓展校内、校外课程实施资源,包括利用周边的企业资源、科研院所资源进行学生生涯规划导引,借助周边高校资源深化以专门课程开发、课题研究与导师制为载体的大中学合作,促进有发展潜质学生的志趣激活与潜质开发等。

诚然,普通高中在新课程实施过程中可以根据学校已有基础与实际,把握高品质实施新课程的空间与能量,充分发挥自身在新课程实施中的能动性与创造性,为高中育人方式变革提供学校智慧,为人才培养模式创新注入学校推动力。

第二节　对国家必修课程的学习方法导引

为促进学生全面而有个性的发展,夯实学生面向未来的可持续发展基础,国家对各学科必修课程有明确的学习要求。与此同时,每个学校集聚的学生特点是不同的,学校对每个学科都必须有自己的学习要求。上海中学结合国家要求与集聚学生资质相对优异的特点,对学校开设的学科必修课程提出学习方法指导。

1　思想政治学科课程学习方法指导

高中阶段的思想政治学科具有两个较为突出的特点:

一是课程所涉及的领域极为广泛,涵盖了从经济、政治、哲学到法律、逻辑等多门专业学科的内容,而且这些内容又都围绕"中国特色社会主义"这一核心理念呈现出相互嵌套,共同组成一个完整的知识网络的显著特征。因此,学生对高中思想政治学科的学习需要从广度和深度两个层面加以把握。

一方面,教材只是对相关知识的主干进行了集中讲解,并不能展现理论与生活的全貌,而掌握相对完整的理论体系对我们更好地理解和践行中国特色社会主义道路有着非常重要的价值。这就要求学生以课本知识为线索,拓宽自身阅读与研究的广度,以更为宽广的理论和历史视角更加全面地审视相关领域的知识内容,从而形成对教材知识更加系统化的认识。例如,我们通过课本学习人民代表大会制度的相关内容后,对我国的根本政治制度有了完整和正确的理解。

另一方面,对教材内容不仅要知其然,更要知其所以然,要学会在与不同观点对话并对其进行辨析的过程中加深对知识的理解与运用。中国特色社会主义道路是在经受了各种思潮的碰撞洗礼后愈发进发出勃勃生命力的适应中国国情的发展道路,我们理应怀着开放且自信的态度,对其他观点和理论进行充分讨论与思考,进而更为坚定地坚持自己的道路。

二是明确指向社会实践。思想政治课所代表的广义的社会科学不是一个闭门造车、坐而论道的领域,而是需要学习者、研究者不断深入真实的生活情境并进行提问和思考的实践性学科。"理论是灰色的,而生命之树常青",因此学生应秉持这一学科特点,不仅在校园内的小课堂中学知识、练本领,更要注重进入社会这个大课堂,在更为鲜活的社会生活中直面更为复杂多样的社会现象,从中既加深对课本知识和技能的理解与运用,又根据实际生活的变化不断与时俱进地发现新问题,提供新思路,给出新答案,并且在自己的研究性学习中不断加深对中国特色社会主义的体悟,提高自身的政治觉悟与使命担当,从而成为一名优秀的共和国公民。

2　语文学科课程学习方法指导

根据统编版语文学科新教材的进度安排,高一完成必修上、下册的学习,高二完成选择性必修上、中册的学习,高三完成选择性必修下册的学习。每天在教师精心设计的 40 分钟课堂中,学生品读经典,对话大家,锻炼思维,积累素养。语文教师或儒雅,或潇洒,或幽默,或温柔,个性鲜明,他们都有丰厚渊博的学识和扎实细致的备课做基础,力求给学生带来最高效的课堂。对学生来讲,扎实的预习、专注的听讲、积极的互动、勤快的笔记,是对教师的尊重,也是学好语文的不二法门。

语文组在作业设计方面,从学生的实际情况出发,围绕语文素养的培养,设计了多元化作业,既有常规的古诗古文训练、字词整理等作业,还有特色预习、长文阅读、剪报点评、拓展阅读、文集编撰等。

比如,特色预习作业中,教师会根据文本特点和自己的备课内容,设置激发兴趣和思考的问题点。预习作业往往是"八仙过海,各显神通",有很多令人拍案叫绝的"神仙作业"。又如,长文阅读是教师精心挑选的和课文配套的篇幅较长的拓展作业,沉下心来完成几千字的阅读,学生会有意想不到的收获。再如,高二寒假的"压轴大戏"——个人文集的编撰,学生完成自己的个人文集,成就感满满。语文课还有很多根据课堂实际教学进行的特色展示,让学生一展才华。如《红楼梦》整本书阅读的特色展示,有红楼人物配音、红楼人物穿越上中等,奇思妙想,欢乐满堂。

语文组教师的专业研究方向涉及古代汉语、古代文学、古文字学、语言学、现代汉语语法、现当代文学、文艺理论、课程与教学论等多个领域。语文组教师根据自身的专业背景、课程的素养导向,还开设了丰富多元、体系完整的发展课程。近四十多门不同方向的课程,既聚焦课程目标,又帮助学生开阔"大语文"视野。学生可以在《世说新语》的课堂上追慕魏晋风度,也可以在《聊斋志异》的世界里邂逅花妖狐鬼,或穿越到魔幻拉美,来一场《百年孤独》。这么多优质的发展课,总有一门能激发学生的兴趣。

学校还依托高校合作的优质平台和强大丰富的校友资源,定期举办学术讲座,也会推出一些特色活动,其中很多是文学方面的。例如,复旦大学中文系朱刚教授在曲子词等文学体裁、北宋文人集团等文学现象的介绍中,注重演示交叉学科的研究方法。又如,邵毅平教授从《采莲曲》说起,用强大的逻辑和翔实的材料否定了通行的劳动主题说,揭开了爱情主题说的面纱,注重培养学生的批判性思维。倾听顶尖学者的学术分享,不但大大拓宽了学生的视野,也培养了相关的学术兴趣,提高了语文核心素养。

3 数学学科课程学习方法指导

学生在初中阶段已经初步形成了自己的数学学习风格。有的学生善于思考,有的学生经常讨论,其实这些都是非常好的习惯。培养自己观察、思考问题的习惯,对大家大有益处。牛顿从苹果的下落过程中悟出了万有引力定律;在物体下落过程中思考一个又一个问题,从而建立了著名的微积分学。我们在遇到难题时,不能轻易放弃。一旦突破这些难题,你的能力便会提高一层;即使一时解决不了,持之以恒的努力也会对你的思维有很大帮助。进入上海中学,对数学学科的学习要点,需要把握以下几个方面:

第一,要注重表达的严谨性与逻辑的严密性的训练。数学学科非常重要的一点是要达成"三会"目标,即会用数学眼光观察世界,会用数学思维思考世界,会用数学语言表达世界。要多问为什么,要搞清问题的来龙去脉,要去论证一些看似简单的结论,因为证明能较好地区分思维逻辑的严密性,还有表达的严谨性。有些学生怕证明,认为数学题就是求出答案,这种理解在高中阶段是不对的。为了形成良好的数学学习习惯,学生在进入高中后,要静下心来想想:自己是不是曾遇到过一些看似很明显的结论,但不知从何处解释?或者自己只记得课本中的一个性质、一个定理,但不知从何而来。学习数学,一定要弄清它的源头,只有这样才能真正理解数学。

第二,要学会批判地看问题。著名数学家陈省身就对"三角形内角和等于 180 度"提出了质疑,认为应改为"三角形外角和等于 360 度",从而可以推广到多边形外角和都等于 360 度的一般性规律,并进一步拓展到任意闭曲线的方向改变量之和均为 360 度,甚至研究了曲面(如球面)上的情形,提出了著名的"高斯-比内-陈公式",把几何学引入了新的天地。

第三,要学着去发明创造。其实,这种能力离我们不是太远。例如,有些学生在课间玩的一些小游戏,其规则是自己发明出来的。又如,有关发明创造的电视节目。再如,电视台农业频道讲的很多小发明,还有针对中学生的《我爱发明》节目,真的很有创意。数学家发明了年、月、日的数学模型,使我们对时间有了精确的认识;把研究几何问题的背景从平面换成球面,数学家就创立了非欧几何。

同时,要注重系统地学习和练习,有的学生喜爱数学,经常沉醉于解题的快乐中;有的学生迫于无奈,没办法才去做题。数学是枯燥的,要培养数学学习的兴趣,可以看看与数学有关的课外书籍,包括数学大师的故事,了解数学的一些应用,玩玩数学游戏等,这些都可以帮助学生增进对数学学习的兴趣。不管属于哪种类型,学生在假期中一定要有系统地进行数学学习,无论是准备高中课程或做数学精编,还是提高自己的数学竞赛能力,都需要有这方面的要求,不能学了几天就觉得枯燥无味,或者受到诱惑而放松对自己的要求。坚持自己的计划,系统地学习和练习,这样接下来的三年一定会有较好的收获。

此外,还要做好初、高中的数学衔接工作,系统地掌握一些代数式中的变形公式,如因式分解、配方等;几何中三角形角平分线定理、圆中的相交弦定理、切割线定理、四点共圆的判定等;数论中的整除、同余和不定方程的基本理论和方法……这些内容是高中及以后数学学习的基础。学生可以预习数学新教材,在此基础上再适当做些题目,以起到巩固的作用。只有认真准备才能在上课时有更高效率,才能在思维上走得更远。培根说:"合理安排时间就等于节约时间!"相信学生们在高中阶段一定会有新的飞跃。

4 英语学科课程学习方法指导

在完成义务教育阶段的英语学习后,上海中学高中英语学科将为学生了解世界文化、传播中华文化提供更为扎实的语言基础,提升跨文化交流的技能,使学生的语言能力、文化意识、思维品质和学习能力得到进一步提高。学生不仅能感受到这门语言带来的工具性便利,也能探索到以其为载体的人文魅力。

上海中学高中英语学习主要依托新版高中英语教材,涉及人与自我、人与自然、人与社会等方面的各类主题、各类体裁的语篇。通过丰富多彩的课堂学习活动与自主探索,学生的语言知识、文化知识、语言技能和学习策略都能得到锻炼和提升。

如果想要实现以上目标,首先要专心投入课堂,在各类学习活动中与教师和同学积极互动,并且保质保量地完成教师布置的各类夯实基础、提升兴趣、鼓励探索的作业。语言学习是一个漫长的积累磨砺的过程,如果有教师的专业指引,则能更加高效。此外,需要意识到,大量功夫在课外,在每天的细水长流中。总体方针就是要多看多听多说多练。学生可以寻找自己感兴趣且难度适配的阅读材料,如各类外刊、原著小说、科普读物皆可,通过泛读拓宽文化视野,提升阅读速度;可以每日精读一个语篇,配合高中词汇手册,积累词汇用法和语法句式;还可以找些感兴趣的视听材料,如英文电影、纪录片、新闻、播客等,泛听和精听相结合,并尝试总结内容大意和主旨,积累各类语境中的口头表达,促进输出。学生要抓住各种机会练习口语,找话题练习描述和议论,增强口语表达能力。

上海中学为学生准备了各种发展课:有实用类英语竞赛辅导、外媒听力、外刊阅读、口译笔译等与语言技能相关的课程,有助于夯实语言基础;有拓展类名著赏析课程,如《雾都孤儿》、马克·吐温作品选等;有文化理解课程,如欧美歌曲文化系列课程、美剧与美国文化课程等;有语言实践类英语辩论、英语戏剧等课程。除了各类英语拓展课程,还有第二外语,如法语、日语、德语、阿拉伯语等。

5 物理学科课程学习方法指导

物理学是自然科学领域中的一门基础学科,它研究自然界中物质的基本结构、相互作用及运动规律。在进入高中前,学生已经对物理学的大致框架,即力、热、电、光,有了大致的了解。学生在高中阶段将在之前定性了解的基础上,更加系统全面地学习物理规律。

在这个过程中,首先要建立的是物理观念,其中包括物质观念、运动与相互作用观念以及能量观念等。有些观念,如"物质是由大量的、不断做无规则运动的微粒所组成的",人们花了几千年才慢慢摸清这个道理。又如,"力是改变物体运动状态的原因,而不是维持运动的原因"这一观念,想必学生在初中阶段已非常了解。但是,在历史上,即使是智慧非凡的先哲,也曾犯下错误。诚然,学生现在的认识已经是站在巨人的肩膀上。例如,学生对原子、分子等概念已熟悉了,但是还会通过课程学习及各种活动来讨论各种案例。在这个过程中,相信学生对物理观念的认识会有不断深入的了解。

在学习物理的过程中,我们更希望学生建立科学思维。例如,我们会追随先贤,看看他们如何在纷繁复杂的事物中抓住主要部分,迈出第一步。这对应的是物理的建模思维。我们也会在学习过程中带领学生回到历史发现的现场,看看当时的人们是如何进行科学推理、科学论证及质疑创新的。相信这些科学思维的建立,不仅能帮助学生更好地了解物理,也能让学生在其他自然科学领域中受益,为以后投入科学发展事业打下基础。

除了科学思维外,我们也会通过开展活动来让学生展示科学探究的本领,在实践中具体地体会应如何提出问题。之后,学生还要形成猜想和假设、设计实验与制订方案、获取和处理信息、基于证据得出结论并作出解释。最后,学生要对科学探究过程和结果进行交流、评估及反思。这些探究的方法,不仅在自然科学中是重要的,也可以应用于社会科学。这对学生成为合格的公民及社会的发展都非常重要。

所有这些学生所学的东西都不是孤立的,它们是过去的结晶,也是未来的希望。学生在学习中认识科学的本质,体会科学、技术、社会及环境之间的关系,遵循严谨认真、实事求是和持之以恒的科学态度。在未来的探索道路上,学生要遵守道德规范,形成保护环境并推动可持续发展的责任感。物格无止境,理运有常时,学生要在学习中明确自身的社会责任。

6 化学学科课程学习方法指导

什么是化学？从字面上理解,化学是指研究变化的科学,其核心在于变化。化学不仅研究已存在的物质,它也像"上帝之手",创造出自然界中不存在的物质。随着人类社会的进步,化学逐渐成为一门在分子、原子层次上研究物质的组成、结构、性质、转化及其应用的自然科学。化学的特征是从微观层次认识物质,以符号形式描述物质,在不同层面创造物质。

化学是一门实践性和应用性很强的学科。在多姿多彩的生活中,化学无处不在,与我们的生活密切相关,对社会发展和人类生存作出巨大贡献。那么,未来的化学将从哪些方面进一步发展呢？第一,新材料。材料是高科技发展的物质基础,新材料能有效促进生产力发展。第二,新能源。新能源必须满足高效、绿色、经济和安全的要求,既可以提高效率,也可以降低能源成本。第三,环境保护。环境问题是重要的社会问题,和人类的生存密切相关。化学家将更加注重绿色产品设计的理念,创造绿色产品,有效地平衡经济增长和生态可持续发展。

初中化学是启蒙学科,主要要求学生掌握简单化学知识、基本化学实验技能、简单化学计算,以及化学在生产、生活及科研方面的某些应用。化学在知识层次上只要求学生认识表面现象及结果即可。高中化学知识逐渐向系统化、理论化靠近,对所学的化学知识,有相当一部分要求学生不但要"知其然",而且要"知其所以然"。学生在掌握所学知识的内部联系的同时,还要学会联系生产、生活实际的应用。通过高中化学的学习,学生要形成以下核心素养:宏观辨识与微观探析、变化观念与平衡思想、证据推理与模型认识、科学探究与创新意识、科学态度与社会责任。

化学学得好的人，通常思考问题不走极端，重事实，讲证据，注重平衡；善于从本质去理解现象，考虑问题兼顾宏观和微观，文理兼修，有大局观。化学"学霸"是怎样炼成的？注意以下几个关键词：自信——是做好一切事情的基础；兴趣——是最好的老师；勤思——有利于知识的消化吸收；好问——是深化知识的方法；笔记——好记性不如烂笔头，系统完整的笔记是学好化学的法宝；多练——见多才能识广；实验——是化学的灵魂；坚持——才能笑到最后。

7 历史学科课程学习方法指导

在高中阶段继续学习史海钩沉，聆听、阅读、观察、理解和思考人类发展的历程，努力成为拥有历史视野、尝试理解过去、具备现实关怀的合格公民。

历史，是人类最古老的智力活动，它恪守记录实证意义上历史真相的本职。从历史哲学的角度讲，历史的真相是确定的、唯一的、不可更改的，但是由于客观史料的限制以及主观认识的偏差，呈现在人们面前的"历史"永远无法百分百还原唯一的真相。不过，这并不意味着历史学就毫无价值。相反，历史学永远追求唯一的真相，求真是历史学的本质，也是历史学科学性的本源。高中阶段的历史学习，正是要学生学会依靠史料证据，努力追寻真相。

历史，仅是追寻真相还远远不够，还要努力去探明社会发展的深层动力。诚然，大多数人对历史学习的最初动力是好奇心，好奇过去的人，好奇过去的事。但是，对高中阶段的学生来说，仅仅满足于做一个"古董迷"还不够，我们要尝试关注不同历史现象或历史进程之间的关联，特别是具体现象与宏观趋势之间的关系。我们还要关注历史现象和过程背后的深层动力，而不是仅仅停留在对史实的重建或对细节的补充上。历史细节具有特殊性，它固然可以满足一部分人的好奇心,但努力揭示深层次的历史动因——那些长时段的、会重复起作用的因素才更具有现实意义。

历史,最终是关于常识和良知。历史不是一串串冰冷的数字和一段段黑白的文字,它是无数前人的生活经历,是无数前人的人生故事,不论是否被记录下来,这些经历和故事都塑造了当下的现实。历史也不是只有帝王将相、王公贵胄,芸芸众生、人民群众才是历史的创造者,不把视野沉淀下来,历史就不是完整的。希望大家在学习历史的过程中,能对前人有理解之同情,能对当今世界有现实之关怀,能对时代洪流中个体的命运有怜悯之尊重。

因此,在高中阶段,了解认识历史的过程,比记住历史上的某一天发生了某件事重要得多;较为广泛地阅读历史材料并从中发现问题,进而思考解决问题的方法与路径,比记住某些所谓的标志性事件重要得多;知道同一事件存在不同的史料,同一史料有不同的解释,比背诵那些结论性的历史陈述重要得多;洞察历史认识的时代性和发展性,比墨守成规或标新立异重要得多。

高中历史学习固然需要记忆一些基础性历史知识,但学生不要把记忆知识作为唯一任务。历史学科是一门关于思考的学问,而不是一门仅仅关于记忆的学问。学生在追寻文明足迹、体验历史发展、知晓前人得失、感受史学进步的过程中,要有所思,有所得。从历史的经验里汲取一些可以超越自己认知局限的东西,让自己的双眼更加明亮,这就是历史的智慧。

8 地理学科课程学习方法指导

地理学是一门研究人和地理环境之间关系的学科,是一门既古老又年轻的学科,其发展经历了漫长的变化。18 世纪中期以前,地理学科主要以描述地理现象为主要特征。20 世纪中期以前,地理学科以归纳、概括地理现象和解释其原因为主要特征。20 世纪中期以来,随着地理信息技术的发展,地理学更加关注现象背后的机制,探究人和地理环境之间的平衡关系,预测地理环境的未来走向。这一时期的地理学处在以生产力为依托的高速发展阶段。

地理学是一门非常实用的科学,教我们认识日升月落的基本规律、"海枯石烂"的奥秘、气象条件瞬息万变的原因、水体循环的背后机制。地理学还教我们认识人口增长和迁移的机理、城乡演变的一般方向、经济发展的内在规律、区域文化差异的底层地理逻辑。地理学引导着我们认识这个世界,并且关怀着地表的一切事物。地理学让我们知道世界上没有相同的时间,知道世界上有那么多地方可以去,知道有那么多人在另外的文化圈里过着和我们截然不同的生活,知道落叶、鲜花都是环境整体性的一部分,知道个人无比渺小却又对世界无比重要。

学好地理学其实并不太难,需要我们留心观察身边的地理现象,平时生活中、外出旅行时关注与自己家乡的环境差异,并探究其背后蕴含的地理原因。平时家庭生活中,可以营造潜移默化的地理学习氛围,如墙壁上的挂图、纪录片等。坐车外出时,可以多看看地图,关注城市道路、建筑规划,并结合地理学挖掘现象背后蕴含的规律和原因。

学好地理学是一件非常有意义的事,可以让你变得更有自信,变得更有魅力。在学好地理学的同时,要学会与自己和解,与世界和解,认识到所有人都是地理环境中渺小而又不可缺少的一部分。

9　通用技术及 STEM 课程学习方法指导

上海中学的通用技术课程主要以 STEM 课程的形式开设。STEM 是"Science""Technology""Engineering""Mathematics"四个英文单词的首字母组合,它不是一门课程,而是许多跨学科的系列课程。"动手动脑,敢于创造"是它们的共同宗旨。STEM 课程没有纸笔考试,成绩来自一个个实验、制作、课题和创意。在上中,需要修满4个学期的STEM课程。

高一第一学期必修课程是后续课程的基础,所有学生都必须学习。

表4-1 高一第一学期的后续课程

高一(上)	必修	设计与制造(6课时)
	必修	电子技术(6课时)
	必修	开源硬件及传感器基础(6课时)

从高一第二学期开始,就可以根据自己的兴趣尝试学习自己喜欢的选修课程。你能从中发现自己从来没有注意到的学习潜力,体验到和语数外数理化文史哲不一样的感受。

表4-2 高一第二学期开始的选修课程

高一(下)、高二(上)	选修1	基于CAD的二维建模与制图(8课时)	机械/设计
	选修1	新乐高机器(8课时)	机械/设计
	选修1	视频与音频剪辑(8课时)	生活技能
	选修1	Python语言趣味编程(8课时)	计算机
	选修1	智能产品设计与制作(8课时)	电子/计算机
	选修1	电机变频技术[8课时,仅高二(上)]	电子/机械
	选修1	化学光谱分析法入门(8课时)	科学
	选修1	桥梁结构设计(8课时)	建筑/土木工程
	选修1	汽车原理与驾驶技术(8课时)	生活技能/机械
	选修1	叶子的生物学(8课时)	科学
	选修1	Hands on science 地理实践科学营(8课时)	科学

学生对自己的兴趣和潜能有所了解时,就可以开始挑战进阶选修课程。这些课程需要学生付出相当的努力,可以从中接触到一些大学本科内容的学习体验。有些课程由大学教师和工程师直接授课。

表 4 - 3　高二年级的选修课程

高二（上）、高二（下）	选修 2	数字逻辑电路与微控制器入门[15 课时,仅高二（下）]	电子/计算机
	选修 2	建筑结构设计[15 课时,仅高二（下）]	建筑/土木工程
	选修 2	无人机[15 课时,仅高二（下）]	航空
	选修 2	虚拟现实[15 课时,仅高二（下）]	计算机/设计
	选修 2	ArcGIS 专题地图制作[15 课时,仅高二（下）]	科学
	选修 2	生命科学基础研究实验[15 课时,仅高二（下）]	科学
	选修 2	工业机器人（30 课时,上海交大教师授课）	机械/计算机
	选修 2	金融实验（30 课时,上海财大教师授课）	社科/计算机
	选修 2	二叉树模型与统计学在金融学中的应用[15 课时,仅高二（下）]	数学/计算机

每年都会有新 STEM 课程板块开设,每个课程的内容也在不断更新和改进。乐于动手、热爱创造的学生一定能从中得到乐趣和收获。

10　信息技术学科课程学习方法指导

信息技术对大多数学生而言是一门既熟悉又陌生的学科。在日常生活中,学生们时常听到"信息社会、人工智能、物联网、编程"等与信息技术相关的名词。但实际上,大家对这些名词的内涵理解并不深刻。信息技术正是带领大家深入了解现代信息社会、信息系统以及前沿信息技术的学科。在信息技术课上,每一位学生都将亲自用程序代码向计算机发号施令,见证现代计算机每秒上亿次运算的强大算力,还能学到人工智能的入门技术,体验机器在获得智能后的强大能力,更深刻地体会信息技术在人们日常生活中所起的关键作用。

有些学生学过程序设计,并且愿意投入时间和精力进行探究,那么可以尝试研究计算机方向的创新课题。在这里,学生将得到最大的发挥空间,可以尝试探究人工智能、模式识别、信息安全等诸多不同计算机领域的课题。学校也会同时配备强大的教授指导团队,他们来自复旦大学、上海交通大学、浙江大学、华东师范大学、华东理工大学等国内知名院校,将和校内指导教师一起,对每一个课题进行全方位的指导。计算机方向的课题研究可以让学生提前体验大学的学习与探究过程,学习如何将科学研究转换为项目成果,学习如何与教授进行学术交流与沟通。选择计算机方向的课题,必将是高中阶段学习生活中难以忘怀的经历。

算法是程序的灵魂。说起算法,必然要提到信息学奥林匹克竞赛。在上海,信息学奥林匹克竞赛虽然不是家喻户晓,但也是五大学科奥赛中的一员,获奖的含金量极高。学生如果觉得自己逻辑思维超群,遇到挫折永不放弃,并且在初中阶段也参加过一些算法竞赛,那么可以继续攀登信息学奥林匹克竞赛的高峰。在设计算法的过程中,既需要猜测结论时的灵光乍现,更需要验证想法时的严谨证明。

信息技术属于年轻人,属于朝气蓬勃、勇于挑战极限的年轻人。龙门学子重任在肩,让我们一起投身于信息技术学习的浪潮中。相信有一天,中国一定会摆脱在信息技术方面被欧美国家"卡脖子"的局面,最终笑傲全世界。

11 音乐学科课程学习方法指导

关于音乐,有这样一种说法:"音乐是语言的升华,语言到了极致是音乐,语言中无法表达的人类情感在音乐中可以表达得淋漓尽致。"确实,听音乐能让人产生奇妙感觉,音乐能瞬间直击人心,音乐能轻而易举地成为人类共同的语言。但是,对于音乐,不会听者只能听热闹,只有会听者才能听门道。上海中学的学生须得会听音乐。高中音乐学科不但带你学会聆听音乐,还会带你学会研究音乐和使用音乐,让音乐成为知心友人,陪伴你终身。

上海中学音乐学科在注重培养艺术核心素养的基础上,尤其注重创新艺术素养的培养,形成立足中华文化自信、放眼国际文化视野、激发艺术创新潜能的教学特色。通过递进式艺术课程设置、模块式选修课程开发、多样化艺术社团建设、创新性艺术活动开展,上海中学构建了较为完善的艺术教育教学发展体系,旨在形成艺术修养上的全面发展与艺术素养上的志趣聚焦。

递进式课程设置将艺术核心素养分阶段、多渠道进行培养落实。高一艺术必修课程中,学生通过在艺术与生活、艺术与文化、艺术与科学相关联的情境中,参与各艺术门类实践活动,获得艺术感知、创意表达、审美情趣和文化理解的艺术学科核心素养和综合艺术能力。高二音乐选择性必修课程中,课堂教学注重深挖艺术潜能和激发思辨探究能力,学生通过学科深度研究学习,把"接受知识"变成"建构知识",并注重美学与哲学思想渗透,在形象艺术思维层面上进行抽象艺术思维和创造性艺术思维,提升艺术思维宽度和思想深度,形成正确的审美观与人生观,并促进和影响其他学科学习和专业感悟。音乐类选修课程注重聚焦艺术志趣,激发创新潜能。

二十余门丰富多样的音乐类选修课程涵盖声乐、器乐、形体、戏剧、数码音乐等多个领域,学生可根据兴趣和能力选择极具前瞻性的课程,旨在学会用发展的眼光看社会,用专业的视角感悟艺术,在学习中找到生发点、突破点和创新点。校园艺术活动的丰富性、高端性及创新性,艺术社团的多样化和辐射性等,营造了浓郁高雅的校园艺术氛围,这里为学生提供了提升艺术素养和展示艺术表现能力的机会和平台。

音乐学习需要学生有端正的学习态度和积极的学习热情,形成较为高端的艺术审美感知;能主动参与课堂互动练习,形成活跃的艺术审美情趣;能进行一定程度的学科研究活动,形成较为深层的艺术文化理解;能参与学科外组织的艺术活动实践体验,在活动中提升合作意识和艺术表达能力;对学科中涉及的相关艺术种类或作品有观摩欣赏的意愿和热情,通过多渠道、多形式感悟艺术的魅力和文化内涵,提升自己的综合艺术素养,让艺术思维方式影响和促进终身发展。

12 美术学科课程学习方法指导

美术学科课程强调通过形象思维来发挥学生的想象力、创造力。美术学习对学生形成正确的审美观、世界观、人生观,开发学生心智、潜能等具有重要意义,它是对学生进行自我完善的教育。

高中美术课程的类型有必修课和选择性必修课两种。在选择性必修课中,我们将课程类型划分为艺术类型拓展与艺术史论拓展两大类。艺术类型拓展的选择性必修课主要以学生探索不同的艺术风格、美术技能技法为主,是通过实践学习锻炼动手能力的过程。艺术史论拓展的选择性必修课为学生提供了广泛的了解中外美术史以及欣赏解读经典名作的机会,深入浅出地进一步提高学生的文化认知能力和艺术鉴赏能力。

上海中学美术教学坚持学科本位,小班化、分层细化教学也促成了美术教学的专业性。美术中心总占地面积达 1500 平方米,包括专业的素描、油画、陶艺、水彩、电脑美术、国画、版画、卡通画等专用教室。上海中学画廊自 2016 年建立以来,多次举办或承办校内外师生及艺术家专题艺术展,连续多年出版画册,并举办了数次以艺术为课题的研讨会和讲座。

美术教学更注重学生的全方位发展,以普及性知识、整体美学、审美能力的培养为前提。美术教学的目的有以下几方面:其一,通过实践性课程的学习培养学生的动手能力和生活实践技能,提高其生活质量;其二,从学科本位角度出发,美术是视觉艺术,需要学生形象立体地思考问题,激活学生的形象思维能力,开发他们的多元智能;其三,美术是一种修养,更是一种文化,学生对艺术的持续学习会促进其文化修养的提高。学生透过对美术的连续和深层学习、探讨与比较,形成健康向上的审美情趣和自己的审美价值观点,养成良好的艺术文化修养。

在美术课程的教学过程中,我们引导学生发现身边的美,把自己的生活经验和美感相联系,尝试用自己选修的、喜欢的艺术表现方式表达出自己的体验和感受。上中美术课的开设,不是以培养画家为目的的,而是培养学生的动手能力、创造能力、想象能力。美术课的教学主要是通过对艺术作品的感受、认识以及融合学生自身的情感进行独立创作的方式,构建他们的知识结构和认知体系。

学生通过个人或集体合作的方式参与各种美术活动,尝试各种工具、材料和制作过程,学习美术欣赏和评述的方法,丰富视觉、触觉和审美经验,体验美术活动的乐趣,获得对美术学习的持久兴趣;了解基本美术语言的表达方式和方法,表达自己的情感和思想,美化环境与生活。具体而言,可概括为以下几个方面:第一,了解并学会使用各种美术工具和绘画材料;第二,掌握相关的绘画理论知识,并能使用和发展相关知识;第三,学习美术不同的表现手法,培养绘画基础技法;第四,学会使用美术语言去反映、表达及创作。

上海中学美术学科特色体现为综合性、学生自主性、教学内容的实用性。第一,综合性体现在选择性必修课的可选择性之多:多元、多样、多师资等。从古埃及艺术到中国古代墓葬艺术,从青铜器赏析到瓷器欣赏,从传承传统文化的工艺美术类到方便现实生活的实用美术类以及现今的各种新兴电脑美术类,都为学生提供了一个综合的、全面的平台去走近美术,学习美术。我们开设了许多特色选择性必修课,如泥塑、版画、插花、编绳艺术、油画、书法、素描、中国画等,为学生提供了多元化、多层次的选择。第二,学生自主性体现在教学中学生选择的自主和学习过程中的主体原则。选择性必修课以学生的兴趣为参考标准之一,在许多课程,如素描、油画、泥塑、插花、版画、国画等实践性课程中,非常注重学生的体验、学习、认知,分层教学,在实际操作中获得不同的经验与认识。第三,教学内容的实用性体现在开设艺术类拓展选择性必修课,如花道欣赏、泥塑、设计的基本原理等,这些课程让学生在实际生活中受益匪浅。

由于美术学科的特殊性决定了单纯的量化评价方式不能有效评价学生美术学习,也不能促进其美术学习,因此必要时我们会采用量化与质性相结合的评价方式。我们不仅参考学生的课后作品、课题研究,更要考量其学习态度、课堂表现、合作能力、表述水平等方面,采取百分制结合评语的评价方式,遵循平等、有效、相对全面、质性、促进学生发展的原则。

13 体育学科课程学习方法指导

上海中学体育与健康课程的设置,在原有国家课程标准要求以体能和健康教育作为必修课程内容的基础上,结合学校实际,在高一年级增加了田径运动、体操运动、游泳运动、网球运动和冰上运动作为校本体育与健康的必修必学内容。其中,网球、游泳和冰上运动是上中学子"人人学会"的课程内容,在高一年级第二学期会举行全年级游泳和冰上运动技能质量水平达标测试,网球运动的水平达标测试则分别安排在高二、高三年级第二学期。

为了满足上中资优生群体对体育与健康课程学习的不同需求,帮助学生找到喜欢和擅长的运动项目,让学生通过"体育"这一载体去追求健康,让体育锻炼逐渐成为学生生活中不可或缺的一部分,学校不断深化体育与健康课程内容的构建,将高二、高三年级必修选学的课程内容按照个体性项目和群体性项目分为两类,由乒乓球、网球、羽毛球、健美操、体育舞蹈、太极拳、篮球、足球、排球、剑道、跆拳道、板球、棒垒球等13个运动项目组成。高二、高三年级的教学班不再是按高一年级的行政班分班,而是根据运动项目重新组合为选项班。其中,高二年级规定第一、第二学期的选项内容不能重复,进入高三年级后则无选项规定。这样,既保证了学生在上中学习的三年内至少掌握 2～3 项运动技能,同时也能满足学生对自己感兴趣的运动项目有更深层次的习得与运用。

此外,学校根据现有的师资力量和场地资源,还向学生提供了 4 大类(知识拓展、视野开阔、解析探究、应用实践)46 门选修课程,以及 F1 社、排球社、篮球社、网球社、足球社、桥牌社等 10 余个优质体育类社团,更有每学年第一学期的体育运动周和每学期不同的年级运动比赛。这些丰富的课余体育参与形式,为学生提供了展现自己运动天赋和体育才华的平台,同时也充实了学生的运动经历。相信通过课程系统性学习,学生将会更好地理解体育的健身功能与价值,掌握体育健康促进的方法与策略。

第三节　分领域选修课程与学生课题研究性学习导引

1　分领域选修课程选介

上海中学被誉为"最像大学的中学",不仅是因为学校关注学生学术兴趣的激活、学术素养的培育,提供丰富的大中学合作育人平台,更为重要的是,学校每学期提供丰富的分领域选修课程供学生选学,为学生的兴趣激活、潜能开发、志趣聚焦提供基于课程选择学习的未来发展取向选择。这也是上海中学融生涯指导于课程学习之中最为突出的亮点。

学校建立了专门的选课信息系统,分领域激趣的选修课程选课的实施过程大致如下:

一是志愿填报阶段:每学期开学前或开学第一周,学校组织高一、高二学生选课。学生根据个人兴趣、特长、爱好和个人发展需求,选择若干门课程,填报两份课程志愿,线上提交至选课系统平台。

二是课程摇号阶段:系统根据学生志愿进行课程匹配摇号,摇中的学生进入课程学员名单,第一志愿未摇中的学生按第二志愿参加下一批次摇号。所有课程选课人数达到上限或学生志愿表中所有课程均参与过摇号后,摇号结束。

三是课程推荐阶段:若某学生的选课结果中仍有某一门(或几门)课程没有摇中,且该学生本时段志愿表中的课程都达到人数上限,则系统会根据学生志愿表中的"课程领域"进行推荐。例如,某学生选过"数学领域课程",则系统会自动将非志愿表中的其他数学领域课程推荐给该学生。

上中选课系统中,一大创新是将选修课程按开设长度设定为大型课程(开设一学期及以上)、中型课程(开设半学期)、小型课程(开设 6 课时)、微型课程(开设 3 课时)四种类型,这样既有利于学校及时在选修课程中融入各学科领域中的前沿知识介绍,又有利于学生更加灵活、多样地探究自己感兴趣的领域,找到自己的兴趣与潜能的匹配领域。其中一个最大的判别标准是对某个领域感兴趣,愿意花时间去征服探究过程中的困难,表现出痴迷与坚忍不拔地持续学习该领域知识,夯实个性化知识构成,并不断基于该领域内化创新思维与人格。以下介绍上海中学 2023 学年第一学期的选修课程,让学生对学校的选修课程有所了解。

表 4 - 4　上海中学 2023 学年第一学期的选修课程概览

序号	课程名称	课程类型	任课教师	课程领域	课程介绍
1	冰壶(上半学期)	中型发展	芮老师	体育与健康	冰壶是以队为单位在冰上进行的一种投掷性竞赛项目,考验参与者的体能与脑力,展现动静之美,属于冬奥会比赛项目

（续表）

序号	课程名称	课程类型	任课教师	课程领域	课程介绍
2	冰壶（下半学期）	中型发展	芮老师	体育与健康	同上
3	西方戏剧与影视	中型发展	李老师	人文与社会	本课程分为两个部分：一部分是选取西方经典史诗、戏剧及影视作品片段，如荷马、莎士比亚、易卜生、萧伯纳的剧作，带领学生了解西方戏剧的发展历程，领略戏剧的魅力；另一部分是通过带领学生扮演角色、朗读剧本，对影视作品进行赏析和配音，提高学生的口语表达能力
4	英语口译	中型发展	寿老师	语言与文学	本课程先进行口译基础技巧讲解，包括交传笔记、数字听译等，后带领学生尝试进行句、段复述及目标语口译，主题涉及政治、经济、文化、旅游、时事等。本课程旨在帮助学生学习如何有效抓取、处理并还原信息，提升听说能力，并通过多主题口译练习，拓宽知识面

（续表）

序号	课程名称	课程类型	任课教师	课程领域	课程介绍
5	从小说到电影	中型发展	徐老师	人文与社会	本课程尝试以电影为一种艺术媒介的基本分析维度,为学生提供电影艺术观看与赏析的工具,并从跨艺术视野出发,通过同名小说与电影两种不同艺术门类的对比,进一步了解电影语言的特征与魅力。本课程涵盖《简爱》《傲慢与偏见》《变蝇人》《大话西游》等电影史上脍炙人口的影片
6	TOEFL阅读	中型发展	周老师	语言与文学	本课程旨在帮助高中学生做好高考英语阅读与托福英语阅读的衔接,主要关注以下方面:语体特征对比、长难句子解构、核心词汇阅读策略对比
7	社科论文写作指导	中型发展	邱老师	人文与社会	本课程面向对社会科学感兴趣的学生,邀请复旦大学社会发展与公共政策学院教师为大家提供研究设计、因果推断、问卷设计、访谈设计、数据可视化等社科论文写作方面的方法指导,帮助学生与大学接轨,掌握社科研究技能,并用于社科类竞赛等实践

（续表）

序号	课程名称	课程类型	任课教师	课程领域	课程介绍
8	故事与阐释：经典文本的另一种解读方式1	中型发展	杨老师	人文与社会	如何讲好自身的故事、复述文学经典，不仅涉及生命与美的感知能力，更与阐释能力相关。这种阐释能力也将投射至更为广泛的阅读与写作旅程中。本课程关注的文学故事以中外带有悲剧意识的经典作品为主，每课将设置"说书人"角色，鼓励学生不限形式地呈现故事情节与自身感悟。师生也可结合解释学、叙事学、宗教学理论探讨文本
9	汉字文化与语言思维（第一轮）	中型发展	张老师	语言与文学	文字与语言中蕴藏着人类的认知方式与历史文化习俗。本课程将结合文字学与语言学知识，带领学生通过"六书"分析甲骨文、小篆等古文字，考据文字反映的礼仪风俗与文化传统，探讨词义演变背后折射的思维方式，并结合汉语、英语、日语等多种语言与汉语方言，分析语言与认知的关系。推荐书目：《说文解字》《我们赖以生存的隐喻》《女人、火与危险事物》《你一生的故事》等。推荐电影：《降临》《波斯语课》等

（续表）

序号	课程名称	课程类型	任课教师	课程领域	课程介绍
10	英语演讲	中型发展	范老师	语言与文学	本课程关注当下社会议题,让学生以英语为主要语言、以课堂为平台,各抒己见。本课程的目标在于锻炼学生的英语口语表达能力,以及学习从不同角度讨论一件事的能力,提高清晰、具体地表达自己观点的能力。课堂上亦会涵盖各类优秀演讲视频、文本,让学生学习更有效、更有力量的表达方式
11	故事与阐释:经典文本的另一种理解方式2	中型发展	杨老师	人文与社会	介绍同前
12	弦乐重奏(下)	中型发展	沈老师	艺术	弦乐重奏课为有一定弦乐器基础的学生提供更多弦乐合作排练和演出机会。本课程根据学生人数、器乐配置情况及学生演奏程度,定制合适的古典、浪漫及当代重奏作品,从而提高学生的器乐演奏能力,丰富学生课余生活。本课程给学生提供校内、校外每学期至少两次的演出活动。本课程招收有一定管弦乐演奏能力的学生(不包括钢琴演奏)

（续表）

序号	课程名称	课程类型	任课教师	课程领域	课程介绍
13	梦断紫禁城	中型发展	顾老师	人文与社会	讲述光绪王朝的落日余晖
14	地图中的德国史	中型发展	刘老师	人文与社会	德意志地处中欧，在欧洲史和世界史上扮演着举足轻重的角色。在中世纪，德意志的罗马帝国屡屡成为矛盾冲突的焦点，最终在拿破仑战争中分崩离析。1871 年实现统一后，德国在经济腾飞的同时，却迈上了争雄世界的道路，两次挑起世界大战，给世界带来了巨大的灾难。联邦德国在战后积极主导西欧一体化进程，推动区域合作，最终在 1990 年重新实现了两德统一。本课程介绍相关史实及历史影响
15	Brain Bee 脑科学大赛（上）	中型发展	徐老师	科学	Brain Bee 脑科学大赛是一项面向全球青少年的学科竞赛，旨在提高学生研究人类大脑的兴趣。比赛分为笔试、图片/标本标识、病例诊断三个环节，考试内容涵盖大脑解剖、记忆、情绪、睡眠、脑疾病等。本课程分为上、下两个部分，第一部分主要聚焦大脑解剖、神经系统的结构、大脑的高级功能等生理学知识，第二部分聚焦疾病标本识别及病理诊断等病理学知识

（续表）

序号	课程名称	课程类型	任课教师	课程领域	课程介绍
16	舌尖上的全球史	中型发展	蔡老师	人文与社会	来自南美的观赏花卉如何为中国川菜注入灵魂？小小的东方树叶为何能征服世界，成为西方人眼中的绿色黄金？辣椒、茶叶、玉米、土豆、香蕉、西瓜、蔗糖……即便是最普通、最日常的饮食，也能折射出人类文明的交流与变迁，让人一窥全球历史演进的波澜壮阔
17	阿拉伯语入门	中型发展	吴老师	语言与文学	本课程的目标在于培养学生具备基本的阿拉伯语语言基础，掌握阿拉伯语字母的正确发音，并能使用阿拉伯语进行初步的日常交流，具备比较广泛的阿拉伯文化知识
18	中国古代小说阅读	中型发展	方老师	语言与文学	杰出的章回体小说堪称中国古代小说史的巅峰。例如，"满纸荒唐言，一把辛酸泪"的《红楼梦》长期以来备受追捧。鲁迅、王国维、周汝昌等对《红楼梦》交口称赞。张爱玲也曾言，"三大恨事"是一恨鲥鱼多刺，二恨海棠无香，三恨《红楼梦》未完。本课程旨在引导学生阅读书中经典章节，通过鉴赏和探究，学会品评小说人物，赏析创作的精妙之处，更希望能借此激发学生兴趣，自主对中国的古典名著有所了解和涉猎

（续表）

序号	课程名称	课程类型	任课教师	课程领域	课程介绍
19	主持与口才训练	中型发展	昂老师	语言与文学	未必每个人都要站在舞台上成为主持人,但希望通过主持与口才训练让大家突破自我,更好地实现沟通与表达
20	文化遗产与我们	中型发展	蔡老师	人文与社会	提到"文化遗产",你会想到什么?故宫、三星堆、静安寺、二十四节气、昆曲……作为一门多元学科,它与我们的历史有什么关系?理工科知识又是如何被运用到文化遗产学中的?……本课程围绕文化遗产的基本概念与类型,带领大家走进富有代表性的文化遗产地,帮助大家形成对文化遗产的基本认识,在古钱币、动物考古、石窟寺、以提篮桥为代表的近现代建筑、以楼兰古城为代表的文化遗产实地调研等方面拓宽视野,感受文化遗产的魅力
21	闲话上海	中型发展	杨老师	人文与社会	无论你是土生土长的上海人,还是随家人来沪的上海人,你对上海了解多少?你知道上海的市标、市花吗?你了解上海行政区划的变迁吗?你游历过上海的名胜古迹吗?你有上海的美食地图吗?……本课程旨在让你更多地认识上海,了解家乡。让我们一起听吴侬细语,漫步里弄街巷,领略海派文化,学习乡土地理,从地理学视角研究上海的城市发展

（续表）

序号	课程名称	课程类型	任课教师	课程领域	课程介绍
22	寻找同类：勃朗特姐妹小说选读	中型发展	范老师	语言与文学	夏洛蒂·勃朗特所著《简·爱》和艾米莉·勃朗特所著《呼啸山庄》是本课程重点讨论文本，在讨论家庭教师相关议题时穿插安妮·勃朗特所著《艾格妮丝·格雷》。一同阅读经典文本不仅是为了了解语言之美，亦是为了从文本出发，一窥19世纪中期英国社会的不同面向，了解当时的女性处境，初探文学研究路径
23	张爱玲作品导读与鉴赏（一）	中型发展	张老师	语言与文学	课程（一）与（二）可以分开选修。本课程以现代作家张爱玲为研究对象，结合中国传统的知人论世与西方新批评派的文本细读法，从主题、风格、叙事模式等角度对张爱玲的《第一炉香》《花凋》《琉璃瓦》等短篇小说进行品鉴。学生既可以在阅读过程中品味张爱玲苍凉而瑰丽的美学风格，又可以初窥文本细读的门径，学习运用精神分析、意象象征、原型批评等相关文学理论解读文本，享受文本品读与文艺理论学习的双重乐趣

序号	课程名称	课程类型	任课教师	课程领域	课程介绍
24	钢琴演奏与歌曲即兴伴奏	中型发展	张老师	艺术	本课程由即兴伴奏和演奏两部分组成,面向有一定钢琴基础的学生开放(钢琴程度6级以上)。即兴伴奏以教授基础和声为主并配以简单歌曲,让学生掌握简易的钢琴伴奏。即兴演奏则通过教师逐步引导,让学生在学会即兴伴奏方法的基础上,发挥创意思维和能力,玩转钢琴。学生可根据文字描述、图画或照片甚至视频等,创作喜爱的音乐。本课程同时针对学生个人实际钢琴演奏情况,推荐并辅导代表学校参加区级及市级中学生钢琴单项赛的学生
25	精神分析与文学批评	中型发展	骆老师	人文与社会	本课程旨在探索精神分析理论与文学作品之间的互动关系。课程内容包括以下几方面:(1)精神分析理论基础:介绍弗洛伊德经典精神分析理论。(2)文学作品的分析方法:通过分析文学作品中的符号、隐喻等内容,揭示作品背后的深层心理意义。(3)文学人物与心理分析:关注经典作品中的人物形象,并运用精神分析理论来探索其心理动机、人格结构和情感体验等。通过本课程,学生可运用精神分析理论来解读文学作品

志存高远——普通高中资优生发展指导

（续表）

序号	课程名称	课程类型	任课教师	课程领域	课程介绍
26	从小说到电影2	中型发展	徐老师	人文与社会	本课程尝试以电影作为艺术媒介的基本分析维度，为学生提供电影艺术观看与赏析的工具，并从跨艺术视野出发，通过同名小说与电影两种不同艺术门类的对比，进一步了解电影语言的特征与魅力。本课程涵盖《简爱》《傲慢与偏见》《变蝇人》《大话西游》等电影史上脍炙人口的影片
27	英语外刊精读	中型发展	赵老师	语言与文学	阅读地道的外刊有一定难度，但可通过阅读技巧和阅读习惯攻克。精读外刊可以帮助积累词汇、句式，潜移默化培养语感，帮助阅读文献。外刊常被作为英语类考试的考题，多读外刊有利于应试。此外，外刊可用于了解西方人文历史，扩大知识面，成为进一步探索世界的窗口
28	汉字文化与语言思维（第二轮）	中型发展	张老师	语言与文学	介绍同前

（续表）

序号	课程名称	课程类型	任课教师	课程领域	课程介绍
29	唐传奇阅读1	中型发展	李老师	语言与文学	本课程是文学类课程。唐传奇是唐代流行的文言短篇小说。相对于唐诗来讲，唐传奇并不为学生所熟知。但是，鲁迅给予很高评价，认为唐人自唐传奇"始有意为小说"。它远继神话传说和史传文学，近承魏晋南北朝志怪和志人小说，发展成为一种以史传笔法写奇闻逸事的小说体式。本课程将简要介绍唐传奇的基础知识和思想艺术成就，并将努力梳理传奇与前代文学及后世文学的关联。主要目的是让学生阅读传奇作品以及相关作品有一定感性认识
30	弦乐重奏（上）	中型发展	沈老师	艺术	本课程旨在为有一定弦乐器基础的学生提供更多弦乐合作排练和演出机会。本课程根据学生的人数、器乐配置情况及学生演奏能力，定制合适的古典、浪漫及当代重奏作品，从而提高学生的器乐演奏能力，丰富学生课余生活。本课程给学生提供校内、校外每学期至少两次的演出活动。本课程招收有一定管弦乐演奏能力的学生（不包括钢琴演奏）

（续表）

序号	课程名称	课程类型	任课教师	课程领域	课程介绍
31	唐传奇阅读2	中型发展	李黎	语言与文学	介绍同前
32	音乐剧表演	中型发展	于老师	艺术	本课程以舞台版音乐剧和电影版音乐剧为主要素材，全方位、多维度指导学生学习音乐剧演唱、表演、舞蹈技巧，并排演和创新演绎经典片段
33	"机智的医生生活"中的生理学	中型发展	徐老师	科学	生理学是研究生命体功能及其机制或机理的学科。生物学选择性必修1教科书对人体内环境稳态与调节进行了初步介绍，本课程在此基础上借助《机智的医生生活》影视剧资源，帮助学生进一步了解生理学的相关知识及部分前沿研究热点问题，形成稳态与平衡生命观念；帮助学生更好地将生理学知识运用于日常生活中，促进核心素养社会责任的发展
34	戏剧表演	中型发展	于老师	艺术	本课程主要以即兴编创与表演、配音表演、影视片段表演、微小型舞台剧排演为主要教学内容，聘请来自戏剧专业院校和专业团体的资深专家亲临授课。本课程采用灵活、多样的教学手段和教学模式，营造专业的、沉浸式的戏剧表演氛围，带学生走进精彩的戏剧世界

（续表）

序号	课程名称	课程类型	任课教师	课程领域	课程介绍
35	动物学导论	中型发展	王老师	科学	本课程为大学先修内容,涉及无脊椎动物的演化与功能解剖,属全国中学生生物学联赛考试范围,为非生物竞赛小班学生开设
36	植物学导论	中型发展	王老师	科学	本课程为大学先修内容,涉及被子植物根、茎、叶、花、果、种子的解剖结构学习,属全国中学生生物学联赛考试范围,为非生物竞赛小班学生开设
37	化学实验操作与技能	中型发展	乐老师	科学	化学实验操作与技能
38	糕点制作课（第一轮）	中型发展	陆老师	STEM+	本课程与上海百年老店"乔家栅"合作,讲授中国糕点文化、糕点制作工艺等基础知识,并带领学生制作经典糕点,让学生体验上海记忆,做出海派糕点,传承中华美食
39	糕点制作课（第二轮）	中型发展	陆老师	STEM+	介绍同上

（续表）

序号	课程名称	课程类型	任课教师	课程领域	课程介绍
40	模拟驾驶1	中型发展	范老师	STEM+	学生通过汽车驾驶模拟机七周的基础训练,学习在多种情景下驾驶汽车与特殊交通环境下的驾驶技能,训练反应能力、应变能力和动手能力。该模拟机对学员每次错误操作做出提醒,对违章行为发出警告,增强学生规范依法驾驶的意识;对学生每次驾驶经历打分,评估学生熟练、规范驾驶的程度,培养学生安全驾驶行为和安全驾驶技能。学生通过学习能基本掌握汽车的各种驾驶操作,为学习开车打下一个坚实的基础
41	模拟驾驶2	中型发展	范老师	STEM+	介绍同上
42	生物竞赛高一上	小型发展	徐老师	科学	本课程是高一生物竞赛小班锁定课程,按照《全国中学生生物学联赛、竞赛纲要》的要求,讲授竞赛知识,传授学习方法。本学期课程主要围绕"分子与细胞生物学""植物生物学""动物生物学"三个模块展开
43	生物竞赛高一下	小型发展	徐老师	科学	介绍同上

（续表）

序号	课程名称	课程类型	任课教师	课程领域	课程介绍
44	人工智能与量化交易	小型发展	李老师	数学	量化交易始于数据,终于交易。数学模型搭建起了通往交易决策的桥梁,那么人工智能模型作为当前数学模型的主流模型,具有哪些优势?基于数学模型的量化交易又具有哪些优势?希望通过这门课程的学习,让学生了解量化交易的具体含义,领略数学模型的魅力与威力
45	脑科学探秘	小型发展	陈老师	科学	我们的所有行为以及所思所想都是在脑的控制下产生的,脑就是理解人类行为的钥匙。从早期的颅相学用颅骨的隆起来预测智力水平,到如今通过脑成像技术清楚地看到脑的各个部分;从胚胎时期微小的少数细胞,到完整发育后复杂的结构;从对意识、记忆、情绪、睡眠、运动、感觉等方面的探究,到对永生的追求与推测……脑科学在不断地发展和迭代,与我们每一个人息息相关
46	金融实验（一）	小型发展	蔡老师	STEM+	专业基础课:投资学、货币银行学、经济金融学、金融计量学、金融工程与衍生品等

（续表）

序号	课程名称	课程类型	任课教师	课程领域	课程介绍
47	高一物理竞赛1	小型发展	王老师	科学	仅限物理小班学生参加
48	高一物理竞赛2	小型发展	王老师	科学	仅限物理小班学生参加
49	高一化学竞赛1	小型发展	祁老师	科学	本课程开设的目的是为有兴趣参加化学竞赛学习的学生提供拓展平台,并为各类化学竞赛建立一个"选手储备库"。开设的对象是在平时的化学学习中学有余力或对化学学科有浓厚兴趣的学生。讲授的内容既有平时化学课的进一步深入和拓展,又一些在高中化学课内不会讲授但又与各类化学竞赛紧密相关的大学普通化学内容,还有一些化学学习的经验归纳和解题技巧等
50	高一化学竞赛2	小型发展	祁老师	科学	介绍同上
51	工业机器人（下）	小型发展	赵老师	技术	工业机器人（下）

（续表）

序号	课程名称	课程类型	任课教师	课程领域	课程介绍
52	高二化学竞赛2	小型发展	陆老师	科学	有机初步2
53	钢琴艺术赏析	小型发展	董老师	艺术	钢琴被誉为"西方乐器之王"，因其强大的音乐表现力和宽广的音域而吸引了历代作曲大师为其创作了大量不同风格的经典作品，这些作品成为世界音乐宝库中的瑰宝。本课程意在让学生通过对经典钢琴作品的赏析，感知钢琴艺术的魅力，理解作品背后的人文内涵
54	爱上Processing	小型发展	沈老师	技术	Processing 是一门画画的编程语言，在平面设计、艺术创作、交互原型设计、新媒体、建筑规划、图像处理、开源硬件等领域中有着广泛应用。同时，Processing 可以让人们在视觉环境下学习编程，并且语法简单，上手快，为很多人打开了学习编程的大门，是适合零基础编程入门的语言
55	哲学视野下的电影研究	小型发展	张老师	语言与文学	北京大学戴锦华教授曾说："电影与文学是我们望向世界的窗口，是我们破镜而出的可能。"本课程旨在联结电影与文学，运用文学批评方法，从哲学视野考察与分析影视作品。主要涉及《情书》《饮食男女》《卧虎藏龙》等经典影视作品的哲学分析与解读

志存高远——普通高中资优生发展指导

（续表）

序号	课程名称	课程类型	任课教师	课程领域	课程介绍
56	英语听说与译述	小型发展	寿老师	语言与文学	本课程选取政治、社会、财经、自然、科技、娱乐等不同领域的听力素材，带领学生积累词汇并了解不同领域的文化背景知识，通过配套的听力理解练习，引导学生学习如何在听力中有效抓取信息，并通过听后复述训练，训练学生的概述及口头表达能力
57	国期中关建初的苏系	小型发展	刘老师	人文与社会	中苏关系的广度、深度和复杂程度要超过很多其他大国关系。中苏关系集两国关系、两党关系以及两国和两党领导人之间的高层交往于一体，它同时包含了大国关系、社会主义国家间关系、不同文明国家间关系、新型民族国家和欧洲传统大国间关系等广泛内容，并且涉及在国际关系中发挥重要作用的国家利益、意识形态等诸多因素
58	农业变迁	小型发展	刘老师	人文与社会	自 20 世纪 60 年代开始，国际学界认识到，农业起源不是发明或一个历史事件，而是一个漫长的过程，于是研究的范例开始从寻找最早驯化的植物种子，转向探讨狩猎采集经济为何向粮食生产转变的原因和动力机制。本课程主要讨论农业起源、农业生产环节、农业区位

（续表）

序号	课程名称	课程类型	任课教师	课程领域	课程介绍
59	高二化学竞赛1	小型发展	陆老师	科学	有机初步
60	常见统计知识入门及其应用	小型发展	马老师	数学	统计学是一门很古老的科学,起源于研究社会经济问题,在国民经济生活中有着很强的应用。《普通高中数学课程标准（2017年版2020年修订）》规定的必修与选择性必修课程中有一些统计知识的基本概念,如一元线性回归、独立性检验等。本课程旨在介绍选修内容中的基础知识,拓展学生对统计学的了解,帮助学生发展志趣。主要涉及的内容有重要的连续分布、中心极限定理、置信区间、泊松分布、假设检验、马尔科夫链等。前置知识不会影响本课程的选择
61	走近歌剧	小型发展	陈老师	人文与社会	歌剧集音乐、文学、舞蹈、戏剧、美术于一体,被誉为"西方古典皇冠艺术"。本课程巧借形式多样的现代"身边歌剧"敲开歌剧之门,通过对高上演剧目的介绍和经典唱段的赏析,了解歌剧艺术的特征,感受歌剧艺术的魅力,从而提升艺术鉴赏能力和艺术审美高度

（续表）

序号	课程名称	课程类型	任课教师	课程领域	课程介绍
62	探秘基因编辑技术	小型发展	耿老师	科学	现代生物学技术迅猛发展,其中基因编辑技术尤为受到关注。基因编辑是指对目标基因进行删除、替换、插入等操作,以获得新的功能或表型。目前最为广泛使用的基因编辑技术 CRISPR/Cas9 的发明者被授予 2020 年诺贝尔化学奖。基因编辑技术的发展经过了几代技术革新,不同技术之间有其各自的优缺点。请跟随老师走进基因编辑技术世界
63	认识大闸蟹（一）	小型发展	肖老师	科学	中华绒螯蟹,俗称"大闸蟹",因其味道鲜美而受到很多人的喜爱,是我国重要的经济物种,也是极具代表性的甲壳动物。本课程将带领大家深入认识大闸蟹的内部结构、生理机能及生活史,还有一些实用的大闸蟹知识及科学研究。学生可动手解剖大闸蟹(课程一和课程二内容相同,大家不必重复选择)

（续表）

序号	课程名称	课程类型	任课教师	课程领域	课程介绍
64	英美诗歌入门	小型发展	牛老师	语言与文学	诗歌是最古老的文学形式之一，英语诗歌所蕴含的音乐美、形式美和意境美使我们不能忽略其在教学中独特的价值和作用。英诗世界包罗万象、博大精深，由于时间所限，本课程不可能系统、全面地介绍英语诗歌的发展。但是，通过研读名篇名作，本课程将有助于初步培养学生对英美诗歌的鉴赏能力，增强学生对西方文学的了解。本课程将按照不同主题，选取不同时期代表性诗人的代表性作品和学生展开研讨和鉴赏，以期增强学生的语言基本功
65	英文短篇小说赏析（第一轮）	小型发展	李老师	语言与文学	本课程选取著名短篇小说作家的作品，引导学生精读，帮助学生熟悉英语短篇小说原著的语言风格和特点，理解小说中呈现的情感和文化，探讨英美文化中的重要母题。本课程将引入创意续写、改编电影赏析等活动，提高学生对英语文学、文化的兴趣，锻炼学生的写作及多模态赏析能力

（续表）

序号	课程 名称	课程 类型	任课 教师	课程 领域	课程介绍
66	华兹华斯诗歌选读	小型发展	胡老师	语言与文学	华兹华斯是英国浪漫主义时期著名诗人,"湖畔诗人"的领袖,其诗歌作品清新而又深刻,开创了新鲜活泼的浪漫主义诗风。本课程旨在带领学生了解华兹华斯具有代表性的诗歌作品,体会作者对自然的歌颂和热爱,以及对人性和自我的推崇。通过精读简单诗歌片段,可以拓宽学生的视野,培养学生的文学鉴赏能力
67	美国南北战争	小型发展	刘老师	语言与文学	本课程旨在引导学生了解美国南北战争时期历史,着重介绍战争发生背景、过程和历史影响,其间涉及杰出历史人物和重要历史文献,充实学生对美国历史的认识
68	莎士比亚十四行诗探微（一）	小型发展	王老师	语言与文学	400多年前的一场瘟疫使莎士比亚"解锁"了除剧作家外的新成就——成为一名诗人。他把自身经历融入154首十四行诗中,巧妙书写了玫瑰、元素、海洋等载体,探索了诗艺、时间、易逝与永恒等迷人的话题。本课程以莎士比亚著名的十四行诗为主要文本,带领学生了解莎士比亚和十四行诗的基础知识,感受诗歌的节奏和韵律美,提高学生的英语文学鉴赏能力。此外,本课程还将引领学生一窥诗歌中反映的时代背景,增进对文艺复兴时期的认识

（续表）

序号	课程名称	课程类型	任课教师	课程领域	课程介绍
69	德奥艺术歌曲演唱	小型发展	张老师	艺术	美声唱法起源于欧洲,被称为贵族式的高雅歌唱方法,能调动人体所有共鸣腔体,使你拥有辉煌明亮的音色。艺术歌曲是西方音乐史上举足轻重的声乐体裁,是诗歌、人声、音乐的完美结合,所选诗词具有高度文学性。在诸多国家的艺术歌曲中,德奥艺术歌曲因其独特的思想性、艺术性、创造性而成为典范。来体验专业的声乐训练,感受德奥艺术歌曲中的浪漫和优雅气质吧
70	数据科学应用导论	小型发展	袁老师	STEM+	本课程以大数据的实际应用开展教学。在教师指导下,学生对数据科学的研究过程形成初步印象,并通过自己的编程实践完成项目。本课程主要围绕 Python 基础编程知识、数据科学知识(包括但不限于:数据爬虫、可视化、数据质量检验、推荐算法等)等方面展开。注意:考虑到编程基础,本课程仅限高二学生选择
71	工业机器人(上)	小型发展	赵老师	技术	工业机器人(上)

（续表）

序号	课程名称	课程类型	任课教师	课程领域	课程介绍
72	阿卡贝拉（第一期）	小型发展	张老师	艺术	阿卡贝拉是当前大众所喜爱的艺术形式，更是引领潮流，为年轻人所钟爱的音乐表演形式。这种无伴奏的多声部演唱方式，融合古典、流行、爵士等音乐风格，为学生带来多样性的艺术体验。本课程意在吸纳具有良好音准、乐感，富有表演激情的学生，同时通过学习提高歌唱技巧，培养团队合作精神，积累舞台经验，积极参与校内外艺术活动与赛事
73	阿卡贝拉（第二期）	小型发展	张老师	艺术	介绍同上
74	中国古代乐史	小型发展	李老师	艺术	中国古代文化历史悠久，音乐文化作为其中重要的组成部分，更凸显中华文明的璀璨。通过了解我国古代音乐的发展变迁，可以增强对中国文化的认同和归属感，并有助于我们深入体会中国音乐作品的文化内涵和底蕴，从而更好地传承、发扬民族文化与精神

（续表）

序号	课程名称	课程类型	任课教师	课程领域	课程介绍
75	高 二 生 物 竞 赛 提 高 （上）	小型发展	王老师	科学	本课程为生物竞赛小班锁定课程，主要围绕"遗传与进化"和"生态学"两个模块展开，兼顾生物竞赛第一轮复习
76	高 二 生 物 竞 赛 提 高 （下）	小型发展	王老师	科学	介绍同上
77	信 息 学 奥 赛 （一）	小型发展	毛老师	技术	供信息学奥赛学生学习、交流、备战
78	信 息 学 奥 赛 （二）	小型发展	毛老师	技术	介绍同上
79	金 融 实 验 （二）	小型发展	蔡老师	STEM+	实验教学课：金融模拟与实验、实验金融学、基金投资学、贵金属分析、金融市场与金融机构等

（续表）

序号	课程名称	课程类型	任课教师	课程领域	课程介绍
80	音乐剧赏析	小型发展	于老师	艺术	音乐剧是 19 世纪末 20 世纪初兴起的一门新兴的综合舞台艺术,它广泛采用高科技舞美技术,使视觉效果和听觉效果完美结合。本课程以介绍音乐剧起源与发展、音乐剧的特点及著名音乐剧目为主要内容,让学生对音乐剧有一定的认识与了解,从而拓宽知识面,陶冶情操,提高审美情趣
81	社会科学研究中的访谈设计	小型发展	王老师	人文与社会	社会科学研究涉及人的理念、意义建构和语言表达,因此访谈成为一个十分重要的研究方法。对高中生而言,在 CPS、国情民风课程、研究性课题中,访谈都可以成为一种有效有趣的数据收集方式。本课程将介绍访谈的定义和作用、访谈前后的准备工作等,重点在于访谈提纲设计及访谈实施策略。亚里士多德曾指出,善良而符合道德准则的行为离不开做好它的方法。希望这门课能提供一套可以捕捉想法、沟通心灵并为社科研究提供支持的方案

（续表）

序号	课程名称	课程类型	任课教师	课程领域	课程介绍
82	计算机视觉导论——目标检测	小型发展	袁老师	STEM+	本课程围绕目标检测问题开展。学生在这门课中了解到目标检测的原理，逐步完成"手势控制音量"项目。本课程主要围绕 Python 三大顺序结构、二维列表、目标检测原理、模型制作与检验、完成目前检测的任务等方面展开。注意：学生最好有一定的编程基础，原则上不限年级，但请合理评估自己的学习兴趣
83	123D Design 之 3D 创意设计	小型发展	沈老师	技术	近年来，三维创意设计受到越来越多人的关注，其中 Autodesk 公司的 3D 建模软件 123D Design，因其开源、简单、功能强大等优点而成为大家开启三维设计大门的首选工具。本课程将以这款软件为工具，用通俗易懂的语言，系统、全面地讲解 3D 打印模型的制作方法，并结合一些有趣的案例，带领大家迈入三维创意设计的天地，领略三维创意设计的魅力，提升思维和设计能力
84	先秦诸子思想初探	小型发展	俞老师	语言与文学	对现当代中国文化和中国思想进行追根溯源，其中都带有先秦诸子思想观念的基因。本课程通过对先秦诸子思想进行初探，带领学生了解民族思想的早期状况，看见民族智慧

志存高远——普通高中资优生发展指导

（续表）

序号	课程名称	课程类型	任课教师	课程领域	课程介绍
85	高二物理竞赛1	小型发展	蔡老师	科学	高中物理竞赛课程，限物理小班选课
86	高二物理竞赛2	小型发展	蔡老师	科学	高中物理竞赛课程，限物理小班选课
87	音频处理和运用	小型发展	吴老师	艺术	这是一门学习如何用电脑来处理音频文件的课程，学生可以在本课程中学到基础音频知识，如波形、音乐的简单处理（转调、变速等）和一些有关混音的基础知识。最后，为视频编辑音乐。本课程以实例讲解、课堂练习、试听结合的方式为学生展现音频世界的魅力与精彩
88	皮影艺术	小型发展	张老师	艺术	皮影是中国民间古老的传统艺术。中国皮影戏更是人类文化遗产的重要组成部分，已被列入联合国教科文组织"人类非物质文化遗产代表作名录"。中国皮影戏是多种艺术形式历经千年融合而形成的一种独立艺术。本课程将通过了解皮影的相关知识，欣赏皮影艺术的独特魅力

192

（续表）

序号	课程名称	课程类型	任课教师	课程领域	课程介绍
89	钢琴入门	小型发展	肖老师	艺术	本课程的开设面向钢琴零基础或初级水平、对钢琴弹奏感兴趣的学生。在六节课中,学生将系统学习和掌握五线谱、音乐节奏,训练双手的协调性。学生在教师指导下可以独立在钢琴键盘上弹奏作品,并为下阶段的钢琴学习打下扎实基础
90	流行舞	小型发展	张老师	艺术	流行舞的节奏感非常强,在学习过程中既有舞蹈的感觉,又有健身的作用。本课程主要以教授动感的舞姿和强烈的节奏感为主,帮助学生放松心情学习流行舞及各类风格舞蹈,提高学生的艺术修养,增强团队合作意识,提高肢体协调能力和舞蹈感觉。本学期的授课内容包含街舞热身、小组合以及成品小舞蹈。学生穿宽松的运动服装和运动鞋
91	社交舞蹈	小型发展	邱老师	艺术	社交舞蹈又称"交谊舞""交际舞",是源于西方的一种舞伴舞,常见的有华尔兹、探戈等。社交舞蹈是一项塑造人体形象美,促进人与人相互交流与沟通的运动项目。学生通过系统学习,可以掌握舞蹈的基本姿态、华尔兹等舞种的基本套路与表演能力。当今时代中学生的自我意识较强,缺乏相互交流互融,因此更需要培养他们良好的社会交往能力。在本课程的学习中,可以提高学生的个人修养,如风度、礼节和语言智慧等

（续表）

序号	课程名称	课程类型	任课教师	课程领域	课程介绍
92	数学思维拓展	小型发展	张老师	数学	利用清北复交自招中的趣题来拓展数学思维
93	外刊新闻视听说	小型发展	刘老师	语言与文学	本课程是针对上中学生开设的英语媒介素养提高课程。本课程内容涵盖政治、经济、科技、教育、地区冲突、灾难、社交媒体等常见新闻主题，通过与时俱进的国际新闻素材输入和系统的新闻听力策略训练，提升学生英语运用能力，尤其是听说能力和跨文化交际能力；同时，帮助学生熟悉各主题的高频词汇和文化背景，为其日后自主学习英语新闻奠定基础
94	托福听力	小型发展	吴老师	语言与文学	本课程属于英语听力中的提高课程。本课程分析和概括的语料均选自近年考试的真题，完全按照新托福考试要求，帮助学生提高听力专项技能，同时结合上海中学考生的学习特点和需求，旨在提高学生听力测试的语言技能。本课程对新托福听力测试部分 2 段对话及 4 个课堂演讲题型进行剖析及技能讲解，并提供大量的模拟题目供考生练习。目前国内越来越多的考试加入了听力测试，这对考生的听力水平和综合英语技能是一项新的考验

序号	课程名称	课程类型	任课教师	课程领域	课程介绍
95	英语辩论	小型发展	吴老师	语言与文学	本课程属于英语表达能力与思维训练科目。现代社会，人们注重信息交流，演讲与辩论作为交际手段，在人们日常生活中发挥着越来越大的作用。随着英语交流的不断增多，人们愈发重视英语辩论技能的训练。本课程将详细介绍辩论的各个环节及技巧，带领学生观摩全国英语辩论赛半决赛和决赛的精彩辩论实况及专家点评，并开展模拟辩论，让学生参与其中，以拓宽他们的视野和知识面
96	莎士比亚十四行诗探微（二）	小型发展	王老师	语言与文学	介绍同前

（续表）

序号	课程名称	课程类型	任课教师	课程领域	课程介绍
97	托福阅读	小型发展	胡老师	语言与文学	托福是由美国教育测验服务社（ETS）举办的英语能力考试，是世界上规模最大、影响力最大的英语测试之一。经过大量测试数据的验证，托福试题对学术英语水平的考查具有针对性和可靠性，几乎成为北美留学的必经项目。在此背景下，托福阅读文本多取材于原版英语教材，科目繁多，视野开阔，趣味盎然。本课程有助于学生了解托福阅读题型、相关话题背景和相关解题技巧，并在一系列阅读训练中拓宽视野，提升学术英语阅读水平
98	英文短篇小说赏析（第二轮）	小型发展	李老师	语言与文学	本课程选取著名短篇小说作家的作品，引导学生进行精读，帮助学生熟悉英语短篇小说原著的语言风格和特点，理解小说中呈现的情感和文化，探讨英美文化中的重要母题。本课程将引入创意续写、改编电影赏析等活动，提高学生对英语文学、文化的兴趣，锻炼学生的写作及多模态赏析能力
99	数学表演	小型发展	董老师	数学	数学的应用无处不在，生活中诸多表演都与数学息息相关。在本课程中，学生将会观赏到记忆术、猜硬币、博弈游戏等节目，希望学生在领略有趣的表演之余，也能学到其背后蕴含的数学原理

（续表）

序号	课程名称	课程类型	任课教师	课程领域	课程介绍
100	中式英语之鉴	小型发展	寿老师	语言与文学	本课程选取汉译英中常见的中式英语案例，带领学生从用词、句式、语篇等角度分析中英两种语言的差异，并进行修改润色。本课程旨在帮助学生学习如何分辨并克服中式英语问题，从而写出更地道的英语
101	从战争看美国史	小型发展	常老师	人文与社会	本课程从战争角度探究美国史，了解美国历史上的重大战争，理解其前因后果，整体把握美国历史。在授课过程中，通过英文资料和课堂讨论，学生增强阅读理解能力和表达能力，培养史学素养
102	古希腊悲剧	小型发展	昂老师	语言与文学	选读古希腊悲剧《被缚的普罗米修斯》《俄狄浦斯王》《安提戈涅》《美狄亚》
103	空手道	小型发展	陆老师	体育与健康	空手道流派众多，本课程以练习者较多的全接触式空手道为教学体系进行教学，向学生传授具有此派空手道特点(简单、直接、有效)的技术动作。空手道技术全面，涵盖拳腿、肘膝、掌指、摔投、兵器类，可以让学生在每节课上学习不同动作，从而达到强健体魄、提高自制能力、增加防身意识、以武修身的目的

（续表）

序号	课程名称	课程类型	任课教师	课程领域	课程介绍
104	跆拳道	小型发展	陆老师	体育与健康	本课程主要以奥运会采用的跆拳道体系为教学体系,让学生进行学习,向学生传授跆拳道精神,使他们了解比赛形式、一些简单有效的攻防动作。考虑到女生较多,会加入一些防身意识的教学。最后,进行不接触的模拟比赛,让学生体会实战的乐趣
105	剑道1	小型发展	陆老师	体育与健康	本课程主要针对零基础学生,让他们体验原汁原味的剑道礼仪礼节和文化,了解并学习剑道的基本击打、基本防守以及步伐的技战术。授课教师由外聘武馆教师担任
106	剑道2	小型发展	陆老师	体育与健康	介绍同上
107	生物培养技术（一）	小型发展	蔡老师	科学	本课程主要学习生物培养的一些基础知识、培养条件、培养方法,了解生物培养的发展过程;通过采集培养身边的微生物、植物等一系列实验,培养学生对生物培养的兴趣

（续表）

序号	课程名称	课程类型	任课教师	课程领域	课程介绍
108	生物培养技术（二）	小型发展	蔡老师	科学	介绍同上
109	环境问题观察	小型发展	邓老师	科学	本课程是一门面向对环境保护有兴趣的学生开设的环保入门课程,主要讲述环境问题与环境科学的基本入门知识。本课程选取上海地区一系列环境问题作为主要教学内容,涉及"苏州河与水污染""发电厂与大气污染""城市垃圾何去何从""东滩湿地与鸟类保护"等话题,以一种身临其境的方式触发感官认识和思维碰撞,促进学生形成环境问题意识和可持续发展理念
110	认识大闸蟹（二）	小型发展	肖老师	科学	介绍同前

序号	课程名称	课程类型	任课教师	课程领域	课程介绍
111	电影音乐赏析	小型发展	陈老师	艺术	随着电影艺术的不断发展,电影音乐作为电影艺术不可分割的重要组成部分已成为不可忽视、广受关注的文化艺术形态。本课程以电影音乐的发展、分类、功效为脉络线条,通过鉴赏风格多样的经典电影配乐,培养学生的艺术鉴赏能力、审美情趣和综合艺术素养
112	空中的眼睛——遥感基础与应用	小型发展	李老师	科学	"遥望地球,感知天地"。遥感是当今发展最快的科技领域之一,从服务国家决策到便利人们生活,都有它的身影。运用和研究遥感,离不开相关基础知识。本课程将沿着遥感物理基础—平台与传感器—遥感图像识别与应用这一主线,讲授遥感基础知识及最新应用前景,带领学生从宏观上初步掌握遥感基础理论,理解并掌握遥感的初步应用,激发学生对探究新事物的兴趣,为从事地学遥感方向研究奠定基础
113	油画棒与综合材料	小型发展	谈老师	艺术	油画棒是根据油画材料的特点而发明的一种干性绘画材料,可在纸本、木板上使用,也可与各种媒介、绘画材料综合使用。油画棒具备便携、易操作的特点,兼具可调和、可刮除、可堆叠的特性。近年来,使用油画棒进行创作的艺术作品逐渐增多

序号	课程名称	课程类型	任课教师	课程领域	课程介绍
114	悲剧的哲学解析之古希腊篇	微型发展	邱老师	人文与社会	悲剧是戏剧的主要体裁之一,它常常以悲惨的结局来揭示人性的丑恶、社会的缺陷或命运的不可抗性。如今,"丧文化"流行,一些人似乎如悲剧的主人公一样,失去了目标与希望,沦为"杯具"。然而,悲剧等于"杯具"吗？让我们真正走进悲剧,重新唤起生命深处的悲剧意识
115	几个高中物理知识的拓展3	微型发展	田老师	科学	欢迎选报,让我们一起探讨物理问题
116	微生物实验	微型发展	张老师	科学	微生物实验是生物学重要的基础课之一。特别是随着分子生物学的发展与拓宽,微生物学的方法与技术显得尤为重要。本课程将主要围绕以下几个基础微生物实验展开:培养基的配制、微生物的培养与分离、细菌染色、抑菌实验研究等(实验内容可能会有所调整)。通过本课程的学习,可使学生了解无菌操作技能和无菌概念,认识并掌握各种实验仪器和工具,大致了解细菌的种类与形态,具备基本的微生物实验技术

（续表）

序号	课程名称	课程类型	任课教师	课程领域	课程介绍
117	形形色色的曲线	微型发展	刘老师	数学	刻画一个图形的位置和形状是几何学的重要内容,而坐标系是刻画点的位置及其变化的参照物。有了坐标系,实现了几何代数化和代数几何化,使代数与几何双双受益,创造了解析几何等现代几何学;有了坐标系,才能通过解析表达式深入研究函数,进而促进微积分等现代数学的创生与发展。让我们一起研究各种曲线的参数方程和极坐标方程
118	生殖稳态	微型发展	周老师	科学	每个生物个体,包括人类在内,都需要面对生老病死。人类文明上千年,无数智者对人类的生殖和发育过程提出了诸多的猜测,其间"鱼龙混杂",甚至不乏贻害无穷的歪理邪说。现代社会,生命科学的相关知识普及率并没有达到可以帮助大多数人区别科学与伪科学的程度。高中生物课堂仍有必要开展对相关议题的分析与讨论。生殖是生理的一部分,与其他生理现象一样,平衡稳态是正常安适之态。对如何保持稳态生殖健康,我们也要有所知悉
119	3D打印笔	微型发展	李老师	艺术	3D打印笔为学生发挥想象力、创造力开辟了一个开放空间。它通过材料的逐层累加堆积,制造出形状各异的作品,是基础款的3D打印产品。本课程教授基本的操作方法,同时启发学生发挥想象力和创造力,完成作品的创作

（续表）

序号	课程名称	课程类型	任课教师	课程领域	课程介绍
120	明清瓷器欣赏	微型发展	陈老师	艺术	中国古瓷器温润如玉,明清瓷器上承宋元,在釉彩、纹样造型、品种等方面都有显著提高。本课程通过对明清青花瓷的介绍和精品瓷器的图片赏析,带领学生品鉴明代青花的清新流丽、清代青花的浓淡笔韵和典雅脱俗。除珐琅彩外,粉彩瓷是清代另一个创烧瓷种。粉彩瓷装饰画法上的洗染,吸取了各姊妹艺术中的营养,创造出质感强、明暗清晰、层次分明的瓷器作品。本课程将按时间脉络依次介绍康熙粉彩瓷、雍正粉彩瓷、乾隆粉彩瓷等
121	狄更斯作品欣赏——《雾都孤儿》	微型发展	李老师	语言与文学	狄更斯(1812—1870),英国19世纪文豪。《雾都孤儿》是他的早期代表作。小说在深入揭示社会弊病的同时,也在英国文学史上留下了一连串栩栩如生的人物形象,一百多年来深受读者爱戴。人们视狄更斯为最伟大、最受欢迎的小说家之一。自从他的第一部小说于1836年问世以来,他吸引了全世界形形色色的读者。狄更斯用既深刻又风趣的写作手法把握住了他那个时代的精神

志存高远——普通高中资优生发展指导

（续表）

序号	课程名称	课程类型	任课教师	课程领域	课程介绍
122	博士讲堂	微型发展	林老师	科学	传感器被形象地称为"人类五官的延长"，是帮助人们获取自然和生产领域信息的检测工具。从探索宏观宇宙到感知微观粒子，从工业生产到日常生活，传感器一直在发挥着非常重要的作用。化学传感器用于化学测量，广泛应用于化工生产、环境监测、资源勘探、医学诊断、农渔业观测等领域。本课程从生活中的传感器开始，简要介绍传感器的定义、分类、原理，重点介绍采用光学方法进行检测的化学传感器
123	艺术管理	微型发展	于老师	艺术	本课程放眼国际视野下的艺术管理专业，结合国际知名艺术团体和最新艺术管理案例研究，培养学生对各类艺术活动的管理理念和基本策略，拓宽学生对社会艺术现象的认知视野。本课程具有理论性和实操性并存的特点
124	速写与生活	微型发展	王老师	艺术	速写是一种快速把握物象的能力，需要学生保持对周边事物的敏感度，通过仔细观察找到属于自己的兴趣点并描绘下来或进行艺术处理。本课程的内容：(1)了解基本的速写技法；(2)对艺术大师的速写进行鉴赏与分析；(3)以艺术日记的方式，记录生活中的点点滴滴

序号	课程名称	课程类型	任课教师	课程领域	课程介绍
125	Internet 的变迁与发展	微型发展	王老师	科学	Internet 是人类历史发展中的一个伟大的里程碑，它是未来信息高速公路的雏形，人类正由此进入一个前所未有的信息化社会。本课程将从 Internet 的起源谈起，分析 Internet 在国内外的发展情况，并探讨最新的 Internet 应用技术（IPv6、物联网等），叙述 Internet 变迁和发展的概貌
126	咸丰王朝	微型发展	顾老师	人文与社会	讲述咸丰王朝的故事
127	科普英语	微型发展	吴老师	语言与文学	本课程所选的文章均来自近期国外原版杂志和网站，旨在带领学生了解并探讨科学发展及其应用
128	英国女王演讲	微型发展	牛老师	语言与文学	在位 70 年，英国女王伊丽莎白二世发表了许多举世闻名的演讲。在本课程中，教师将带领学生剖析英国女王的三篇经典演讲，让学生领略英国社会文化，感受女王演讲的魅力

志存高远——普通高中资优生发展指导

序号	课程名称	课程类型	任课教师	课程领域	课程介绍
129	几个高中物理知识的拓展4	微型发展	田老师	科学	介绍同前
130	几个高中物理知识的拓展2	微型发展	田老师	科学	介绍同前
131	几个高中物理知识的拓展1	微型发展	田老师	科学	介绍同前
132	生殖与发育	微型发展	张老师	科学	每个生物体,包括人类在内,都需要面对生老病死。人类文明上千年,无数智者对人类的生殖和发育过程提出了诸多的猜测,其间"鱼龙混杂",甚至不乏贻害无穷的歪理邪说。本课程内容包括受精、卵裂、原肠胚形成、器官发生、变态、再生、衰老等。对发育过程的研究有助于人们理解"生命周期",破除迷信、辨别伪科学以及掌握发育规律是生物学特有的研究思路

（续表）

序号	课程名称	课程类型	任课教师	课程领域	课程介绍
133	Hands on science 地理实践科学营	微型发展	陈老师	STEM+	"做中学""动动手"是本课程的主要目的。在地理实践科学营中,学生可以设计并实践模拟地球现象的小实验,如热力环流、洋流等,在探索中发现原理,在原理中享受科学的乐趣
134	宋代插花艺术欣赏	微型发展	刘老师	艺术	宋代是中国古代插花艺术的鼎盛时期,既具有自然写真的风格,又具有浓厚的人文气息,以"花"作为主要素材,在瓶、盘、碗、缸、筒、篮、盆七大花器内营造独特的艺术造型,融诗、书、画、花为一体。本课程通过欣赏不同种类造型的插花艺术作品,使学生对中国传统插花艺术有基本的了解
135	日本花道欣赏	微型发展	刘老师	艺术	日本花道最早来自中国隋代的佛堂供花,传到日本后,被日本的新兴花道流派吸收和研究。日本花道根据样式和技法的不同,派生出各种流派。本课程向学生介绍三个日本花道的主流流派——池坊、小原流、草月流

（续表）

序号	课程名称	课程类型	任课教师	课程领域	课程介绍
136	认识酶标仪	微型发展	耿老师	科学	微孔板比色计酶标仪的基本功能涉及测定波长范围和吸光度范围、光学系统、检测速度、震板功能、温度控制、定性和定量测定软件等,全自动酶免疫分析系统还具有自动洗板、温育、加样等功能。教师会带领学生熟悉酶标仪的构造,并进行一系列光学实验
137	3D建模赏析	微型发展	李老师	艺术	3D打印(3DP)作为一个新兴的技术门类近年慢慢融入我们的生活与校园,打印的内容不再局限于工业造型、医学。在本课程中,学生会了解什么是艺用3D打印,了解如何使用3D打印机以及如何自己生成并打印作品
138	现代物理浅谈	微型发展	汤老师	科学	本课程旨在介绍一些简单的现代物理知识,包括1课时的相对论和2课时的量子论
139	陈洪绶的线描世界	微型发展	吉老师	艺术	中国人物画的发展从元代开始总体呈下降趋势,而陈洪绶的出现给人物画坛带来了新的生机。他的个人风格开创了明清画坛的新风。陈洪绶继承传统又别开生面,特定的社会心态和审美趣味成就了他独特的艺术样式,线描更是其作品中的精髓所在

序号	课程名称	课程类型	任课教师	课程领域	课程介绍
140	国内外经典特摄剧赏析	微型发展	吉老师	艺术	特摄片,现今专指用特摄技术拍摄出来的影视剧。特摄片的主要特色是,真人演员穿着紧身戏服或套着怪兽戏服表演,并以手工制作的微缩模型为场景。其特效场景如山洪暴发、喷火爆炸、高楼倒塌等也是手工制作的。真人表演起到关键作用,至多辅以激光等极少数视觉特效
141	哈利·波特的遗传学世界	微型发展	耿老师	科学	在哈利·波特的魔法世界中有着诸多家族,在这些家族中有许多有意义的遗传学现象。比如,为什么韦斯莱家族都是红发的?为什么金妮与一头黑发的哈利·波特所生的女儿莉莉·卢娜·波特也是一头红发呢?魔法到底是隐性性状还是显性性状?哈利·波特的魔法世界妙趣横生,遗传学世界也十分精彩。下面请跟随教师的步伐一起走进哈利·波特的遗传学世界
142	青铜器鉴定和赏析	微型发展	平老师	艺术	青铜鉴定首先要解决的是其名称、功能、用途的问题。本课程将通过对青铜器的形名鉴识、纹饰鉴识来对青铜进行赏析,从而让大家走入青铜时代。本课程仅限没上过中国美术欣赏课的学生选修

序号	课程名称	课程类型	任课教师	课程领域	课程介绍
143	设计的基本原理	微型发展	李老师	艺术	本课程通过对设计方法的介绍，让学生认识设计的整个过程，帮助学生学会如何了解用户需求，如何从设计角度让媒介和用户之间产生连接和交互。课程整体分为三个部分，即设计的基本理论、设计作品鉴赏（了解什么是受众的需求，如何进行调研）、受众分析
144	荒木飞吕彦服装设计鉴赏	微型发展	李老师	艺术	荒木飞吕彦是日本知名漫画家，了解他的人都知道他的专业是服装设计。其经典作品《JOJO的奇妙冒险》展现了他在服装设计上的天赋和能力。正因为这部作品的成功，他受邀在巴黎卢浮宫参展。他还与GUCCI联动，参与服装设计。本课程通过对漫画故事背景的讲解，逐一引入不同人物的服装，并对服装进行深入的讲解，其中包括服装对人物特质的影响和提升以及服装风格的历史变迁
145	毕加索作品赏析	微型发展	袁老师	艺术	毕加索是现代艺术中最具代表性和影响力的艺术家之一，他一生中画风几经变化。本课程通过毕加索作品赏析，让学生对毕加索作品有全面了解

（续表）

序号	课程名称	课程类型	任课教师	课程领域	课程介绍
146	剪纸艺术	微型发展	成老师	艺术	中国的剪纸艺术源远流长,是中华文化的重要表现形式之一,体现着中国人的精神与审美。剪纸艺术最早因人们的驱邪祈福与交际需求而产生,经过几千年的不断传承与发展,已经成为中国最具有代表性的民间传统手工艺之一。我们会了解剪纸的文化背景知识,学习如何剪基础纹样并用于团花剪纸的创作
147	中国结艺	微型发展	陈老师	艺术	中国结是一种具有中国特色的手工编织工艺品,它所显现的情绪与智慧正是中华古老文明的一个侧面。自旧石器时代的缝衣打结,至汉朝的仪礼记事,再演变成今日的装饰手艺,中国结的发展历史贯穿人类史始终。漫长的文化积淀使中国结渗透着中华民族特有的、纯粹的文化精髓,富含文化底蕴与美好寓意
148	西方服装史	微型发展	陈老师	艺术	西方服装史是以西欧国家为主,可上溯至美索不达米亚和古埃及的人类服装发展史。西方服装所体现出来的与东方服装相迥异的风格,特别是其中所蕴含的文化底蕴,代表了人类服装发展中的一个重要组成部分

（续表）

序号	课程名称	课程类型	任课教师	课程领域	课程介绍
149	工程科学与创新思维（高一）	大型发展	费老师	技术	根据全国基础教育对人才培养与综合素质评价的要求，我校与同济大学共同探讨并联合开设大学先导课程"工程科学与创新思维"。本课程内容涵盖工学、管理学等学科领域，涉及工程科学与技术、创新创业、可持续发展、方法论及逻辑学等课程。本课程为先导课程，学生可根据个人兴趣选择智能汽车、智能制造、土木工程与计算机科学等后续课程
150	航空实践课程（高一）	大型发展	田老师	科学	本课程欢迎有志于中国航空领域、勤于动手实践、善于团队合作的学生选修。课程内容包括：航空发展史、飞行器概况、飞行原理、飞机的飞行性能、动力与能源系统、飞行操控系统、空气动力学等
151	大学物理先修课（力学）	大型发展	汤老师	科学	本课程内容是大学物理力学中的框架性内容。大学物理课程主要利用以微积分为主的数学工具，使物理内容的推演及构建更严格、更具数学化。本课程开始时介绍一些微积分的相关内容，并在整个教学过程中大量使用

（续表）

序号	课程名称	课程类型	任课教师	课程领域	课程介绍
152	编绳艺术	大型发展	陈老师	艺术	古有编绳以记事,绳结是手工艺中不可或缺的重要部分。本课程将通过学习中国结及西方 Macrame 编绳艺术,使学生对绳结有一个系统性的认识,并进行编织作品的设计与创作。在生活中遇到死结,你会选择剪断还是耐心解开呢?绳结艺术要求较强的空间逻辑和动手能力,持之以恒,才能绵延千年
153	中国画	大型发展	平老师	艺术	中国画是中国传统绘画的一种,这是一门绘画技法课程。本课程分为中国写意画和中国工笔画两个单元。中国写意画即用简练的笔法描绘景物,多画在生宣上,纵笔挥洒,墨彩飞扬,较工笔画更能体现所描绘景物的神韵,也更能直接地抒发作者的感情。中国工笔画即以精谨细腻的笔法描绘景物的中国画表现方式,须画在经过胶矾加工的绢或宣纸上。工笔画一般先画好稿本,后复上有胶矾的宣纸或绢;先用小笔勾勒,后随类敷色,层层渲染
154	大学化学先修课程	大型发展	黄老师	科学	本课程主要包括物质结构、四大平衡和化学热力学三方面的内容。课程目标是让中学生加深对化学学科的认识,了解相关学科的前沿进展,开阔视野,打通从中学到大学的人才培养渠道,促进教育体系的平滑衔接

志存高远——普通高中资优生发展指导

（续表）

序号	课程名称	课程类型	任课教师	课程领域	课程介绍
155	走进法的世界	大型发展	王老师	人文与社会	华东政法大学组成豪华阵容讲师团走进上中校园,开设法律课程,带我们"走进法的世界"。本课程主要包括刑法、刑事诉讼法、国际刑法、国际法、民法典、民事诉讼法等。学期中安排一次法院庭审观摩
156	工程科学与创新思维——土木工程	大型发展	费老师	技术	本课程是上海中学与同济大学合作课程
157	素描肖像	大型发展	王老师	艺术	素描作为绘画中的基础核心课程,是一切造型艺术的基础,是以单一颜色描绘自然界中各种物象形体、特征、空间、质感等多种造型因素的艺术表现形式。它涉及对人类文化中丰富精湛的造型传统的继承和未来对复杂形体的刻画及表达能力的发展。本课程着重对人物肖像的刻画和深入塑造,以长期作业的形式要求学生准确把握造型,掌握一定的深入塑造能力,能表达人物的状态,由此提升学生的素描能力

（续表）

序号	课程名称	课程类型	任课教师	课程领域	课程介绍
158	微电影制作	大型发展	何老师	艺术	本课堂内容包括：编剧学理论、戏剧影视编剧、广播电视编导
159	昆虫的捕捉处理及标本制作	大型发展	周老师	科学	昆虫学是以昆虫为研究对象的科学，对昆虫进行观察、捕捉、饲养和标本制作等工作后进行研究，涵盖了整个生物学规律的范畴，包括进化学、生态学、行为学、形态学、生理学、生物化学、遗传学等方面。本课程在科学保护研究者的基础上，高效获取昆虫，对网捕、扫捕、灯光诱捕等方法进行讲解和实践，通过各类标本制作原理讲解和实践、分目检索表的使用等项目学习和体验，使学生形成对昆虫及其近亲的深入了解，更好地认识大自然
160	法语入门	大型发展	徐老师	语言与文学	中法两国之间的友谊历史悠久。自从 1964 年法国与中国建立外交关系以来，中法两国从未停止在文化、教育、科技和经济领域中的合作。交流的根本是人与人的交流，特别是两国青少年之间的交流。为顺应时代的需要，上海中学开设了法语发展课，让学生通过课堂学习、课后交流，学会用法语进行基本交流，了解法国文化，为中法交流尽自己的力量

（续表）

序号	课程名称	课程类型	任课教师	课程领域	课程介绍
161	电脑音乐制作与创作	大型发展	张老师	艺术	本课程通过分析声音属性，并对声音进行收集采样的实践过程，增加学生对数字音频制作、创意作曲、MIDI原理以及编配形成体系的认知
162	AP生物	大型发展	姚老师	科学	AP生物是由美国大学理事会（College Board）提供给对生物有兴趣的高中生提前学习大学生物的一门课程。学生通过参加每年5月全球的AP生物学考试来换取大学生物学课程的学分。AP生物学主要是让学生在高中生物学习的基础上更加深入和更大范围地了解生物学的内容，并且将理论更多地与实践内容结合。本课程涉及的主题包括但不限于：细胞和细胞反应、遗传、分子生物学、进化、生理学等
163	走进国粹"五禽戏"	大型发展	全老师	体育与健康	中医文化是中华传统文化的重要组成部分和杰出代表，担负着民族文化传承的重要使命。本课程激发学生对中医文化的兴趣，掌握中医理论基础，让学生通过五禽戏功法的实践体会中医智慧，既可以强身健体，又可以领会中医健康观。本课程包括中医针灸、中医心理、中药学等基础理论知识，期待课程学习能提升学生的健康素养

（续表）

序号	课程名称	课程类型	任课教师	课程领域	课程介绍
164	丝网版画	大型发展	袁老师	艺术	丝网版画是传统版画中的一大类。丝网版画的运用非常广泛,其特点是画面肌理丰富、色彩绚丽、承印物多样等。通过本课程,学生了解丝网版画产生发展的历程,了解丝网版画的艺术特点和技术工艺;亲身体验丝网版画从制版到印刷的整个过程,掌握丝网版画的基本技能,能独立完成一般的丝印工作和进行初步的丝网版画创作。本课程注重动手能力的培养以及工作程序的科学性、秩序性,帮助学生养成良好的逻辑思维习惯
165	金融实验课(三)	大型发展	蔡老师	人文与社会	金融科技课:金融统计与金融建模、区块链技术在金融中的应用、金融量化分析、程序化交易等

（续表）

序号	课程名称	课程类型	任课教师	课程领域	课程介绍
166	高二科技班、工程班专门课程（信息科技方向）	大型发展	沈老师	技术	本课程为高二科技班、工程班选择信息科技方向课题的学生开设。学生可以在课上查询资料，开展小组讨论，与指导教师一对一交流，也可以向学校借用专门的实验室和实验器材。学生在高二上半学期结束时须完成课题，并参加相关比赛。注意：本课程为高二科技班、工程班选修课程，学生名单已锁定
167	高一科技班、工程班专门课（海洋方向）	大型发展	李老师	科学	本学期海洋方向专门课以授课为主，以研究为辅。2021 年 10 月 9 日，邀请上海交大船舶与海洋工程系副主任王磊教授讲授广告课，供科技班、工程班学生选择方向。11 月起，邀请上海交大船舶与海洋工程系教授讲授海洋工程方向的研究，华东师范大学河口海岸科学研究院陈启晴教授讲授海洋化学方向的研究，上海海洋大学何培民教授讲授海洋生物学方向的研究，供学生选择。教师组织学生进行开题预答辩，于学期末进行正式开题答辩
168	高一科技班、工程班专门课程（物理方向）	大型发展	徐老师	科学	高一科技工程班专门课程（物理方向）

（续表）

序号	课程名称	课程类型	任课教师	课程领域	课程介绍
169	高二科技班、工程班专门课程（化学方向）	大型发展	张老师	科学	化学专门课程由各重点高校化学系专家、教授参与设计和讲授，并直接参与课题探究指导。本课程的难度相当于或略高于国外大学预科水平，重在给学生以知识铺垫、方法指导、信息储存、思维训练和志向引导，注重引领学生在探究过程中学习专门知识，克服遇到的困难，强调个人探究与导师指导，个人学习与团队合作相辅相成
170	工程科学与创新思维——智能制造	大型发展	李老师	STEM+	智能制造是一种由智能机器和人类专家共同组成的人机一体化智能系统，它在制造过程中能进行智能活动，如分析、推理、判断、构思、决策等。目前，我国和世界其他国家都已将智能制造设定为制造强国建设的主攻方向。本课程是基于高一发展课"工程科学与创新思维"开设的进一步细化、深化研究的课程，主要内容为智能制造、人工智能相关的理论研究与实验课程
171	高二科技班、工程班专门课程（社科方向）	大型发展	王老师	人文与社会	通过本课程，学生学习并运用社会科学研究方法，完成社会科学论文

（续表）

序号	课程名称	课程类型	任课教师	课程领域	课程介绍
172	GIS在城市研究中的应用	大型发展	邓老师	技术	GIS指地理信息系统，是信息化社会的一种新型工具，通过地理位置的测算，对地理空间分析给出决策。基于地理位置，每种地理要素（如道路、森林）都可以作为一个图层，如果把不同图层叠加在一起，世界将以另一种形式呈现在我们眼前。在课程中，对不同地理要素进行绘制、叠加、综合分析，我们可以发现某一要素或几个要素的规律，从而更好地认识我们的世界
173	高一数学拓展	大型发展	周老师	数学	本课程以自主招生难度为定位，以完善学生知识框架、提升学生数学素养为目标，在新课标基础上，进一步补充数学知识，让学生以更高、更新的观点看到数学问题背后蕴含的深层思想
174	航空实践课程（高二）	大型发展	田老师	科学	介绍同前

（续表）

序号	课程名称	课程类型	任课教师	课程领域	课程介绍
175	高二数学竞赛	大型发展	王老师	数学	本课程以全国联赛大纲为依据，以提高学生素养为目标，以代数不等式和平面几何为主线，全面渗透相关知识，完善各板块内容，适当渗透数论、组合知识，介绍宏观下的代数观点，通过典型问题介绍，让学生理解各板块间的相互关联性
176	高二科技班、工程班专门课程（智能工程方向）	大型发展	程老师	STEM+	本课程为喜爱工程的学生提供了一个平台，以专门课程及课题项目的形式展开，涉及 Arduino 编程、传感器原理、机器人工程概论等知识。本课程的评价方式以学生自行搭建机器人并进行团队演示与讨论答辩为标准
177	工程科学与创新思维——软件工程	大型发展	王老师	科学	本课程依托同济大学软件学院教师的校外指导，学生通过一学期的自主学习，完成课题的中期和结题报告的撰写
178	工程科学与创新思维——智能汽车	大型发展	费老师	技术	本课程是基于高一发展课"工程科学与创新思维"开展的进一步细化、深化研究的课程，主要内容为与智能汽车相关的理论研究与实验课程

序号	课程名称	课程类型	任课教师	课程领域	课程介绍
179	高二科技班、工程班专门课程（生物医药方向）	大型发展	郑老师	科学	完成课题研究,撰写论文,参与各种比赛
180	高二科技班、工程班专门课程（通信方向）	大型发展	章老师	科学	高二科技班、工程班专门课程
181	高二科技班、工程班专门课程（土木工程方向）	大型发展	陈老师	技术	限高二科技班、工程班已选土木方向的学生选择

（续表）

序号	课程名称	课程类型	任课教师	课程领域	课程介绍
182	高二数学竞赛（上）	大型发展	佘老师	数学	本课程以数学竞赛为定位，以完善学生知识框架、提升学生数学素养为目标，在新课标基础上，进一步补充数学知识，让学生以更高、更新的数学观点看待数学问题背后蕴含的深层思想
183	高二科技班、工程班专门课程（能源环境方向）	大型发展	黄老师	科学	高二科技班、工程班专门课程（能源环境方向）
184	高二科技班、工程班专门课程（海洋方向）	大型发展	陈老师	科学	本课程中，教师将与学生一起研究各自的课题，同时邀请大学教授进行指导

（续表）

序号	课程名称	课程类型	任课教师	课程领域	课程介绍
185	高二科技班、工程班专门课程（类脑智能方向）	大型发展	陈老师	科学	理解大脑的结构与功能是 21 世纪最具挑战性的前沿科学问题之一。本课程通过让学生了解当今世界大脑研究最前沿的内容,学习基础课程和系统认知、分子发育、疾病等内容,邀请华山医院、复旦大学专家辅导,培养学生医学思维、生物实验设计基本规范及动手能力,加强学生的软件编程能力、数学分析能力,并提高学生对脑科学、类脑以及人工智能的理解和兴趣,促进学生的全面发展
186	高二科技班、工程班专门课程（物理方向）	大型发展	罗老师	科学	本课程采用大中学合作的"双师制",校外导师为上海交通大学物理与天文学院和李政道研究所的教授,校内师资包括一位物理教师和物理实验室实验员。校外导师团队完成概论课及主题课,同时负责学生在做课题过程中的开题,保证学生的研究内容的可行性。学生可以使用的实验室资源包括物理实验室、工程实验室以及光学实验室,物理实验员和校内导师一起负责辅助学生完成课题所需要的实验设备搭建

（续表）

序号	课程名称	课程类型	任课教师	课程领域	课程介绍
187	高一科技班、工程班专门课程（社科方向）	大型发展	邱老师	人文与社会	本课程中,学生学习并运用社会科学研究方法,完成社会科学论文
188	高一科技班、工程班专门课程（脑科学方向）	大型发展	全老师	科学	理解大脑的结构与功能是21世纪最具挑战性的前沿科学问题之一。本课程通过让学生了解当今世界大脑研究最前沿的内容,学习基础课程和系统认知、分子发育、疾病、类脑等四大模块部分,邀请华山医院、复旦大学等专家进行辅导,培养学生医学思维、生物实验设计基本规范及动手能力,加强学生的软件编程能力、数学分析能力,并提高学生对脑科学、类脑及人工智能的理解及兴趣,促进学生全面发展
189	高一科技班、工程班专门课程（类脑智能方向）	大型发展	全老师	科学	本课程通过让学生了解当今世界大脑研究最前沿的内容,学习基础课程和系统认知、分子发育、疾病、类脑等四大模块部分,邀请华山医院、复旦大学专家进行辅导

（续表）

序号	课程名称	课程类型	任课教师	课程领域	课程介绍
190	高一科技班、工程班专门课（计算机方向）	大型发展	徐老师	科学	高一专门课程
191	高一科技班、工程班专门课程（土木工程方向）	大型发展	陈老师	技术	本课程面向高一科技班、工程班对土木工程课题研究感兴趣的学生
192	高一科技班、工程班专门课程（生物医药方向）	大型发展	朱老师	科学	本课程为学生提供生物医药方面的研究进展，外聘教授指导学生进行文献阅读、综述书写、选题、开题、实验、论文书写等一系列科学研究的基本过程，让学生对生物医药领域有更深入的了解

（续表）

序号	课程名称	课程类型	任课教师	课程领域	课程介绍
193	高一科技班、工程班专门课程（化学方向）	大型发展	刘老师	科学	高一化学专门课程
194	高一科技班、工程班专门课程（通信方向）	大型发展	吴老师	科学	高一科技班、工程班专门课程（通信方向）
195	高一科技班、工程班专门课程（能源环境方向）	大型发展	肖老师	科学	高一科技班、工程班专门课程（能源环境方向）

志存高远——普通高中资优生发展指导

（续表）

序号	课程名称	课程类型	任课教师	课程领域	课程介绍
196	高一科技班、工程班专门课程（智能工程方向）	大型发展	程老师	STEM+	本课程为喜爱工程的学生提供了一个平台，以专门课程及课题项目的形式展开，涉及 Arduino 编程、传感器原理、机器人工程概论等知识。本课程的评价方式以学生自行搭建机器人并进行团队演示与讨论答辩为标准
197	纳米光子学	大型发展	赵老师	科学	本课程由上海理工大学教师授课
198	高一强基培训	大型发展	陈老师	数学	本课程内容是不等式和函数，同时介绍一些微积分的入门知识，参加对象为数学基础较好且对数学感兴趣的学生（最好已经预习过高一数学上的内容）
199	高二数学强基计划	大型发展	沈老师	数学	本课程与高二年级数学必修课内容基本同步，针对强基计划作拓展训练，主要涵盖立体几何、概率统计、数列等内容，训练难度与高考压轴题和全国高中数学联赛一试题相近
200	插花（上）	大型发展	刘老师	艺术	本课程旨在让学生在欣赏花道的过程中，感受自然真，在学习插花的布局与技法中，表现艺术美，培养艺术感觉

（续表）

序号	课程名称	课程类型	任课教师	课程领域	课程介绍
201	高一数学竞赛	大型发展	冯老师	数学	本课程以全国联赛大纲为依据,以提高学生素养为目标,以数论为主线,全面渗透相关知识,完善各板块基础内容,并且适当渗透代数知识,介绍代数观点,希望通过典型问题介绍,让学生理解各板块内容之间的相互关联
202	油画（上）	大型发展	谈老师	艺术	油画是西方绘画的主要画种,也是绘画中最具表现力的画种之一。从古到今,油画方法有多种多样且在不断发展。由于中学生造型基础较弱,因此本课程内容为:(1)初步了解油画的材料、表现特点、过程和步骤,形成对油画的基本认识;(2)学习色彩的基础知识;(3)掌握色彩造型的基本方法
203	仿生机器人实验组课程	大型发展	程老师	STEM+	本课程围绕行走机器人平台的技术原理展开,介绍机器人的本体结构、控制系统、仿真训练环境、实物训练测试平台等;结合实物实践参与,加强对行走机器人的技术原理理解,系统地介绍机器人中图像处理技术的基本原理,语音信号、语义处理的基本原理,传感器在机器人应用中的工作原理;结合实物展示以及动手实践环节,固化原理性知识,强化理解,提升知识运用能力

（续表）

序号	课程名称	课程类型	任课教师	课程领域	课程介绍
204	飞镖运动	大型发展	李老师	体育与健康	学生通过了解飞镖运动,尝试和掌握飞镖运动的技战术,代表学校参加区级、市级飞镖比赛
205	艺用3D打印	大型发展	李老师	艺术	在美术课程中,艺用3D打印对学生的立体制作能力的要求不高,会使用软件以及没有雕塑制作经验的学生也可以灵活应用。软件中有辅助工具,可以帮助初学者准确掌握比例与体积;可视化优势可以帮助学生更好地了解雕塑的最终呈现效果
206	计算机视觉与机器学习	大型发展	毛老师	技术	本课程是上海中学与上海交通大学人工智能研究院共同建设的中学人工智能课程。本课程旨在传播人工智能的基础知识与核心理念,指导学生运用人工智能技术解决实际问题与提高动手能力,选拔与培养在人工智能方面有巨大潜力的未来科学家苗子。研究方向为人工智能领域非常重要的支撑技术:计算机视觉与机器学习

（续表）

序号	课程名称	课程类型	任课教师	课程领域	课程介绍
207	声乐训练与艺术歌曲演唱	大型发展	张老师	艺术	讲话过多,嗓子会累吗? K 歌几首后,嗓子会哑吗?唱高音费劲吗?……想拥有字正腔圆的播音腔吗?想解决以上问题,就从声乐训练开始。声音体现魅力,科学训练可以为你缓解错误发音带来的不适感,让你拥有一个富有魅力的声音形象。同时,还有不同风格艺术歌曲的演唱培训,让你体验说与唱双重美的享受

2　课题研究性学习操作指南

上海中学是全国较早推进研究性学习的学校之一,早在 2001 年就开设研究性学习课程并建立了系统的信息化管理平台,学生的整个研究性学习过程(包括开题、结题等)均可在平台上操作完成。

《普通高中课程方案(2017 年版 2022 年修订)》指出,高中阶段需要完成包括研究性学习、党团活动、军训、社会考察等综合实践活动(共 8 学分)。其中,研究性学习占比最高(6 学分),包含 2 个课题研究或项目设计,并鼓励开展跨学科研究。

我校基于资优生的学习特点,结合多年研究型课程建设的经验,基于校园数字化信息平台,打造了具有上海中学特色的研究性学习平台,设计了为期两年的研究性学习课程,引导学生基于一定的学科背景开展以学术实践为主的课题研究活动。

我校将研究性学习与课程学习内容充分结合,分年级层层推进:高一为学科小论文、指导性小论文,注重培养学生的问题意识、收集研究资料能力,聚焦提炼研究主题;高二为自选性课题,注重培养学生体验科学探究过程,了解科学探究方法。我校图书馆引入专业数据库平台,包括数字图书馆、万方数据等,为学生提供多样化学习资源。我校建立了专门的研究性学习网络平台并及时升级更新,实现对学生研究性学习的实时多层管理。学生课题均能在网上实现申报、中期检查与结题,并进行创新性筛选。

2.1 研究型课程——学科小论文

学科小论文是学生在高一第一学期内撰写的与学校选修课程、德育特色课程等相关的论文,是学生在文献查询、文献阅读、论文基本结构等科学研究步骤方面的初步训练。论文题目由指导教师给定,或由学生提出,经指导教师同意后确定。学生须运用专业手段及科学方法获取信息、处理信息,并提炼出科学新颖的观点。学科小论文旨在培养学生收集及分析信息的能力,发展学生的研究志趣和创新思维。

2.2 研究型课程——指导性小论文

指导性小论文是学生在高一第二学期内在教师指导下撰写的论文,着重培养学生提出问题、分析问题、解决问题的能力。论文题目须由学生提出,经指导教师同意后确定。学生须在提出值得研究的问题的基础上,主动与指导教师沟通交流,推进问题的深入分析。指导性小论文更突出科研论文的过程性与创新性,旨在引导学生聚焦问题解决、提升科学素养,为高二自选性课题奠定基础。

2.3 研究型课题——自选性课题

自选性课题是学生在高二年级两学期内在教师指导下完成的课题研究,是学生综合运用所学知识、理论和技能解决实际问题的科学探究过程。学生须在教师指导下,自主选定课题进行研究,体验课题研究的过程性,并争取获得科学、有价值的研究成果。学生须在高二第一学期内完成自选性课题的开题、中期报告。开题报告应包含课题名称、调查研究或实践目的、具体任务等内容。开题报告经指导教师审核同意后方可撰写中期报告。中期报告应包含调查研究或实践的内容、方法和实施过程等内容。学生须在高二第二学期内完成自选性课题的结题报告。结题报告应包含课题起止时间、研究结论和反思、课题论文等内容。自选性课题是学生提高实践能力的有效途径,旨在引导学生体会科学研究方法,培养学生开展调查研究、处理研究数据、利用文献、书面表达等综合能力。

上述流程主要针对平行班学生按步骤推进。科技班、工程班学生在高一、高二时每周二、周四下午有充足的时间基于自身感兴趣领域的专门课程进行学习,学校注重引导他们在此基础上开展课题研究,充分借助学校数字化创新实验室与高校专家指导开展课题研究性学习(如图4-2所示),借助研究性学习专门平台进行管理,逐步聚焦学术志趣,激发学术潜能。

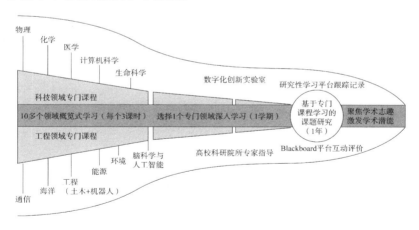

图4-2 开展课题研究性学习

为更好地激发学生进行课题研究性学习的热情与提升学术素养,学校还引导学生基于自身的课题研究性学习,形成初步的研究成果,并且在每年5月中下旬的科技周上进行学生课题研究成果评比

志存高远——普通高中资优生发展指导

活动。现以 2023 年科技周课题研究比赛方案为例。

※小资料

2023 年上海中学科技周课题研究比赛方案

一、比赛简介

该项目旨在让学生体验课题研究的完整过程,提高学生的学术水平,努力践行建设研究型、创新型高中的发展追求。

二、参赛对象

高二年级学生。

三、比赛流程

1. 校内评审

参赛学生于 4 月 14 日前提交课题论文,校内课题评审小组按类于 4 月 24 日完成评审工作,通过评审的课题论文进入校外评审环节。

课题分组:Ⅰ.动物学、植物学、微生物学、化学、生物化学、医学与健康、环境科学;Ⅱ.物理、工程、计算机;Ⅲ.社会科学、人文。

2. 校外评审

组Ⅰ、组Ⅱ、组Ⅲ分别选送一定数量的课题论文给国内顶尖高校专家进行评审。

评审时间:4 月 28 日—5 月 14 日。

评审要求:每组评出 30% 的课题论文进入现场答辩环节,即为一、二等奖候选课题,撰写约 200 字专家评语;40% 的课题论文评为三等奖,余下 30% 不评奖。

3. 现场答辩

答辩时间:5 月 25 日星期四,16:05 开始。

答辩地点:组Ⅰ在逸夫楼化学阶梯教室(70 座,化生医环方向),组Ⅱ在逸夫楼 212 物理实验室(40 座,物工计方向),组Ⅲ在甄陶楼录播教室(40座,社科方向)。

会场布置、活动组织:学生会。

工作人员:媒体工作人员(影视传媒中心)、主持人、技术员、计时员、记录员、其余工作人员等。

答辩专家:国内顶尖高校参与评审的专家。

现场观众:高一、高二科技班、工程班。

全程摄像、录音。

答辩流程:

(1) 各组答辩学生提前一天完成抽签,工作人员在比赛当天中午前完成会场布置。

(2) 工作人员提前15分钟到达答辩会场,答辩学生提前10分钟到达答辩会场,按抽签序号依次答辩。组Ⅰ演示文稿介绍3分钟,然后接受专家提问5分钟;组Ⅱ演示文稿介绍5分钟,然后接受专家提问5分钟;组Ⅲ演示文稿介绍5分钟,然后接受专家提问15分钟。

(3) 每组评出10%的课题论文为一等奖,20%为二等奖。

(4) 公布比赛结果。

四、记分规则

一等奖计5分,二等奖计3分,三等奖计1分,累加总分最高的班级为第一名,其余以此类推。非科技(或工程)班:提交课题的班级初始分为10分,有课题通过校内初审的班级初始分为15分,有课题获三等奖的班级初始分为20分,有课题入围现场答辩的班级初始分为25分。

计入科技周总分规则为:第一名总分加45分,第二名总分加40分,第三名总分加35分,其余参赛的班级将获得总分加25分。未参加比赛的班级不加分。

若获奖课题为不同班级学生合作项目,则按权重获相应分值。例如,某课题获二等奖,且为A班2名学生和B班1名学生合作项目,则A班计得分的三分之二,B班计得分的三分之一。

第四节　优势潜能开发课程学习指导

　　资优生的潜在优势领域与智能光谱是有差异性的,为引导学生找到与自身志趣能相匹配的领域,学校应注重创设多领域、多样化的优势潜能开发课程,促进学生在课程选择学习中认识自己的优势潜能,并找到面向未来的专业发展指向性领域,从而更好地发展自己,找到自身与国家需要的结合点,努力把自己锻造成为未来的"国之大者"。

　　上海中学的数学班主要从事数学、物理、化学、生命科学、信息学等五大学科竞赛;同时,面向平行班在数学、物理、化学领域有发展潜质的学生开设大学先修课程。科技班、工程班的专门课程领域相对固定,让学生在各专门领域课程概貌的学习中找到一个专门领域进行深入学习,主要与上海交通大学等高校合作。为促进平行班学生优势潜能开发与志趣聚焦,学校与多个大学合作开设了多个实验组课程;同时,与复旦大学合作推进了学术兴趣与素养培育的导师制计划课程。现主要介绍这些类型的优势潜能的开发课程。

1　大学先修课程略介

　　我校是全国较早自主开设大学先修课程的中学,主要开设数学、物理学、化学三门课程的大学先修课程,供有这方面强潜能的学生选学,既整合美国大学先修课程(如 AP)部分内容,又融入我国大学先修课程与大学"强基"部分要求(有时学校又称之为"强基＋大学先修"课程),做好与大学强基计划的衔接。

1.1　数学先修课概览

学校主要在高一、高二科工班(9、10 班)开设数学先修课,某些内容也面向平行班有志于与大学"强基"计划衔接的学生开设。开设数学先修课,旨在让学有余力的学生早接触大学课程内容,接受大学思维方式、学习方法的训练,激发其在学科专业学习和研究方面的潜能,以学生发展为中心,重视学生的兴趣以及擅长领域,帮助其为大学学习乃至未来的职业生涯做好准备,助力国家拔尖创新型人才培养计划的实施。

数学先修课从高一上学期开始,持续到高二下学期,历时 2 年时间,每周 1 课时。课程的整体安排包括两个阶段:第一阶段学习线性代数,持续一个半学期,约 24 课时;第二阶段学习微积分,持续两个半学期,约 40 课时。

高中数学学习本应是为了学生的发展,不应一切为了高考。不只是高中,在整个中小学基础教育阶段,只要学生具有接受能力,就应为其开设新课程,传授新知识。坚持先修本身是源于学生自身发展的需要,而不是出自考试要求。

此外,大学先修课并不完全是科工班学生的"专利",我们同样在全年级学生的"强基"发展课中开设"线性代数"课和"微积分"课,不少兴趣浓厚的平行班学生也能学得非常好。先修课程好比给想飞的学生插上翅膀,对学生提前培养大学思维模式以及解决问题的能力都有很大的帮助。

"线性代数"先修课内容安排为:矩阵的概念和表示,矩阵的运算(一),矩阵的运算(二),分块矩阵,高斯消元法解线性方程组,矩阵的初等变换,矩阵相抵,矩阵的等价标准形,矩阵的初等变换与初等矩阵的联系,方阵的逆阵,初等变换法求逆阵,求解矩阵方程,二阶行列式与三阶行列式、n 阶行列式,行列式的性质(一),行列式的性质(二),行列式按行(列)展开,三阶行列式的应用,克莱姆法则,行列式的等价定义,矩阵的秩,矩阵秩的性质,向量组的秩,向量的线性相关性,向量空间的基与维数,齐次线性方程组有非零解的条件,齐次线性方程组的解空间与基础解系,非齐次线性方程组的解,等等。

"微积分"先修课内容安排为:绪论,无穷与势,数列极限(一),数列极限(二),单调有界、夹逼准则,函数极限(一),函数极限(二),无穷小与无穷大,连续函数,零点定理,导数与求导,初等函数求导(一),初等函数求导(二),高阶导数,最值定理,中值定理,导数的应用,凹凸性,渐近线,作图,洛必达法则,函数的微分,泰勒定理(一),泰勒定理(二),原函数,有理函数的原函数,可有理化函数的原函数,函数的积分,微积分基本定理,换元法,正项级数的判敛法,幂级数,函数的幂级数,泰勒级数,幂级数的简单应用,等等。

1.2 物理先修课概览

为了让学有余力的学生能接触更深的内容,上海中学在高一和高二平行班开设物理先修课。该课程为学生在以后相关专业方向上的学习打好基础,同时也为国家基础学科方向输送拔尖创新型人才。

物理先修课从高一上学期开始,持续到高二下学期,历时 2 年时间,每周 0.5 课时。课程的整体安排包括两个阶段:第一阶段学习普通物理中的力学部分(仅教授高中课内无法覆盖到的内容),持续 2 个学期,约 16 课时;第二阶段学习普通物理中的电磁学的部分内容,持续 2 个学期,约 16 课时。

之所以选择力学和电磁学内容,是因为这两部分内容是普通物理学以及其他理科类专业的骨架内容。这些内容的学习有助于学生领略大学物理的基本思想,掌握其基本方法。

物理先修课内容安排大致有"普通物理——力学"与"普通物理——电磁学"。"普通物理——力学"的教学内容有:微积分与矢量语言下的运动学、极坐标非惯性系与惯性力、冲量动量定理、质心与质心运动定理、变质量问题、角动量定理与角动量守恒律、两体问题、质心系、动能定理与功能原理、柯尼希定理与质点系动能定理、有心力场、刚体定轴转动、波动方程、伯努利方程、相对论简介等。"普通物理——电磁学"的教学内容有：高斯定理、电偶极子、电像法、电容器、基尔霍夫定律、RC 电路、毕奥-萨伐尔定律、安培环路定律、洛伦兹力、电感、LC 振荡电路、交流电、电介质、磁介质、麦克斯韦方程组、电磁波等。

1.3　化学先修课概览

学校利用每周二的大型发展课时间，面向高二平行班学生开设化学先修课，为中学生加深对化学学科的认识、了解相关学科前沿进展以及开阔视野提供良性互动平台，打通从中学到大学的人才培养渠道，促进教育体系的平稳衔接。

化学先修课一般在高二年级第一学期开设，每周 2 课时，约 30 课时。本课程采取课堂教学和课堂讨论相结合的方式。为保证讨论的质量，促进学生的实质性参与，主讲教师从经典问题和学科前沿进展中选取部分选题并鼓励学生讨论。教学内容兼顾促进对所学知识的理解、打通知识节点、建立思辨能力、开阔学科视野等要求。该课程为对化学有强烈兴趣、学有余力的优秀学生脱颖而出创造有利条件，为拔尖创新人才的选拔培养奠定基础。

化学先修课内容安排大致如下：原子结构、价键理论——离子键、价键理论——共价键、杂化轨道理论、电子对互斥理论、晶体结构初步、分子间作用力、碰撞理论、化学等效平衡、沉淀溶解平衡、稀溶液的依数性、缓冲溶液、配位化学、热力学第一定律、热力学第二定律、热力学第三定律等。

2　科技班、工程班专门课程略介

上海中学自从 2008 年开始率先开展高中生创新素养培育实验——首设科技班，2012 年增设工程班以来，与上海交通大学等高校合作创设了物理学、化学等领域的专门课程供学生选学,这些课程让学生了解该领域的现状与前沿发展概貌,对这些领域有概貌性的认识,并开展基于专门课程学习的课题研究。为引导学生对自身的发展兴趣与潜能有一个比较理性的认识,学校设置了数理班(主要从事数学、物理、化学、信息、生物五大学科竞赛引导,以及基础科学领域强潜能引导,如数学课程)、科技班、工程班以及多个实验组专门课程供学生选学。这些专门课程与基于专门课程的课题研究相当于或略高于大学专门领域的先修课程。我们在之前的选修课程门类中对科技班、工程班以及实验组课程做了初步介绍,这里还将进一步介绍,给学生未来发展提供方向性导引。

科技班、工程班刚开始是学生在本班开设的专门课程内进行的方向选择,学校从 2014 年开始逐一介绍科技班、工程班,以方便学生对各领域有一个大致的了解。

2.1 物理专门课程介绍

物理专门课程针对对物理感兴趣且已经具备一定研究基础的学生。近年来,每一届有 10 人左右选择该方向专门课程。物理专门课程从高一上学期开始,持续到高二下学期,约 1 年半的时间。课程时间为每周二 14:30—16:00、每周四 13:30—15:50。课程的整体安排包括三个阶段:第一阶段为导论与概览课程(3 课时),主要介绍物理学的起源,通过介绍物理学主要领域的重大研究和串联物理学大师的生活、科研趣事,高屋建瓴地展示物理科学大厦,激发学生的研究兴趣;第二阶段为主题课程(持续一个学期,约 20 课时),学生已选物理专门课程,通过多位知名教授不同领域的研究展示,以期启发学生的研究思路;第三阶段为项目研究课程,持续时间为 1 年。

物理专门课程的实施采用大中学合作的"双师制",校外导师为上海交通大学物理与天文学院和李政道研究所的知名教授,校内师资包括一位物理教师和物理实验室实验员。其间,校外导师团队完成概论课,主题课由大学教授与中学教师共同授课。课题指导过程中,大学教师主要集中在启迪选题思路、给出专业问题的解决建议、提供部分课题的实验资源、攻克课题中具体科学问题的难关;校内教师主要负责学生物理科学素养的培养、研究兴趣的持续激发、学术论文的架构分析、写作规范的讲解、研究节奏的把控、与专家的讨论交流、学生研究心态的及时调整以及联合专家做好重要研究成果的发表。目前匹配的物理专门课程资源包括物理实验室、工程实验室及光学实验室。课程实施中,上海中学实验员和校内导师共同负责指导学生完成课题实验平台设计与建设,监督学生的安全规范实验操作。

物理专业课程开设至今,在上海中学师资和高校专家的指导下,学生高质量地开展了四十余项研究课题,荣获多个重要的科技奖项和荣誉称号,如上海市青少年科技创新大赛一等奖、丘成桐中学科学奖物理金奖、"明天小小科学家"称号、第 67 届英特尔国际科学和工程大奖赛(ISEF)物理与天文组一等奖等,此外还有浩瀚太空及行星命名纪念,在国际顶级学术期刊 *Nature Photonics* 联合发文,等等。从学生的选题来看,有的研究题目源自校外导师的科研展示而激发,涉及的前沿方向包括凝聚态物理、粒子物理、宇宙学、复杂量子体系、量子计算等;有的研究题目来自学生的观察和思考,如如何降低跑步对膝盖的损害,如何自动监测楼房的细微倾斜角度,等等;还有一些题目来自国际青年物理学家锦标赛的开放式题目。跟踪研究表明,一定比例的学生在参与物理专业课程后选择了高校物理系,并在大学学习期间继续原研究,持续致力于该方向的创新学习与研究,为聚焦学术志趣,培养创新人才育人模式的探索提供了人才样本。(执笔人:许建丽老师)

※小资料

参加物理专门课程的学生完成的课题项目举例

表4－5　参加物理专门课程的学生完成的课题项目(部分)

年份	课题名称
2023	装修噪声提醒创意项目设计
2023	基于 Arduino 的智能三脚架研究
2023	不同电磁动能武器的比较研究
2023	星系团中黑洞的分布及相关特性
2023	关于船舶空气动力学套件实用性研究
2023	关于船舶空气动力学套件运用可行性研究
2023	对卡门涡街形成条件和其对物体作用力情况研究
2023	不同物体的涡街现象研究
2022	水流发出声音的机理研究
2022	星系团 BCG 中心和 X 射线中心偏移现象研究
2022	法拉第波的小型演示装置制作及物理机制探究
2022	基于 ToF 传感器(飞行时间测距传感器)技术的屏幕亮度自动调节系统的可行性分析
2022	高电压下金属尖端放电产生噪声的特性与机理研究
2022	将高灵敏侧向光伏效应应用于实际的研究
2022	扑克牌投掷轨迹和距离及相关影响因素的研究(第19届上海市青少年"明日科技之星"评选活动一等奖)
2019	基于飞秒激光直写器的三维波导阵列的量子开放系统研究
2019	光控电阻及其开关效应的研究("明天小小科学家"二等奖)
2019	有孔导体薄板电阻率测量方法(丘成桐中学科学奖铜奖,校内论文一等奖)
2019	随机行走模型模拟空气净化器净化效率(校内论文二等奖)
2019	降雨对泥石流发生的影响
2019	磁流体在非均匀磁场下的结构与特性

（续表）

年份	课题名称
2019	光控半导体中的霍尔效应
2019	堵车车流模拟以及问题解决
2019	跑步过程中脚尖着地与脚跟着地对膝盖的影响
2019	基于飞秒激光直写技术和三维波导阵列的网页排序算法的量子模拟[上海市青少年科技创新大赛一等奖，入围丘成桐中学科学奖南部赛区，在 *Nature Photonics* 发文]

2.2　化学专门课程介绍

化学专门课程由各重点高校化学系专家、教授参与设计和讲授，并直接参与课题探究指导。从总体上讲，其难度相当于或略高于国外大学预科水平，重在给学生以知识铺垫、方法指导、信息储存、思维训练和志向引导，注重学生在探究过程中的专门知识学习与对所遇到困难的克服，强调个人探究与导师指导、个人学习与团队合作相辅相成。

化学专门课程从高一上学期开始，持续到高二下学期，约 1 年半的时间。课程时间为每周二 14：30—16：00、每周四 13：30—15：50。课程的整体安排包括三个阶段：第一阶段为导论与概览课程，主要介绍化学的一些热点、前沿领域的进展，如电池的原理与应用、合成化学与化学分子、有机发光材料、用于 3D 打印的功能材料、高分子自组装、计算化学、手性化学、放射化学等；第二阶段为主题课程，主要介绍选题的依据与来源、文献检索与阅读方法、分析仪器使用方法等；第三阶段为项目研究课程，以学生自拟和高校教授指导的方式展开，持续时间为 1 年。

课程匹配的实验室为现代仪器分析实验室，实验室具有 FTIR－BX 博里叶变换红外分光光度计、Lambda25 紫外/可见分光光度计、HPLC Series－200 高效液相色谱仪、AA－7000 原子吸收分光光度计、Clarus 500 气相色谱仪、Clarus 600 气相质谱联用仪等现代分析

仪器。(执笔人:胡乐萌老师)

※小资料

参加化学专门课程的学生完成的课题项目举例

表 4-6 参加化学专门课程的学生完成的课题项目(部分)

年份	课题名称
2021	基于天然色素的光引发剂
2021	新型血尿酸检测条的设计和构筑
2021	家用净水器过滤水的可饮用性研究及其化学处理办法的探究
2021	一种可再次书写的中性墨水笔字迹擦除剂化学成分探究
2021	固废利用制备陶瓷与污水净化应用
2021	基于数理统计和双盲实验对不同香型白酒风味化合物的研究
2020	基于醛基-氨基反应构建共价有机材料及其吸附性能的研究
2020	可视甲醛变色的功能水凝胶及其空气净化应用
2020	营养品中铁离子含量 EDTA 法测定的探索
2020	具有核-壳结构的复合量子点的微波水热合成及光性能表征
2020	锂离子电池与钠离子电池在不同环境下充放电效率的区别探究
2020	利用工业固废的 3D 打印陶瓷研究
2020	废茶叶在电化学性能方面的再利用
2020	镁离子电池中负极材料比表面积对其放电性能影响
2019	稀土掺杂型纳米级二氧化钛光催化剂在水污染中的应用——以上海地表污水为例
2019	镁电池在可穿戴设备上的应用
2019	天然纤维材料的表面改性及其 3D 打印应用
2019	过滤水中重金属离子检测
2019	水性凝胶材料的 3D 打印研究及其空气净化作用
2019	农业废弃物的改性及其用于水面浮油处置的特性研究

2.3 生物医药专门课程介绍

2008 年,科技实验班最开始有五个专门课程方向,生物方向专门课程就是其中之一。课程主题由上海中学教师与上海交通大学合作开发,面向科技班学生。2012 年,学校增设工程实验班,同时新增医药方向专门课程,开始面向科技实验班和工程实验班学生。2020年开始,生物方向专门课程和医药方向专门课程合并为生物医药方向专门课程,供一些学有余力并对生物和医药感兴趣的学生选择研究。每一届 10 至 14 人选择该方向专门课程。

生物医药专门课程从高一上学期开始,持续到高二下学期,约 1 年半的时间。课程时间为每周二 14:25—16:25、每周四 13:30—15:50。课程的整体安排包括三个阶段:第一阶段为导论与概览课程(2 课时),主要介绍生物和医药研究领域及其新进展;第二阶段为主题课程,持续一个学期,约 20 课时;第三阶段为项目研究课程,项目研究阶段持续时间约为 1 年。生物医药专门课程结构图如图 4 - 3所示。

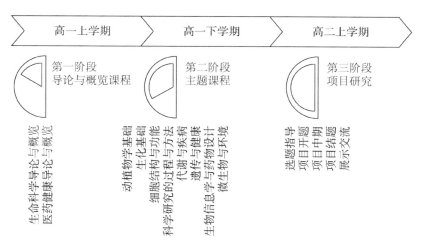

图 4 - 3 生物医药专门课程结构图

与课程匹配的实验室为微生物实验室、细胞生物学实验室和分子生物学实验室。教学设备主要有超净工作台、培养箱、摇床、PCR仪、分光光度计等仪器以及各种耗材。

课程的实施采用大中学合作的"双师制"。生物医药专门课程目前的固定师资包括上海交通大学生命科学技术学院和医学院的十几位教授、每届校内一名教师、两名生物实验员。其中,导论与概览课程由大学教授团队授课,主题课程由大学教授与中学教师共同授课。课题指导过程中,大学教授主要集中在选题思路的启发、专业问题的解决、过程中对项目进展方向的把握以及研究思路的指导等方面。校内教师主要负责基本实验操作的带教、研究过程中的学术规范、督促学生把握时间节点、帮助学生联系专家、在学生遇到挫折时及时调节学生心态等。工程实验员负责各种实验仪器的调校和耗材的准备。

参与课程的学生形成了大量生物医药研究课题,在各类平台上获得专家认可。据不完全统计,自 2008 年以来,参加生物医药专门课程的实验班学生共完成上百项生物医药领域课题。其中,获"明天小小科学家"三等奖 1 项,全国青少年科技创新大赛二等奖 2 项、三等奖 1 项,上海市"明日科技之星"5 项,上海市青少年科技创新大赛一等奖 22 项、二等奖 36 项。跟踪调研表明,参与过生物医药专门课程及课题研究的学生后来大部分选择了基础科学研究相关专业或医学专业学习。(执笔人:郑思老师)

※小资料

参加生物医药专门课程的学生完成的课题项目举例

表 4-7　参加生物医药专门课程的学生完成的课题项目(部分)

年份	课题名称
2022	利用大麦虫(zophobas morio)提高综合处理生活厨余和 PS 泡沫塑料能力探究

（续表）

年份	课题名称
2022	新型农药 5-氨基乙酰丙酸对提高水稻高盐适应性的探究——如何将普通水稻炼为"海水稻"
2022	关于二月兰对铜离子富集作用的研究
2022	薄荷醇抑制变异链球菌生长和生物膜形成作用的研究
2022	LED 光照对拟南芥生长影响的初步研究
2022	初探肉桂酸类化合物抑制黄单胞菌 DSF 群体感应系统的机理
2022	探究在地中海贫血中提高胎儿血红蛋白表达量的方法
2022	水杨酸对盐胁迫下大花烟草的种子萌发及植株的生理响应
2022	探究不同浓度植物激素混合施用对拟南芥生长的影响
2022	探究不同碳源对活性污泥微生物种群结构及其处理污水能力的影响
2022	室温下枯草芽孢杆菌等离子体诱变以及高温下具有高降解活性的菌株的提取
2022	生物炭对微生物修复菲污染土壤促进的探究
2022	不同种类生物炭配合酿酒酵母对液体中铜污染的修复作用
2021	从琵琶鱼中提取一株细菌的生长特性及抑藻效果研究
2021	探究不同温度和光照条件下绿萝吸收甲醛
2021	探究植物源肉桂酸类化合物对野油菜黄单胞菌 DSF 依赖的群体感应系统的影响及其作用机理
2021	肠道菌群以及益生菌对抑郁的影响探究
2021	浒苔提取物对几种细菌的抑制作用
2021	浒苔室内空气净化装置设计
2021	乳酸菌对多肉植物叶片的促进作用
2021	筛选对腐皮镰孢菌有拮抗作用的木霉菌种及其抗病作用研究
2021	关于本土植物对外来入侵植物空心莲子草、加拿大一枝黄花的化感作用的研究
2021	关于工程微生物对重金属离子转化的探究
2021	利用合成微生物组探究湿垃圾降解

（续表）

年份	课题名称
2021	微生物提取对薄荷生长促进作用的探究
2021	PCR 快速检测技术在食品安全方面的应用
2021	外源乙烯处理诱导绿豆芽抗性
2021	运用合成生物学方法降解家装涂料中甲苯的研究
2020	百合中化学成分及其抗失眠活性的研究
2020	睡眠对小鼠的影响
2020	罗马洋甘菊精油对尼古丁戒断综合征的治疗作用
2020	通过干涉蚕蜕皮激素基因的表达提升蚕的生长状况
2020	假黄单胞菌对水体中硫化氢去除效果的研究
2020	对葡萄酒酿造中苹果酸-乳酸发酵改良的探究
2020	微生物在食物变质过程中的影响与变化
2020	微生物接触法处理油烟油污
2020	探究艾灸烟雾对薄荷生长状态的影响
2020	利用群体感应信号抑制痤疮丙酸杆菌的生长
2020	基于不同可饮用水影响涡虫再生状况的研究

2.4　计算机科学专门课程介绍

计算机科学专门课程主要是面向对计算机感兴趣、已具备一定专业基础和创新意识及较强学习能力的学生。每届有 4～8 人选择该方向专门课程。计算机科学专门课程从高一上学期开始，持续到高二下学期，约 1 年半的时间。课程时间为每周二 14：30—16：00、每周四 13：30—15：50。课程的整体安排包括三个阶段：第一阶段为导论与概览课程（3 课时），主要介绍智能工程研究领域及其新进展；第二阶段为主题课程，持续一个学期，约 20 课时；第三阶段为项目研究课程，持续时间为 1 年。计算机科学专门课程结构图如图 4－4 所示。

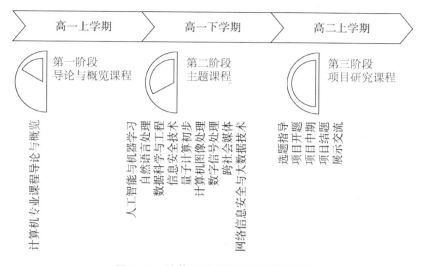

图 4 - 4　计算机科学专门课程结构图

　　课程为学生配备了计算机视觉实验室以及不断更新的其他资源。该课程目前的固定师资包括上海交通大学网络空间安全学院、复旦大学计算机科学技术学院、华东理工大学信息科学与工程学院等高校相关院系的教授、专家或项目团队和校内两名计算机教师。其中导论与概览课程由大学教授团队授课,主题课程由大学教授与中学教师共同授课。课题指导过程中,大学教授主要集中在选题思路的启发、专业问题的解决建议、实验方案的调整优化、课题进展过程中对方向的把握以及研究思路的指导等方面。校内教师主要负责专业基础知识的介绍、课题研究方法和策略的分享、论文设计和撰写中的学术规范、组内项目的阶段性展示和评价,促进学生和高校指导教师之间的沟通交流、督促学生在课题完成方面的时间节点把握、指导学生顺利完成各项赛事的申报和准备、在学生遇到挫折时及时调节学生心态等。

　　参与课程的学生形成了大量有质量的计算机类研究课题,在各类平台上获得专家认可。自 2012 年以来,参加计算机科学专门课程的实验班学生共完成近百项工程领域课题。其中,获"明天小小科学家"一等奖 1 项,入围"明天小小科学家"终评展示 1 项,全国创新大赛二等奖 1 项,上海市"明日科技之星"8 项,上海市青少年科技创新大赛一等奖 21 项、二等奖 32 项,发明专利 1 项。从学生的选题角度来看,涵盖的内容非常广泛:既有对计算机专业基础研究方法和技术的新探究(如图形图像压缩技术、信号处理与编码),也有计算机视觉、人工智能、自然语言处理等领域前沿技术的研究,而且很多课题都是从身边应用场景中的问题切入,真正体现学以致用,让科技更好地服务于生活,还展示了学生在思考社会问题时的社会责任感。跟踪调研表明,参与过计算机科学专门课程及课题研究的学生约 80% 后来选择了通信、计算机科学、电子电气、人工智能等相关专业。(执笔人:沈孝山老师)

※小资料

参加计算机科学专门课程的学生完成的课题项目举例

表 4-8 参加计算机科学专门课程的学生完成的课题项目(部分)

年份	课题名称
2022	试卷辅助统计程序初探
2022	图片有损压缩最优质量——空间比影响因素探究
2022	大型会议场景下的智能会议分区排座系统研究
2022	文本情感分析技术在青少年心理中的应用研究
2022	基于机器学习的音乐作品的控评分析与识别
2022	北斗卫星通信传输船舶状态数据的压缩算法研究
2022	基于BERT的英语完形填空试题生成程序设计
2022	人名、地名、科技用语等中生僻字的便捷输入法实现

（续表）

年份	课题名称
2021	基于深度学习的音乐风格迁移研究
2021	据文画鸟：基于语义理解的鸟类图像生成算法
2021	基于BP神经网络的虫音特征识别方法
2021	基于机器学习的有机化合物生物富集因子预测方法的研究
2021	提高机器对医学图像中病变部分分割结果精确度问题的探究
2021	Seam Carving 算法在音频处理领域中的应用
2021	个人数字图书馆及其健康提醒系统开发
2020	祖玛问题初探
2020	基于知识网络的错题库软件开发
2020	基于计算机视觉技术的五线谱识别实现
2020	一种基于图像识别和生物传感器的水质检测方法
2020	基于C++的从音频到乐谱的转换
2020	计算机根据化学式判断硼氢化合物结构的程序实现
2020	基于引擎渲染技术的辅助设计工具

2.5　智能工程专门课程介绍

智能工程专门课程的对象是对工程感兴趣且已具备一定研究基础的学生。每届 12～18 人选择该方向专门课程。智能工程专门课程从高一上学期开始，持续到高二下学期，约 1 年半的时间。课程时间为每周二 14：30—16：00、每周四 13：30—15：50。课程的整体安排包括三个阶段：第一阶段为导论与概览课程（3 课时），主要介绍智能工程研究领域及其新进展；第二阶段为主题课程，持续一个学期，约 20 课时；第三阶段为项目研究课程，持续时间为 1 年。智能工程专门课程结构图如图 4-5 所示。

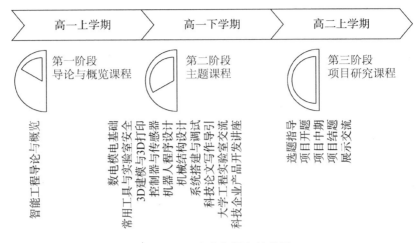

图 4-5　工程专门课程结构图

　　课程匹配的实验室为智能工程实验室,实验室设有 2 个自由工作间、2 个讨论室、2 个储藏室、1 个 3D 打印间、1 个激光切割间。教学设备主要有 Arduino 系列开源硬件、Raspberry Pi 微控制器、常见的传感器、VEX 结构件、ROS 系统开发套件、12 个华为桌面云以及不断更新的其他资源。

　　课程的实施采用大中学合作的"双师制"。智能工程专门课程目前的固定师资包括上海交通大学电子信息与电气工程学院的四位教授、校内一名 STEAM 教师、一名工程实验员。其中,导论与概览课程由大学教授团队授课,主题课程由大学教授与中学教师共同授课。课题指导过程中,大学教授主要集中在选题思路的启发、专业问题的解决建议、过程中对项目进展方向的把握以及研究思路的指导等方面。校内教师主要负责核心基础知识中"工程素养基础"模块的讲解、研究过程中的学术规范、督促学生把握时间节点、帮助学生联系专家、在学生遇到挫折时及时调节学生心态等。工程实验员负责大型切割工具及部分实验设备使用的安全指导。

　　参与课程的学生形成了大量有质量的工程类研究课题,在各类平台上获得专家认可。自 2012 年以来,参加智能工程专门课程的实验班学生共完成近百项工程领域课题。其中,获"明天小小科学家"一等奖 1 项,入围"明天小小科学家"终评展示 1 项,全国创新大赛二等奖 1 项,上海市"明日科技之星"8 项,上海市青少年科技创新大赛一等奖 21 项、二等奖 32 项,发明专利 1 项。从学生的选题角度来看,很多课题集中于机器人工程领域的前沿技术,关注老人、残疾人等弱势群体,体现了学生在思考工程问题时有明确的社会责任感。跟踪调研表明,参与过智能工程专门课程及课题研究的学生约 70% 后来选择了计算机科学、电子电气工程等相关专业。(执笔人:程林老师)

※小资料

参加智能工程专门课程的学生完成的课题项目举例

表 4-9 参加智能工程专门课程的学生完成的课题项目(部分)

年份	课题名称
2022	子母式水下协作探测机器人
2022	基于 YOLOv5 算法的实时识别不良驾驶行为的智能提醒装置
2022	监测鸡蛋新鲜度的智能蛋托
2022	孤儿商品自动归位机器人
2022	毛刷振动前行机器人
2022	可变形多边形移动机器人
2022	盲文点字输入装置的设计与实现
2022	可安装在拐杖上的辅助捡拾装置
2022	基于线性 CCD 的汽车三角警示牌
2021	辅助体弱人群的语音驱动式视觉识别精准抓取物品机器人
2021	基于机器学习视觉的人群体温监测机器人的实现
2021	一种环形爬杆机器人的设想

（续表）

年份	课题名称
2021	纤毛振动软体搜救机器人
2021	空间中大型太阳能的折叠展开方式的研究
2021	眼动追踪微创手术辅助机器人
2021	球形弹跳机器人
2020	一种基于 STM32 控制器的新型三麦克纳姆轮智能小车的设计与实现
2020	基于 RFID 的机场定位行李转盘
2020	连杆机构仿虾型机器人的设计与分析
2020	快速分筷机
2020	基于机器视觉的盲人运动辅助机器人
2020	两栖水下仿生机器人
2020	基于肌电信号的线驱动功能性前臂假肢
2020	基于单片机的微量激光城市绿化带修剪装置
2020	中央分隔带绿化浇灌装置
2020	水陆两用可伸缩探测机器人小车设计与制作
2020	折叠式球形抛投机器人设计与分析
2020	灌木修剪机器人

2.6 土木工程专门课程介绍

上海中学与同济大学于 2013 年底合作设立了土木工程专门课程，由同济大学专家团队与本校教师共同指导学生进行课题研究。每届 4～6 人选择该方向专门课程。土木工程专门课程从高一上学期开始，持续到高二下学期，约 1 年半的时间。课程时间为每周二14:30—16:00、每周四 13:30—15:50。课程的整体安排包括三个阶段:第一阶段为导论与概览课程(3 课时)，主要介绍土木工程研究领域及其新进展;第二阶段为主题课程,持续 6～7 周,约 20 课时,由土木工程各二级专业领域的专家进行授课，主要内容包括结构防灾工程、结构工程、土木工程的计算机虚拟仿真、地下工程、水利工程、桥梁工程等第三阶段为项目研究课程，持续时间为 1 年。

　　课程匹配的实验室为土木工程创新实验室，于 2017 年筹建，2018 年正式投入使用。该实验室配置了小型模拟地震振动台、伺服控制系统、万能试验机、数据采集系统、数据控制系统、多维度光学扫描仪、位移传感器、加速度传感器、力传感器等实验仪器和设备，能实现的功能如表 4 - 10 所示。

※小资料

土木工程创新实验室的功能介绍

表 4 - 10　土木工程创新实验室功能

实验名称		实验内容
静力试验	材料性能试验	测试木材、铸铁、钢、复合材料等材料的拉压强度
	结构或构件的承载力试验	测试小型构件、阻尼器、模型结构等的拉压承载力
	基础承载力试验	测试模型浅基础(条形基础、独立基础等)、深基础(桩基础)在不同土体环境下的承载力
拟静力试验	结构或构件的恢复力特性试验	对小型构件、阻尼器、模型结构等进行循环往复加载，测试其恢复力特性
	土体试验	模拟基坑开挖，探索基坑开挖后造成周边土体不均匀沉降，以及对周边管线的影响

（续表）

实验名称		实验内容
动力试验	模型结构的模拟地震振动台试验	学生可搭建模型结构进行模拟地震试验，了解模型结构在地震作用下的响应情况，还可通过数据采集系统得到模型结构在地震作用下的加速度或位移响应，分析结构的动力特性及抗震性能
	智能结构的搭建	通过数据采集系统与控制系统，可搭建新型的具有"响应-反馈"机制的智能结构，研究智能结构在地震作用下的工作性能
	真实结构的动力特性测试	利用数据采集系统，可对真实结构进行脉动测试，研究真实结构的动力特性
数值仿真模拟		通过高性能计算机进行建筑结构、桥梁结构、岩土及地下工程等工程问题的数值仿真模拟计算
混合模拟试验		结合试验设备与计算机进行混合模拟试验

　　课程的实施采用大中学合作的"双师制"。土木工程专门课程目前的固定师资包括同济大学土木工程学院教授和校内一名通用技术教师（土木工程专业毕业）。本校科技指导教师教专业基础、课题研究技能等（如材料力学、结构力学、工程抗震、MATLAB、AutoCAD软件使用）。高校教授团队采用讲座或座谈方式，与学生交流土木工程学科的研究热点。结合校内外教师的讲授，学生进行文献调研，明确未来一年多的研究课题。选定研究课题后，学生经历"提出问题—设计实验方案—操作实验—处理分析实验数据—撰写研究报告"这一完整的科学研究过程，完成一项课题研究。

　　土木工程专门课程的开设是高中阶段土木工程领域拔尖创新人

才早期培育的一个重要途径,该课程有利于提高学生利用科学手段解决实际问题的能力,全面培养学生的科学态度、创新思维和工程实践素质,促进学生个性和潜能的发展,提升学生的工程素养。自 2015 年以来,参与该课程的学生完成了 30 多项土木、建筑、城市规划领域的课题。学生带着研究课题参与上海市青少年科技创新大赛、"明日科技之星"、"上海中学杯"青少年科技论坛等科技创新比赛,在赛事中展示自己的研究内容和成果。其中,获上海市青少年科技创新大赛一等奖 1 项、二等奖和三等奖 20 余项,上海市"科技希望之星"和"明日科技之星"提名奖 3 项。学生的选题涵盖土木工程领域的各个方面,如结构工程、桥梁工程、地下工程、海洋工程等。随着"新工科"的提出和发展,课题涉及的领域呈现出跨学科的态势,如物理的电磁学、智能工程领域的神经网络、深度学习、图像识别等。(执笔人:陈希老师)

※小资料

参加土木工程专门课程的学生完成的课题项目举例

表 4-11　参加土木工程专门课程的学生完成的课题项目(部分)

年份	课题名称
2021	基于计算机视觉的钢筋混凝土结构构件损伤动态识别
2021	地下连续墙成槽泥浆渗透模型试验
2021	基于预应力自复位的钢木混合结构抗震性能研究
2021	现有地埋管线在土体中各向移动差异的对比研究
2021	漂浮式风机海底锚固系统抗拉拔试验研究
2021	基于计算机视觉的钢结构动态损伤识别
2022	编木拱桥关键节点刚度对其受力性能影响研究
2022	基于地震背景噪声监测的边坡支护评价

（续表）

年份	课题名称
2022	基于电磁感应现象的自感知连梁监测模块研究
2022	一种非路面开挖的地铁车站构建的设想
2023	上海市上海中学西区工程施工基坑变形的智能预测
2023	消费型无人机像控点对于校园建筑倾斜摄影建立三维模型的影响
2023	装配式木结构剪力墙抗震性能研究
2023	裂缝旁注浆堵住裂缝的泥浆配比等因素的数值模拟及试验研究
2023	建筑支吊架的动力监测与数据融合
2023	标准化木结构连接节点力学性能研究

2.7 通信工程专门课程介绍

通信工程专门课程以现代电子及通信技术的高速发展为背景，以拓展学生工程素养及创新意识为目标，通过电子、通信及微处理器等基础知识引导，使学生建立初步的工程思维，采用导师制形式辅导学生参与相关创新实践活动，积累相关领域专业知识，注重培养学生面对困难知难而上的不懈进取精神。该课程针对电子通信工程感兴趣且已具备一定研究基础的学生。每届 6～8 人选择该方向专门课程。

通信工程专门课程从高一上学期开始，持续到高二下学期，约 1 年半的时间。课程时间为每周二 14：30—16：30、每周四 13：30—15：50。课程的整体安排包括三个阶段：第一阶段为导论与概览课程（3 课时），主要介绍智能通信工程研究领域及其新进展；第二阶段为主题课程，持续一个学期，约 20 课时；第三阶段为项目研究课程，持续时间为 1 年。通信工程专门课程结构图如图 4-6 所示。

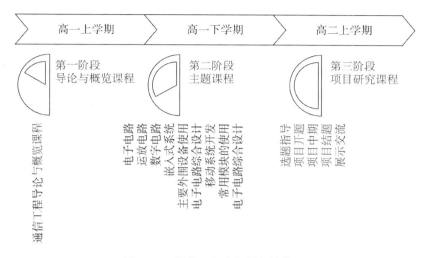

图 4-6 通信工程专门课程结构图

通信工程专门课程目前的固定师资包括上海交通大学电子信息与电气工程学院的四位教师、校内一名 STEAM 教师。其中,导论与概览课程由大学教师团队授课,主题课程由大学教师按照专题"电子电路""嵌入式系统""移动系统开发"进行授课。课题指导过程中,大学教师主要集中在选题思路的启发、专业问题的解决建议、过程中对项目进展方向的把握以及研究思路的指导等。校内教师主要负责核心基础知识中"工程素养基础"模块的讲解、课题研究过程中的学术规范、督促学生把握时间节点、协助大学教师指导学生。

通信工程专门课程开设至今,参与课程的学生形成了一定数量有质量的通信工程类研究课题,获得了区级和市级多个平台的认可。2014 年以来,参加通信工程专门课程的实验班学生共完成 30 项工程领域课题。其中,获全国性比赛"丘成桐中学科学奖(计算机)"优胜奖 1 项,上海市青少年科技创新大赛一等奖 3 项、二等奖 9 项。从学生的选题角度来看,可以发现很多课题聚焦城市交通、老年人、高中学习生活等社会问题,体现了学生尝试通过自己的努力解决身边的问题,也体现了他们在选择课题时有明确的社会责任感。据不完全统计,参与过通信工程专门课程及课题研究的学生进入大学后,约60％选择计算机科学、电子电气工程等相关专业。(执笔人:王亚娟老师)

※小资料

参加通信工程专门课程的学生完成的课题项目举例

表 4 - 12　参加通信工程专门课程的学生完成的课题项目(部分)

年份	课题名称
2022	基于人体生物电的智能唤醒闹钟
2022	关节炎患者的福音——基于 Arduino 的智能护膝
2022	基于超声波的自动调控高度麦克风系统研发
2022	基于自制射电望远镜的射电天文观测研究
2022	一种口罩内压测试调节及呼吸状态分类的试验平台
2022	养老院实时定位监护系统
2022	基于微处理器与光学传感器的打印机外置报错装置的研究
2021	基于蓝牙通信与声音识别的智能交通信号灯系统
2021	促进自主学习的时间安排管理软件设计
2021	基于单片机和手机 App 的热锅提醒装置
2021	基于蓝牙通信的减压器设计
2020	AI 蔬果秤
2020	夜间故障车辆三脚架的自动放置
2020	光纤灯温控变色水晶球
2020	基于单片机在汽车 ECU 控制系统的设计
2020	基于 PID 算法的自动售货装置
2020	使用 ArcGRS 的校园植保无人小车

2.8　海洋专门课程介绍

　　海洋专门课程的对象是对海洋方向感兴趣且已具备一定研究基础的学生。每届 6～10 人选择该方向专门课程。海洋专门课程从高一上学期开始,持续到高二下学期,约 1 年半的时间。课程时间为每周二 14:30—16:00、每周四 13:30—15:50。课程的整体安排包括三个阶段:第一阶段为导论与概览课程(3 课时),主要介绍海洋研究领域及其新进展;第二阶段为主题课程,持续一个学期,约 20 课时;第三阶段为项目研究课程,持续时间为 1 年。海洋专门课程结构图如图4-7所示。

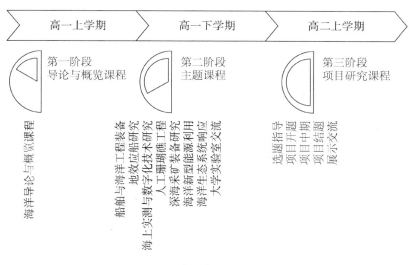

图 4-7　海洋专门课程结构图

　　课程的实施采用大中学合作的"双师制"。海洋专门课程目前的固定师资包括上海交通大学海洋船舶与建筑工程学院两位教授、校内一名 STEAM 教师。其中,导论与概览课程由大学教授团队授课,主题课程由大学教授与中学教师共同授课。课题指导过程中,大学教授主要集中在选题思路的启发、专业问题的解决建议、过程中对项目进展方向的把握以及研究思路的指导等。校内教师主要负责课题研究过程中的学术规范、督促学生把握时间节点、帮助学生联系专家、在学生遇到挫折时及时调节学生心态等。

参与课程的学生形成了大量有质量的课题研究,在各类平台上获得专家认可。自 2012 年以来,参加海洋课程的实验班学生完成多项研究课题。从学生的选题角度来看,可以发现课题很多集中于海洋工程领域的前沿技术,关注海洋生态环境的变化,体现了学生在完成课题的同时也思考人类对海洋环境的破坏,提升了环境保护意识。(执笔人:陈敏老师)

※小资料

参加海洋专门课程的学生完成的课题项目举例

表 4-13　参加海洋专门课程的学生完成的课题项目(部分)

年份	课题名称
2022	紫外吸收剂入海对海洋生物毒性研究
2022	一种新式波浪能利用系统
2022	一种新型地效运输船研究
2022	基于地效应的扫雷艇设计研究
2022	一种可以应用于南海旅游的两栖地效翼船的研究
2021	海上沉船搜救地效翼船
2021	深海声波捕鱼装置
2021	下潜式海洋浮油处理装置
2021	新型两栖观光船

2.9　能源环境专门课程介绍

能源环境专门课程的对象是对此方向感兴趣且已具备一定研究

基础的学生,进行理论专业知识和课题研究的教学和培训。每届 11～15 人选择该方向专门课程。能源环境专门课程从高一上学期开始,持续到高二下学期,约 1 年半的时间。课程时间为每周二 14:30—16:00、每周四 13:30—15:50。

与课程匹配的实验室为能源环境实验室,实验室设有 2 个自由工作间、3 个讨论室、1 个储藏室,配备多种实验仪器,包括紫外分光光度计、消解反应器、生化需氧量分析仪、水质毒性检测仪、便携式多参数水质检测仪、pH 计、加热循环器、单罐行星式高能球磨机、多段程序控温管式电阻炉、箱式电阻炉、多气体检测仪、二氧化硫检测仪、甲醛检测仪、臭氧发生器、加热磁力搅拌器、电子天平、数字式瓶口滴定器等。

能源环境专门课程目前的固定师资包括一名华东理工大学教授、一名上海中心气象台教授、一名校内指导教师、两名化学实验员。课程包括基本理论,主要由大学教授团队授课,课题探究由大学教授与中学教师共同授课。课题指导过程中,大学教授主要集中在选题思路的启发、专业问题的解决建议、过程中对项目进展方向的把握以及研究思路的指导等。校内教师主要研究过程中的学术进展、保证学生的实验安全、帮助学生准备和采购实验仪器及药品、督促学生把握时间节点、协助学生联系专家、在学生遇到挫折时及时调整学生心态等。

自课程开展以来,参加能源环境专门课程的实验班学生完成多项实验课题,多关注当前世界的能源和环境问题,着眼我们身边的问题,进行深入探究,并提出自己的见解,体现了青少年关心社会、保护环境、勤于思考、善于动手的良好品质。他们先后参与"上海中学杯"徐汇区青少年科技创新大赛、上海市青少年科技创新大赛、上海市"明日科技之星"和"明天小小科学家"评比活动,多次获奖,受到各方面肯定。(执笔人:刘烨老师)

※小资料

参加能源环境专门课程的学生完成的课程项目举例

表 4-14 参加能源环境专门课程的学生完成的课程项目（部分）

年份	课题名称
2023	利用化学方法对含酚废水的处理
2023	关于几种较有前景的制氢方法和储氢材料性能效益的比较与研究
2023	对建筑物节能系统的研究
2023	污泥脱水处理的新方法
2023	城市河道甲烷细菌生物群落及其对河道水质水体的影响研究
2023	探究不同有机酸醇对微藻生长的影响
2023	关于使用生物和化学技术污水除磷效果对比的研究报告
2023	以微藻为原料制备生物乙醇的研究
2023	微藻在源头上对富营养化防治作用的研究
2023	风力发电
2023	关于餐饮油烟处理问题
2022	TiO_2 光催化氧化技术处理印染废水的研究
2022	酸碱改性粉煤灰处理印染废水的研究
2022	不同电极与反应环境对二氧化碳还原的电化学、光电化学催化还原反应效率的比较研究
2022	废水电絮凝法深度除氟的研究
2022	石墨化炉不同条件制煤基石墨效率研究
2022	研究大气中二氧化硫对苔藓植物的影响以及利用苔藓植物作为空气污染的指示剂
2022	铁改性牡蛎壳对水中磷酸盐的吸附研究
2022	一种锂离子电池硅碳三元复合负极材料制备及电化学性能的研究

（续表）

年份	课题名称
2022	煤矸石制备混凝土轻骨料研究
2022	使用 ASPEN 模拟低温甲醇洗过程
2022	层状 MoS_2 纳米薄膜催化 Fenton 氧化法
2022	热碱-高铁酸钾预处理影响污泥厌氧消化性能的研究
2022	水性漆电絮凝破乳技术研究
2022	关于上海地区典型树种对于空气中可吸入颗粒物吸附作用的研究
2020	复合诱变解脂耶氏酵母选育高产油脂菌株
2020	皮状丝孢酵母的诱变及油脂发酵
2020	杜氏盐藻培养基动态激素添加对生物量与 β-胡萝卜素累积量的影响
2020	柔性贵金属/石墨烯气凝胶的制备及其催化性能研究
2020	高硫石油焦煅烧、氧化脱硫方法及其产物所制石墨的电容性研究
2020	利用生物电化学系统将二氧化碳转化为甲烷
2020	过硫酸盐高级氧化处理含阿莫西林废水的研究
2020	紫外光降解双酚 A 影响因素的研究
2020	TiO_2 紫外光催化氧化降解含阿莫西林废水的初步研究
2020	以 MoS_2 为催化剂的芬顿法降解苏丹红废水
2020	便携式苯系物采样富集仪
2020	低温等离子体处理含 RNO 废水
2020	煤气化渣空心微珠制备建筑保温材料

2.10　脑科学与人工智能专门课程介绍

智能时代对学校育人的方式与路径提出了挑战,如何推进人工智能视域下的高中生创新素养培育,是实验性示范性高中需要应对的重要课题。上海中学脑科学与人工智能专门课程就是在这一背景下构建起来的,进一步营造研究型氛围,搭建人工智能领域创新平台。

脑科学与人工智能专门课程匹配的三个实验室是:脑认知神经反馈实验室、神经科学与基因工程实验室、类脑智能实验室。脑认知神经反馈实验室提供大脑认知功能检测的工具集软件,主要涉及大脑的注意、记忆、执行能力、决策、基本感知觉、语言等功能。神经科学与基因工程实验室主要分为神经元培养及观察实验区与细胞系培养和基因操作实验区。类脑智能实验室通过借鉴生物脑的视觉感知、学习决策、运动输出等功能,构建基于机器人的视觉信息处理模型、强化学习模型、运动控制模型等,实现对 NAO 机器人的运动控制、人体手势动作识别等基础任务,并进一步实现人机意图理解、人机协作等高级认知任务。

该课程既是实验班专门课程,也是实验组课程,邀请中国科学院神经科学研究所、复旦大学附属华山医院、中国科学院自动化研究所等高校院所相关领域三十多名专家走进学校讲授知识、指导课题。学生和校内指导教师共同参与理论课的学习,在满足学生学习前沿知识的同时,也为校内指导教师的专业发展创设了平台。课程包含面向普通班学生的实验组课程和面向实验班学生的专门课程两种水平。

表 4 - 15　脑科学与人工智能专门课程模块及内容

模块	内容
基础类	人体解剖、心理概论、脑科学概论
脑认知类	脑机接口与神经反馈、学习与记忆、神经干细胞、本能行为的可塑性、听觉研究的方法、大脑如何进行人脸识别等
脑疾病类	基因编辑与脑科学、干细胞移植治疗神经系统疾病的研究进展、神经系统自身免疫性疾病研究的最新进展等
类脑类	数据挖掘、人工智能与医学应用等

实验组课程以普及脑科学和人工智能相关知识为主,专门课程则深入讲授相关知识的原理、研究进展和实际应用等。选学专门课程的学生在完成理论知识的学习后,需要根据自己的兴趣提出并进行为期一年的课题研究,最后将研究成果撰写成文。

学生提出的选题有"小鼠全脑单神经元投射谱的绘制""吗啡的戒断反应""类脑视觉运动关联建模及其在机器人上的应用实现""长时间培养对 MEF 细胞核型的影响""睡眠对运动及认知功能的影响"等。专门课程的评价采取过程性评价和终结性评价相结合的方式。过程性评价主要通过每周课后的作业质量和五次左右的测试成绩进行综合评估。终结性评价则是对学生提交选题的文献综述进行评估。(执笔人:全婵兰老师)

3　实验组课程略介

这部分主要介绍实验组课程开展情况,做一个概貌的了解,主要面向平行班学生,使他们在选择学习中学会玩,玩中有术,持续增能,明确方向。

3.1　智能汽车实验组课程介绍

上海中学与同济大学开展合作,将体现工程科学与创新思维的智能汽车课程纳入大学教育延伸至中学的先导课程,为大学教育与高中教育的有效衔接提供机会与平台。

智能汽车课程是依托同济大学相关学科(专业)优势,结合全国基础教育对人才培养和综合素养评价的要求,根据高中学生的需求,联合研讨开设面向高中生的智能汽车大学先导课程。本课程通过与同济大学相关学院的学科(专业)优势紧密结合,通过理论与实践、线上与线下相结合实施培养,通过对智能汽车发展历史、现状和趋势的学习,培育学生的问题意识、批评意识和求实创新精神,提升学生的工程实践能力,寻找创造性解决问题的途径,培养学生的开放思想和自信心,提高学生独立判断、选择和解决问题的能力。课程内容涵盖工学、理学等学科领域,包括工程科学与技术、创新创业、可持续发展、方法论、逻辑学等课程。目前,上海中学已经建成并逐步完善了智能汽车实验室,智能汽车实验组与同济大学智能汽车车队始终保持紧密联系与合作。上海中学学生在智能汽车相关技能比赛中多次获得优异成绩。

在长期与同济大学合作开展智能汽车发展课的基础上,近几年,上海中学进一步调整并优化课程设置,同时在授课模式中增加师生互动、动手实验的内容。具体如下:知识传授(通过课堂讲授、小组讨论、习题练习等多种形式进行教与学,传授本课程的基本理论知识)、能力培养(通过学生完成每个主题课程的实践论文、项目、方案等,提升学生的批判性思维、创新能力和科学素养)、素质提升(在教学过程中,通过将理论与实践两者交替学习训练、有机结合,将智能汽车与创新有机融合,培养与提升学生的工程能力与创新思维)。

通过课程学习,学生了解以下基本内容:智能网联汽车关键技术(包括环境感知、定位决策、路径规划、通信及其安全、测试等技术)、智能网联汽车国内外研发现状及未来发展技术路线,中国汽车工业发展背景及过程,中国汽车工业特点、市场分析,中国汽车行业未来的发展、挑战与机遇,新能源汽车国内外前沿发展,汽车造型设计与创意,人工智能与无人系统研发现状及未来发展技术路线。

理论教学内容包括:智能网联汽车技术及发展现状,包括智能网联汽车定义及技术体系、智能网联汽车关键技术内涵、智能网联汽车研发现状及趋势等,使学生了解智能网联汽车国内外研发现状、熟悉中国智能网联汽车技术路线图,了解智能网联汽车前沿技术;大国汽车,包括汽车引进中国的历史,中国汽车工业特点及市场分析,中国汽车行业未来的发展、挑战与机遇等,使学生掌握国内汽车工业发展的背景、过程,掌握汽车产业及技术现状,掌握汽车行业人才就业选择;新能源汽车前沿发展,包括新能源汽车国际发展趋势、新能源汽车国内发展趋势、新能源汽车企业概况、新能源汽车技术发展路线与技术需求等,使学生了解新能源汽车的发展现状和未来发展趋势,掌握新能源汽车目前的技术需求;汽车造型设计与创意,包括汽车造型设计的基本概念、汽车造型的影响因素及发展历史、汽车造型的主要内容、未来汽车造型发展趋势、汽车造型创意方法等,使学生了解汽车造型的基本概念、影响因素、主要内容及发展趋势,了解相关的创意方法;人工智能与无人系统综述,包括人工智能与无人系统定义及技术体系、人工智能与无人系统关键技术内涵、人工智能与无人系统研发现状及趋势等,使学生了解人工智能与无人系统国内外研发现状,熟悉人工智能与无人系统技术路线图,了解人工智能与无人系统前沿技术。

除了理论知识的学习,上海中学还建立了智能汽车实验室,并邀请同济大学智能汽车车队教师进行专门指导。学生在智能汽车实验组中不仅能学到最前沿的理论知识,还能理论联系实际,动手参与实验,感受智能汽车的魅力。

3.2　法学实验组课程介绍

为了进一步加强高等教育与基础教育的衔接与联合,积极探索法治教育在基础教育中的新途径、新方法,提高学生法律素养与法治意识,华东政法大学与上海中学自 2011 年起合作开设法律课程"走进法的世界",并在 2019 年 9 月就合作开设法律课程签订续约协议,为期五年。

"走进法的世界"课程分为两个模块:

第一个模块为法学课程,邀请华东政法大学法学教授前来上中进行授课。法律课程针对高二学生开设,课程设置每学期 13 周左右,每周 2 课时。主要课程包括李翔老师的刑法概论、于明老师的法理学基础、张栋老师的刑事诉讼法、马贺老师的国际刑法、于波和陈绍玲老师的知识产权保护、张泽平老师的民法、刘竞元老师的民事诉讼、傅雪峰老师的侵权责任(婚姻法、继承法)等。

　　第二个模块为庭审观摩,由华东政法大学接洽,并组织选修该课程的上中学生每学期进行一次庭审观摩。整个观摩活动分为三个部分:庭审观摩及庭后讲解答疑、法官成长经历分享讲座、法制长廊及法庭参观。通过实地庭审观摩,真切了解法庭审判的步骤,并通过庭后讲解进一步深挖背后的法治精神,探讨程序正义与结果正义的辩证关系;通过听法官讲述自己的成长经历及工作人员介绍法庭的布局,进一步拉近与法律、法官、法庭的距离。

　　具体的课程安排内容模块有:权力的法理、刑法概论、法理学基础(法律是什么?)、刑事诉讼法(如何打官司)、国际刑法(种族灭绝罪和反人类罪不一样)、知识产权保护、民法(你的肖像属于你吗?)、民事诉讼、侵权责任(婚姻法、继承法)等。

※小资料

"走进法的世界"庭审观摩(以上海市第一中级人民法院庭审为例)

表 4 - 16　庭审观摩

活动安排	内容
庭审观摩	非国家工作人员受贿罪(2020)沪 01 刑初 84 号
庭后讲解和答疑	
讲座	法官成长经历分享
参观	民事法庭、少年法庭、刑事法庭等

3.3　金融实验组课程介绍

　　2009 学年第二学期起,在时任校长唐盛昌先生与上海财经大学

（简称"上海财大"）金融学院常务副院长赵晓菊女士的关心下，上海财大金融学院与上海中学开展合作，举办面向上海拔尖中学生的金融实验组课程。从 2010 年 3 月开办第一期课程以来，已完成了 10 多期课程，参与学习的学生总人数已超过 400 人。其中，不乏受到该实验组课程的启发，最终报考上海财大并被录取的上中学生。据不完全统计，大约有 20 人。其中，2012 届毕业生金成当年考入上海财大金融学本科专业，2021 年在上海财大完成博士学位学习，目前已入职中国国际金融有限公司上海分公司。

　　金融实验课教学是引导学生运用实验的方式，检验某些金融理论，关注市场参与者的学习过程、心理、行为及其对金融市场某些实践活动的影响，并通过实验室来推导和检验行为的结果。主要课程包括陈利平博士的"经济学基础专题"、闵敏博士的"金融投资模拟实验专题"、刘建国博士的"资产定价理论与实践专题"、曹啸博士的"实验金融学专题"，每个专题 18 课时。其中，陈利平博士的课程为必修课，其余 3 门为选修课。

　　2021 年 4 月，秉承"打造世界一流的研究型、创新型中国名校"的理念，上海中学提出在原有金融实验组课程的实践基础上，探索打造国内首个对接国际前沿、教学研究共享并符合中学生探索实践特征的创新研究实验室。2022 年 2 月，上海中学金融创新实验室通过验收并投入使用。金融创新实验室功能全、互联通，功能涵盖金融学本地与远程教学、学生课后研讨与动手实践、校外导师指导下的研发工作、小规模金融科技类实践的计算服务提供、金融数据查询与分析、相关教学示范要求及与其他经管类实验课程的兼容互通。

　　上海中学金融创新实验室常年开设的课程包括：（1）专业基础课，如投资学、货币银行学、经济金融学、金融计量学、金融工程与衍生品等；（2）实验教学课，如金融模拟与实验、实验金融学、基金投资学、贵金属分析、金融市场与金融机构等；（3）金融科技课，如金融统计与金融建模、区块链技术在金融中的应用、金融量化分析、程序化交易等。

上海中学金融创新实验室力争将自身打造成为国内普通高中金融实验室标杆项目，助力普及金融学实验教育。金融实验室投入使用，将推进新的金融教育教学内容。新的金融教学方案需要融合新的金融元素。一方面，在重视理论基础的同时，扩大应用实践能力；另一方面，在传统金融学的案例中充分融入科技因素。因此，在原有上中教学的基础上，我们重新设计了包括学科基础课、案例教学课及项目实训课的课程框架，对课程体系的建设进行全面指导。具体如下：

第一，学科基础课。这类课程主要针对零基础的学生进行知识普及，达到大学基础课大一甚至大二的学科水平，方便后续进行相关的扩展和提高。具体课程包括：经济学基础、宏观经济学、微观经济学、金融学基础、定价与资本结构、货币金融学基础、货币与银行、国际金融学基础、汇率与国际收支等。

第二，案例教学课。教学实践案例化，针对之前理论的实践教学，具体开展采用实验案例的模式，让学生以一个个小专题模式对学科知识点进行强化理解，同时也开始初步了解金融市场中的实践问题，并着手进行案例的分组研究与报告撰写。具体案例有：股票定价实验、债券定价实验、投资组合实验、凯恩斯选美实验、信任实验、程序化交易实验、区块链实验等。

第三，项目实训课。实训全面化，针对之前的教学内容，选用真实的实践问题，全面考查学生的理论知识与实践能力，兼顾项目管理与流程规划的初步知识。该部分要求比较高，可能是全班分组进行一两个真实案例，而且不限时间，需要学生课后完成，最后进行汇报。具体项目有：基于机器学习的股票交易策略研究、基于区块链技术的智能合约设计研究、基于微信的财经智能服务机器人等。

表 4-17　金融实验组课程

金融实验组课程		第一学期			第二学期			第三学期		
		第1~4次	第5~8次	第9~12次	第1~4次	第5~8次	第9~12次	第1~4次	第5~8次	第9~12次
课程模块名称										
学科基础课	经济学基础	♯								
	量化金融基础		♯							
	金融科技基础			♯						
案例教学课	实验金融学				＊	＊				
	金融模拟与实践					＊	＊			
	金融统计与分析						＊			
项目实训课	基于机器学习的股票交易策略研究							＊		
	基于区块链技术的智能合约设计研究								＊	
	基于微信的财经智能服务机器人									＊
行业讲座	行业前沿讲座		＊			＊				＊

注：♯:必修课；＊:选修课

3.4 微电影实验组课程介绍

近年来,随着影视创作规模的扩大,市场对后期剪辑、特效制作、后期导演等人才的需求呈上升趋势。上海中学推出的微电影课程是专业性、系统化、理论与实践并行的影视制作能力培训课程,发挥学生兴趣特长,培养具有综合才能和综合素养的复合型人才。

微电影课程教学进行影视制作知识与技能培养,学生全方位、系统地了解微电影,学会鉴赏微电影,对新兴艺术形式产生兴趣。教师引导学生在做中学,带领学生完整、系统而全面地体验微电影制作从创意到成片的过程。主要课程包括"构思创意课程""剧本写作课程""制片与拍摄课程""后期制作课程"等关于微电影制作的理论与实践操作课程。课程结束时,学生每人完成一部微电影作品,并进行公开展映与交流评价。

上海中学微电影课程教学致力于锻炼学生在微电影创制过程中的制片管理能力、创意创新能力、沟通交流与合作能力等。课程学习期间,每位学生都将与教师、同学运用所学技巧进行丰富的实践练习,考查学生对影视制作的热情和脚踏实地的态度。课程体系的建设主要分为:

第一,理论基础课。这类课程主要针对零基础的学生进行知识教学,要求达到大学基础课的知识水平,便于后续开展拓展延伸和实践训练。具体课程包括:微电影的定义、影视导演艺术与工作、画面与画面空间造型(布光、色彩与影调、构图布局)、摄影摄像基础知识(景别、焦距、镜头、摄像机运动与角度)、场面与摄影机综合调度概念与方法等。

第二,案例教学课。这类课程结合理论知识教学,从欣赏与评析微电影作品入手,开展专题赏析,进一步强化学生对微电影的认识。

第三,项目实践课。这类课程以最终学生完成微电影作品为抓手,学生实地尝试拍摄、进行影视制作,不限于课堂,承接活动体验和创新实践,全面考查学生的理论知识与实践能力。最后,需要学生进行作品展示与汇报。

3.5 主持与演讲/戏剧实验组课程介绍

主持与演讲课程从设立之初聘请上海戏剧学院播音与艺术主持专业教授来校进行授课。根据目前中学生中普遍存在的三大障碍:旧观念、陌生感、当众性,教授对学生进行悉心引导,让学生在一次次课堂实践中逐步解放自己,解放天性,克服怯场,建立良好的心态。在每周一次的课堂讲授和实践中,教授对学生进行口语传播的智力与功力训练。学校与上海戏剧学院的合作后改为戏剧实验组。戏剧是青少年德智体美劳"五育"融合发展的重要载体和有机组成部分。上海中学推出的戏剧课程旨在发扬学生兴趣特长,培养具有综合才能和综合素养的复合型人才。

我校戏剧课程是在教师有计划、有架构的引导下,以创作性戏剧、即兴演出、角色扮演、模仿、游戏等方式,让学生在互动关系中,充分发挥想象力,自由表达情感和思想,在体验中进行模仿学习。本课程有利于培养学生的语言思维能力、想象创造能力、感受表达能力、交流交际能力及角色意识。整个课程以工作坊的形式进行,每节课由热身练习、表演元素训练、心得交流组成,通过工作坊的形式使学生认识戏剧,培养学生对这门艺术的兴趣和了解,敢于释放自己并获得基本的、真实的表演体验。课程体系的建设主要分为:

第一,热身练习。本练习主要包括肢体的放松和天性的解放。放松是一个过程,学生由敢于放松到开始放松,最后到彻底放松。整个过程以热身游戏的方式进行。学生可以从最基本的语言开始,试着大声说出一些平时不敢说的话,在这个过程中逐步调整自己,感知空间。

第二,表演元素训练。本训练是在参与者身心已经完全放松的基础上进行的,目的是让学生尽可能地对自我的潜在能量进行挖掘。

这主要包括对自我的控制、想象力的释放以及对所创造角色身体和心理的感知等。

第三,案例教学与项目实践。这涉及经典剧目剧本的学习和排练。教师以经典作品引导学生进行赏析,并展开学生排练。在教师指导下,学生运用所学的表演方法、技巧,如运用形体、声音和语言演绎角色和表现剧本的故事片段,从而建立个体对表演世界的认知,形成一定的表演能力。

第四,学习心得交流。这主要针对每节课的所学内容,在下课前10～15分钟,把时间交给学生,让他们畅所欲言,表达对这节课的感受或收获。在此基础上,由戏剧表演联系到戏剧文本及舞台导演艺术,甚至舞台美术等方面,通过教师对学生不断进行启发,从而让他们从表演开始全方位认识戏剧,并对此产生兴趣和深入探索的志向。

3.6 无人机实验组课程介绍

2017 年,上海交大航空航天学院与上海中学开展合作,创建了无人机创新实验室,并不断推进合作,形成了一系列相关课程。国家在航空领域尤其是发动机方面,比较缺少高层次拔尖人才。在中学阶段进行一些相关的启蒙教育,让学生对航空领域有一个初步的认识,挖掘潜在的人才,是十分有意义的尝试。无人机创新实验室自2017 年创建以来,已完成了 10 期课程,参与学习的学生总人数已超过 300 人。上海中学无人机创新实验室常年开设的课程主要涉及理论基础、实践探索、竞赛挑战三部分。其中,理论基础"空气动力学"课程,是把大学课程移到中学来上,是全新的尝试,也是给中学生提供更高更好的平台,为提升学生科学素养、激发学生兴趣和潜能,也为培养行业领军人才做好早期培育工作。

理论基础课主要有两类课程:飞行器概论、空气动力学。飞行器概论由上海交大老师负责,主要涉及无人机翼型简介、飞行控制与安全、无人机组装调试及改装维修等。空气动力学由上海交大航空航天学院教授负责,主要包括物理对象的基础界定与物理描述、物理对象的实际操作与物理描述等内容。

表 4－18　无人机实验组课程

无人机实验组课程计划	第1～2次课	第3～4次课	第5～8次课	第9～10次课	第11～12次课
无人机STEM	了解各种航空运动并自制小型航空器	多旋翼无人机简介	四旋翼无人机的组装、调试、飞行与维修	四旋翼无人机的创意改装	学生活动与考核
无人机概论(学期Ⅰ)	无人机简史	无人机构型	航灯与紧固件、竹蜻蜓与空气螺旋桨	四旋翼无人机的组装与飞行	学生活动与考核
无人机概论(学期Ⅱ)	四旋翼无人机改装	设计与选型、结构强度与仿生	六旋翼无人机的组装、调试与飞行	无人机的飞行与维修	学生活动与考核
空气动力学(学期Ⅰ)	力学与数学基础铺垫	绪论(空气、运动及其物理描述,空气作用力与力系数,问题与目标)	准一维流动(空气的可压缩性与小扰动、管道中的流动、拉法尔喷管)	实践(拉法尔喷管、航模等)	学生活动与考核
空气动力学(学期Ⅱ)	实践(风洞、航模等)	超音速流动(正激波、斜激波与膨胀波,拉法尔喷管的工况,超音速翼型)	低速流动与低速机翼理论、高亚音飞行	实践(水流气流演示等)	学生活动与考核

实践探索课主要是与理论基础课相匹配的无人机实操和空气动力学模型演示实验。前者由上海交大教师和上海中学本部教师共同负责,课程类型为大型发展课和 STEM 课,课程内容主要涉及无人机组装、调试、飞行、维修与无人机改装等。后者由上海交大航空航天学院教师主要负责,涉及风洞实验演示与实操教学、水流气流演示教学、航模飞行等。

竞赛挑战课中,可供学生参加的赛事平台主要有真实世界设计挑战大赛(RWDC)、MATLAB 杯无人机比赛等。RWDC 是一项起源于美国并面向全球高中生的航空航天设计项目,参赛团队需设计一款无人驾驶飞机系统来解决一个主导产业所面临的挑战,利用专业工程软件来开发解决方案,并生成一个报告来合理论证其解决方案的价值。上海中学共有 5 个代表团队参加过比赛,分别荣获全国冠军一次、一等奖两次、二等奖一次、三等奖一次。MATLAB 杯无人机竞赛是一场由 MathWorks 发起的面向大学生的全球性赛事,中国赛区自 2019 年开始每年在不同高校举办,比赛内容主要是通过 Simulink 仿真等算法实现无人机快速而又平稳精准地沿着确定赛道飞行。上海中学学生也可跟随大学代表团队参赛。

表 4 - 19　无人机实验组课程安排

无人机实验组课程安排	课程类型	第一学期(1～12 次)	第一学期(1～12 次)	共计课时数
空气动力学	大型发展课	12 次×2 课时	12 次×2 课时	48
无人机概论	大型发展课	12 次×2 课时	12 次×2 课时	48
竞赛挑战类	小型发展课	12 次×1 课时	12 次×1 课时	24
无人机 STEM 课	STEM 课		12 次×1 课时	12

3.7　税务实验组课程介绍

上海中学税务税法实验组课程是由上海中学与上海市税务局于2018年9月合作开展的实验课程。该课程是一门立足税收立法的高度,放眼培养税务税法高素质人才队伍的实验课程,是对国家税法进课堂的先行先试。

本课程涵盖宏观与微观两个层面。宏观层面,专家围绕我国的财税体制改革等重大命题进行系统讲解,帮助学生理解税收法定原则等基本原理,加深对财政在国家治理中发挥的重大作用的认同。微观层面,专家针对增值税、国际税法等具体领域进行专题讲解,为学生展示税法税务主题下的技术细节,领会税收是一门技术活的真谛。

3.8　地理信息系统实验组课程介绍

从2019学年第一学期起,华东师范大学地理科学学院与上海中学签约合作,创建了数字地理创新实验室,并依托实验室开发了一系列课程,其中包括"地理信息系统(GIS)""走进河口海岸""环境地学"等课程。

在"聚焦志趣、激发潜能"的理念指导下,依托华东师范大学智力支持,学校引导学生展开课题研究,关注地理热门研究领域,使学生巩固了课堂所学,拓宽了视野和知识面,激发了对地理学习的兴趣,培养了创新意识。学校通过搭建校内外的课程资源平台的初步尝试,让学生从更多专业方向认识地理学科。

基于地理实验室的硬件设备和地理课程的基本要求,校内教师开发了一系列课程,包括在数字天象馆中的"漫谈天象"、GIS教学空间的"在线GIS"等内容。校外实验组课程主要依托华东师范大学教学资源进行开发,包括"走近河口海岸""环境地学""地理信息系统(GIS)"等实验组课程,每学期开设一门。

第一,理论基础课。目前 GIS 课程由华师大地理科学学院教授授课,让学生全方位、系统地了解地理信息系统软件,学会用地理信息工具分析城市研究中的实际问题,对此新兴技术手段产生兴趣;引导学生在做中学,带领学生完整而全面地体验发现问题、获取数据、分析数据,从而解决问题的全过程。课程依托 ArcGIS 等地理信息软件,给学生提供机会利用地理信息系统软件发现、解释生活中的现象和规律,从而理解地理空间中已经发生、正在发生和将要发生的事情,获得对地理学科乃至对社会的深层次认识,通过解决现实问题,培养学生的科学思维、探究精神、学以致用的能力。

课程内容安排及课时安排如表 4 - 20 所示。

表 4 - 20 地理信息系统实验组课程

课程	内容安排	课时安排
GIS 基础	熟悉系统操作	2
	空间数据的类型与获取	2
	投影与坐标系	2
	属性表分析	2
	可视化	2
GIS 应用	上海餐饮设施评价	4
	上海住房选择分析	4
	公共设施服务范围分析	2
	城市用地变化分析	2
研究项目	框架设计与数据准备	2
	GIS 分析应用	2
	交流评价	4

第二,实践探索课。这类课程主要是与理论基础课"地理信息技术与应用"相匹配的模拟实验,主要包括利用遥感影像提取地物类

型,计算绿化、水体、建筑等面积及其变化情况,绘制上海中学校园地图等专题地图。课程类型为小型发展课与 STEM 课,主要由本部教师负责。此外,地理组还开设了天文探索课程,主要利用天文软件 Stellarium 开展实践探索教学,利用相关软件开展模拟日食月食探究、探究星座分布、认识主要天体运动规律等实践教学。

教师通过计算机软硬件和诸多数据联结使用,带领学生发现一些地理基本原理,如位置在生活中非常重要。通过 GIS,我们可以用视觉云观察、理解、质询、可视化和解译数据,并通过这些数据所反映的模式来帮助我们更好地做出决策。比如,气象学家可以通过研究飓风的路径来预测其未来发生的时间和地点,城市规划师可以为新建的公园或医院选择最好的位置,等等。对中学生而言,在软件基础上有很多发现,如果让他们用软件发现、解释生活中的现象和规律,甚至解决一些问题,则对其科学思维的培养有很大的帮助。

3.9　计算机视觉与机器学习实验组课程介绍

人工智能作为计算机学科的一个重要分支,于 1956 年在达特茅斯学会上被正式提出,当前被称为世界三大尖端技术之一。目前,人工智能技术已在教育、安全、金融、交通、医疗健康、家居、游戏娱乐等多个领域中实现技术落地,应用场景也愈来愈丰富。不过,人工智能的定义仍相对模糊,最普遍的说法是让机器拥有"仿人"的能力,即能通过计算机实现人脑的思维能力,包括感知、决策及行动。简单地说,人工智能探寻的是如何用机器来模拟延伸和扩展人类的智能。比如,让机器会听、看、说,会思考、行动、决策,就像我们人类一样。其中,计算机视觉是指用摄像机和电脑及其他相关设备,对生物视觉的一种模拟。它的主要任务是让计算机理解图片或视频中的内容,就像人类和许多其他生物每天所做的那样。

上海中学计算机视觉与机器学习实验组是与上海交通大学人工

智能研究院共同建设的中学人工智能实验组。实验组旨在传播人工智能的基础知识与核心理念,培养学生用人工智能技术解决实际问题的思维与动手能力,选拔与培养在人工智能方面有巨大潜力的未来科学家。实验组特色研究方向为人工智能领域最重要的支撑技术:计算机视觉与机器学习。合作方上海交通大学人工智能研究院在机器学习、计算机视觉方面成果卓著,大量科研成果发表在PAMI、IJCV、CVPR、ICCV、ECCV、NIPS等具有国际影响力的顶级人工智能期刊上。上海交通大学人工智能研究院拥有多位国内外知名人工智能学者,与国际上各大著名高校人工智能课题组联系紧密,并与国内外知名人工智能企业建立了广泛的科研合作关系。

本课程秉承培养新时代高素质科技创新人才的理念,同时结合学生实际知识储备情况与认知水平,用人工智能、计算机视觉、大数据分析等前沿科技领域最新知识对学生知识进行有效拓展。在保证合理学习难度曲线的同时,适当引入数字信号处理、图形学、计算机编程、高等数学、概率与统计等作为储备知识,以加深学生对 AI 算法的理解与掌握程度。为保证学生学以致用、知行统一,课程同时引入了部分实践编程内容。实践编程部分在形式上可分为自主实验与小组合作项目两类,在培养学生严谨算法思维的同时,难度较大的合作项目更强调学生之间沟通协调与分工合作。实践内容与课程内容紧密挂钩,让学生做到即学即用,在制订分阶段具体目标的同时也鼓励学生自主创新。

课程主要内容包括:熟悉 Python 编程、Pytorch 机器学习库使用,了解线性回归、逻辑回归、支持向量机、聚类等机器学习模型,重点学习基于卷积神经网络(CNN)的图像识别算法,掌握完整的模型训练和测试过程,在理论和基础学习的基础上开展人脸识别及对抗攻击、视觉目标跟踪、生成类模型实现等团队实战项目。

课程安排如表 4-21 所示。

表 4 - 21　计算机视觉与机器学习实验组课程

基础课程	人工智能基础及背景介绍
	Python 及 Pytorch 基础
	相关数学基础介绍(导数、矩阵、线性代数)
机器学习和计算机视觉课程	线性回归(Linear Regression)
	逻辑回归(Logistic Regression)
	正则化(Regularization)及神经网络(Neural Networks)入门
	神经网络反向传播(Backpropagation)及应用
	支持向量机(Support Vector Machine)
	无监督学习(Unsupervised Learning)
	卷积神经网络(CNN)
	实战教学——模型训练及测试
	计算机视觉应用(Style Transfer、Adversarial Examples 等)
实战项目	人脸检测及对抗攻击组: (1) 对手写数字字符分类器实现对抗攻击; (2) 完成人脸检测及对抗攻击任务
	视觉目标跟踪组: (1) 对现有目标跟踪算法的性能进行检测; (2) 完成高空抛物跟踪算法的设计
	生成类模型组: (1) 完成对校园风景图片的风格迁移; (2) 古代诗人的动态诗歌朗诵

3.10　仿生机器人实验组课程介绍

2022 年,上海中学与上海理工大学合作设立了仿生机器人实验室。仿生机器人集机、电、材料、计算机、传感器、控制技术等多个学科于一体,是国家高科技实力和发展水平的重要标志。作为下一代通用超级智能终端,仿生机器人将广泛替代社会劳动力。仿生机器人实验室已完成两学期的课程,每学期参与人数有 20 人左右,由上海理工大学专家授课。课程包括人形机器人基础知识、表情基础理论和识别模仿算法、双足行走的基本原理和控制方法等,并通过计算机仿真和实际机器人实验,了解人形机器人开发环境,初步建立人形机器人的科学研究方法。具体课程主题如表 4-22 所示。

表 4-22　仿生机器人实验组课程

课程模块主题	课程主要内容
仿生机器人简介	1. 仿生机器人的意义 2. 国内外人形机器人的发展历史 3. 仿生机器人的现状和未来 4. Python 和 ROS2 初步
表情机器人硬件与实验	1. 优拉机器人的设计概论 2. 优拉机器人传感实验 3. 优拉机器人控制实验
AI 表情识别算法	1. 表情识别原理 2. 表情识别算法 3. 表情识别实验(环境熟悉、具体实验)
表情模仿算法与实验	1. 表情模仿原理 2. 表情模仿算法 3. 表情模仿实验(特征点绑定、舵机驱动)
小贝双足机器人	1. 小贝机器人的设计概论 2. 小贝机器人的驱动设计 3. 小贝机器人介绍
运动学与控制实验	1. 机器人坐标变换 2. 腿部的运动学推导 3. 运动控制实验环境介绍 4. 机器人控制仿真与太空步实验

（续表）

课程模块主题	课程主要内容
步态控制基础	1. 行走动力学建模（线性倒立摆、力分解、牛顿定律建模） 2. 质心的运动原理（对微分方程解的认识、仿真验证、运动规律总结） 3. 步态规划算法（DCM 定义、前后向运动规划、侧向运动规划）
行走仿真与实验	1. 仿真平台使用 2. 行走编程仿真 3. 虚实迁移实验

3.11　工业机器人实验组课程介绍

机器人学是力学、机械学、计算机、控制论、电子工程、人工智能等多学科高度交叉的学科，是工业技术最先进、最前沿的应用之一，正在并将继续深刻影响社会的发展。与机器人有关的实验室大多以单片机和传感器为基础，以轮式驱动为主，实现比较简单的功能。2021 年，上海中学与上海交通大学合作创建了工业机器人实验室，推进工业机器人实验组课程的开设。

工业机器人实验组课程通过虚拟仿真、先进协作机械臂、行走机器人，循序渐进、由浅入深地全方位介绍机器人基本原理、实际控制、机器人作为平台的各种拓展应用。学生可以在仿真环境中安全地学习机器人的机械原理和控制原理，掌握物理学的实际应用，再通过具有先进水平的协作机械臂，学习实际机械臂的控制和使用，从头实现机械臂的控制算法和运动规划，并使用机械臂完成常见任务。最后，学习使用六足行走机器人。行走机器人代表机器人领域前沿的技术水平。通过六足行走机器人，学生可以学习如何从动物行走中发现行走的规律，设计机器人行走步态并实现六足机器人的行走。

通过课程学习,学生可以系统地了解机器人领域的知识和技术,并结合数学、物理知识,学习相应知识在机器人领域中的应用。课程结束后,学生可以使用机械臂自行设计各种任务并加以实现。例如,使用机械臂实现远程实验操作、物品分拣等。学生也可使用行走机器人实现特定路线巡检,携带视觉传感器实现无人探测,等等。

本课程分为两个阶段:第一阶段为基础课程,主要教授机器人学基本原理、机器人运动学计算和控制方法。这个阶段主要依托机器人仿真环境进行教学,各种机器人的原理都在仿真环境中有直观示例。学生可以在计算机 3D 仿真环境中直观地看到机器人,在仿真环境中实现机器人的运动算法和控制。这将有助于学生快速、安全地接受机器人的各种知识,也便于学生大胆实验,消除畏难心理。第二阶段为进阶课程,主要教学生操作和使用真实的机器人,课程从机器人基本驱动单元(伺服电机的控制)入手,循序介绍六自由度机械臂、六足行走机器人的操作和使用。由于第一阶段采用仿真环境教学,学生已熟悉和掌握机器人的知识和控制方法,因此第二阶段使用实际机器人更容易接受。

课程安排:第一阶段课程采用计算机仿真环境教学,每台计算机可以供两个学生使用,可以同时面授 30 个学生。在授课的同时进行录像,课后有需要的学生可以通过视频巩固,新学生也可以根据视频学习。上课中的所有示例均在仿真环境中运行,学生通过自己在仿真环境中完成这些示例,可以有效掌握所学知识。由于实体机器人数量限制,第二阶段课程分组进行学习,并根据第一阶段学习情况,由第一阶段学得较好的学生主导。实体机器人实验在教师指导下安全有序进行。

在非授课时间,学生可根据学校安排,自行使用仿真环境复习或自学机器人知识。若有疑问,可在下次上课的课后解答。课程主要内容有机器人学概述(全面系统介绍机器人学历史、现状和发展,并系统介绍机器人学特点和学习方法等)、机器人的空间描述和坐标变换（学习机器人的空间描述和定义、机器人位姿的描述和坐标系的定义、机器人学中主要的坐标系映射方法和坐标变换）等。该实验组课程主要学习内容如下。

第一，六维鼠标和机器人仿真环境使用：系统介绍基于力控的六维鼠标原理，并介绍先进机器人仿真环境的使用，以及如何在其中进行结构建模、定义运动副，并通过六维鼠标实现运动副控制。

第二，Scara 机械臂的运动学原理和仿真实验学习经典：了解四自由度 Scara 机械臂的运动学正反解方法，学习在仿真环境中导入 Scara 机械臂模型，并实现正反解算法，使机械臂在仿真环境中运行。

第三，六自由度机械臂的运动学原理和仿真实验学习经典：了解六自由度机械臂的运动学正反解方法，并学习在仿真环境中导入六自由度机械臂模型，实现正反解算法，使机械臂在仿真环境中运行；明确机器人任务和路径规划，学习机器人在空间中路径轨迹的描述和生成，介绍几种常见的关节空间规划方法，并在仿真环境中实现六自由度机械臂的轨迹规划。

第四，电机原理和伺服控制：学习机器人基本驱动单元电机的工作原理和伺服控制原理，介绍如何在运动控制软件 TwinCAT 中实现电机的伺服控制。每个学生使用一台装有 TwinCAT 软件的电脑，使用虚拟轴学习电机控制。教师使用电机测试台演示实际电机的控制。

第五，六自由度机械臂运动控制软件设计与实现：讲解如何使用基于 TwinCAT 设计六自由度机械臂控制软件，并在 TwinCAT 中实现仿真环境中检验过的六自由度机械臂的正反解，实现机械臂的基本运动控制。学生分为两组，每组协作配合学习一台机械臂的控制。教师使用 TwinCAT 的虚拟轴讲解六自由度机械臂的控制软件设计及控制算法验证方法。

第六，行走机器人原理和操作方法：学习行走机器人的步态概念、步态规划和选择以及行走机器人的基本运动学原理，介绍和演示行走机器人的操作方法。教师围绕实体机器人教学讲解,学生分组实践行走机器人操作。同时,教师介绍行走机器人模型导入仿真环境,供有余力的学生在仿真环境中学习行走机器人的控制方法。

第七,行走机器人使用:学习行走机器人的程序控制方法,掌握通过外部程序控制机器人运动的方法,实现基于一个既定路径的行走机器人运动规划。学生可分成两组进行,每组实现一个自定运动轨迹运行。

3.12　社会科学实验组课程介绍

社会科学方向的课程于 2017 年设立,刚开始面向科技班、工程班中对社会科学感兴趣的学生,后面向平行班开设。不同于之前集中于某个自然科学领域的研究课题,社会科学方向的课程关注较为广泛的社会学问题,包括但不限于政治学、社会学、经济学、法学等领域。课程鼓励学生关注身边的社会事件与新闻,聘请大学教师,辅以校内指导教师的力量,为学生提供专业的理论视角与调研方法,从而将社会现象转化为具有一定社会科学价值的学术课题进行深入研究,每个学年均产生一篇具有较高质量的社科论文并参与市创新大赛评选,全面锻炼和提升学生在社会生活中发现问题、分析问题、解决问题的能力。

课程创立伊始便与复旦大学社会发展与公共政策学院建立起长期合作关系,发展至今邀请多位教授长期担任授课与课题指导工作。课程涵盖课题规划、抽样方法、问卷设计、访谈设计、数据分析、数据可视化等多项内容,辅之以社科经典文献与论文的读书会形式,提升学生对社会科学研究的认识与感悟,全面提升学生的社会科学研究素养。

课程开设至今,已有多届学生在上海市青少年科技创新大赛获奖,课题研究覆盖社区治理、疫情防控、人际交往、网络亚文化、文化产业等多个领域,多篇论文获专家及指导教师高度评价。

3.13　软件工程实验组课程介绍

2013年9月，上海中学和同济大学软件学院签署合作协议，开设软件工程实验组课程。2014年4月起，课程从一般授课模式转变为先授课后课题研究模式。软件工程实验组课程在平行班中选拔学生，进行创新人才的早期培育。课程的开设，为学生提供了发展需求的机会，促进学生在课程的选择学习中激活学习兴趣，促进兴趣聚焦与潜能的匹配，将学生的成长与科技发展以及创新人才早期培育紧密结合起来，增强他们基于信息科技领域的创新意识、创新能力与创新激情。

实验组目前的固定师资包括同济大学软件学院教师、校内指导教师。其中，导论与概览课程由大学教师团队授课，主题课程由大学教师按照专题进行授课。课程内容通俗易懂，教师讲解深入浅出，使学生对计算机科学和软件工程学科的理论基础及重要方向有宏观的认识。在课题指导过程中，大学教师主要集中在选题思路的启发、专业技术的解决建议、过程中对项目进展方向的把握以及研究思路的指导等。校内教师主要负责课题研究过程中的学术规范、督促学生把握时间节点、协助大学教师指导学生。

参与课程的学生形成了一定数量有较高质量的软件工程类研究课题，获得了来自多个平台的认可和肯定。2014年以来，参加软件工程实验组课程的学生共完成多项计算机和工程领域课题。其中，获得上海市青少年科技创新大赛一等奖2项、二等奖4项。从学生选题内容角度来看，可以发现很多课题聚焦到个人健康、老年人、高中学习生活等社会问题，可以看出实验组学生希望通过自己的努力解决身边的问题，体现出他们在选择课题时明确的社会责任感。据不完全统计，参与过软件工程实验组课程及课题研究的学生进入大学后，约50%选择了计算机科学、电子电气工程等相关专业。

※小资料

参加软件工程实验组课程的学生完成的课题项目举例

表 4－23　参加软件工程实验组课程的学生完成的课题项目（部分）

年份	课题名称
2022	基于计算机视觉的健康助手
2022	构建"虚拟钢琴家"——基于 midi 文件的关于优化自动钢琴演奏音乐性的课题
2022	"家园之脉"——城市社区环境感知共建系统
2022	基于压力垫的青少年坐姿矫正
2022	有关数学解答题的"自动批阅"程序设计
2022	基于计算机视觉的糖尿病患者智能秤设计
2022	防止"开门杀"的车载预警系统
2022	学习"小助手"——监督学习与坐姿纠正装置
2020	一种带破碎压缩功能的干垃圾减容装置
2020	一种自动化药液监测＋报警装置初探
2020	基于微信小程序平台的高效的多肉养殖系统
2020	基于虚拟现实技术和体征测量技术的社交恐惧症辅助治疗系统
2020	"光之形"——基于色彩直方图的显示色彩修正工具
2020	基于图像识别的分数统计小助手
2020	一种基于数学计算软件接口标准的探究
2018	面向智能预导诊服务的病情描述文本自动分类算法
2018	快速 3D 建模工具
2018	公交司机的"健康卫士"——个性化实时健康关怀系统
2018	交互增强的讲座信息助手
2018	智能风扇系统

学习软件工程实验组课程的学生毕业后,基本上均进入基于专门

课程学习、自身感兴趣的相关大学与专业,大部分进入清华、复旦、同济等高校汽车工程、软件学院计算机工程、自然科学实验班、IEEE实验班、机械与动力工程、计算机科学与技术(ACM班)等领域深造。

4 导师制计划课程略介

2014年以来,上海中学与复旦大学多次签约,实施了从高一至高三全程"复旦大学—上海中学学术兴趣与素养培育的导师制计划"(以下简称"导师制计划"),集多年来大中学合作育人实践智慧于一体,创出了一条资优生培养的新途径。导师制计划的实践,力求从"学术素养"培育这一超越常规的视角,有效解决普通高中育人方式与资源突破问题,从人才成长规律出发,提升资优生教育质量。《辞海》中将"学术"诠释为"较为专门、有系统的学问","学术素养"是指探求专门、有系统学问的兴趣、知识、能力与德行。高中资优生学术素养培育,与高校学生学术素养培育关注学术问题解决与学术创新能力不同,从高中生认知发展规律出发,以"学术探究思维和方法养成"为逻辑主线,激活学术探究兴趣,内化学术道德,夯实学术知识,提升学术能力。

2014年6月至2018年9月,我校与合作高校持续深化合作,以把握学术方向、聚焦学术志趣、提升学术素养为导向,在育人目标、课程内容、教学组织等方面实现资优生学术素养培育方式突破与资源集聚。

4.1 打破学科与学年界限,关注资优生个性潜能开发的学术引领

2014年6月至8月,合作双方通过调研分析,在合作定位、沟通方式、合作形态等问题上达成共识,自当年起选择高一、高二学有余力(有较多的"溢出时间")、对学术探究有强烈渴望的学生(每个年级60名学生,2016年增至80名)进入该计划,形成以问题解决能力提升为导向,而不是以学科知识积累为导向的微课程内容。2014年9月至2018年9月,我校打破学科与学年界限,从数学等12个学科领

域选择学术引领内容,构建完整的高中三年导师带教周期,以行动研究促进资优生个性潜能开发。

4.2 打破"大学课程前移"方式,形成与资优生学术素养提升匹配的课程实施体系

合作高校除派出各领域顶级专家来我校担任资优生导师(包括各领域院士、知名教授、入选国家"千人计划"的专家等)、开设系统的学科大讲座外,还推出导师带研究生方式的、个性程度更大的"导师与学生面对面(Office hour)"交流(每位导师与四五名学生配对,每次交流 1.5 小时)。2015 年起,还增加真实学术场景的暑假课程。2016 年起,又针对高二年级学生开设适合高中资优生学术领域认知的学科微课程,涉及 12 个学科领域的 41 门微课程供选学。学校每学期开设 8 门微课程,每个学生须在高二学年修满 4 门微课程,文理学科微课程各 2 门。与此同时,开展线上线下交流,形成了包括高一学科大讲座、高一和高二学科微课程、高二和高三"导师面对面"、暑期课程、在线指导与慕课学习"五位一体"的合作育人内容实施体系。

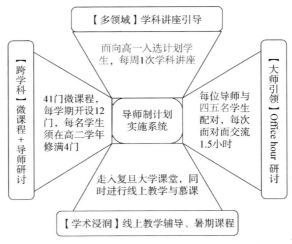

图 4 - 8　导师制计划开设课程示意图

4.3　打破仅开设讲座的"点到为止"学术体验，形成全过程引领与全方位合作机制

学生在聆听大学教授开设的学科讲座与微课程的基础上选择导师，从高二至高三每周二与周四晚上与导师进行 Office hour 交流研讨，就学生感兴趣的问题、主题、课题或项目进行探究。暑假课程持续时间为半个月至一个月，每年暑期课程数量在 80 门左右。自 2015 年开设以来，参与暑期课程的学生都顺利通过考核，一些学生甚至拿到 A＋的优异成绩。在"导师制计划"实施过程中，一些学生会出现可持续力不足的情况，但一些计划外学生的学习表现有大幅提升。"导师制计划"设立了退出制和增补制。合作高校给导师提供一定的教学津贴，并纳入导师的课时中。合作双方确立了"专人对接＋定期座谈"的沟通方式与稳定的项目管理团队。我校为大学导师建立对接助教团队，配备学校相应领域的学科教师担任助教，协助安排教室布置、学生管理、评价激励等，持续推进中学与大学合作的制度贯通、资源贯通、实施贯通、评价贯通。

2018 年 9 至 2023 年 9 月，"导师制计划"在实践检验中关注长效机制的建立，定期反馈实施过程中的收获及需要注意的问题，不断得到完善与升华。"三个坚持"的深化实践，形成了大中学深度合作育人的良好运行机制，资优生学术素养培育进入常态化运作阶段。

第一，坚持研讨释疑，促进持续发展。两校团队一直保持持续良好的沟通反馈机制，每学期至少组织一次大学导师与中学"助教"、学生参与的研讨会。每年度进行一次总结，给全程参与"导师制计划"的学生颁发由两校盖章的结业证书。两校还建立了合作育人的学生跟踪发展评估机制，关注学生学术生涯的持续动力。

第二，坚持点面结合，从覆盖部分拔尖学生到覆盖全体在校生。在点上，关注经双方团队选择的学生进行培养。在面上，关注将合作智慧延伸到全体学生的学术兴趣导引，如 2021 年开始增设"学术日"

活动;每隔两年举行一次"拔尖创新人才早期培育链的构建"学术研讨活动,及时交流与提炼大中学合作经验。

第三,坚持理性思考与实践检验相结合。在"导师制计划"实践基础上,我校于 2019 年申报并获准立项主持全国教育科学"十三五"规划之教育部重点课题"高水平人才培养体系视野下大中学合作育人机制研究",把握 2020 年国家"强基计划"要求落实以及结合我校作为普通高中新课程、新教材实施国家级示范校推进,进行大中学合作的课程资源开发探索。

5 大中学合作育人课程体系总览

针对普通高中资优生教育学术引领方式不足(简单指向高考、竞赛)的问题,如何拓宽高中资优生的学术视野,在课程内容、教学目标、课堂组织形式上实现育人方式突破?可以通过大中学合作,联合进行多领域学术课程开发与多样化教学形式的变革,让高中资优生"离高考更远一些(不拘泥于高考)、离学术更近一些",引导高中资优生的学术探究从兴趣走向价值追求,不是育人过程的"添砖加瓦",而是"突破边界"找新路。

针对普通高中资优生学术素养培育资源不足的问题(仅靠高中师资力量远远不够),需要以高中学校为圆心,合理引入大学的"大师"(各领域的院士、知名教授、专家)资源,拓展高中资优生学术探究的空间,形成大中学深度合作育人的良好运行机制。这一机制的探索有助于一批实验性示范性高中引入大学学术资源,实现教育对象、师资、制度、评价等要素的优化组合,提供高中资优生接触真实学术研究的经历,促进学生在聚焦学术志趣的基础上提升学术素养。

在高水平人才培养体系视野下,推进大中学合作机制探索,解决上述针对高中资优生学术引领不足、学术素养培育资源不足的难题,就需要在学科体系、教学体系、管理体系等方面进行大中学合作育人的整体思考(如图4-9所示),创设更宽广的学术引领平台,梳理高中资优生的学术志趣追求。

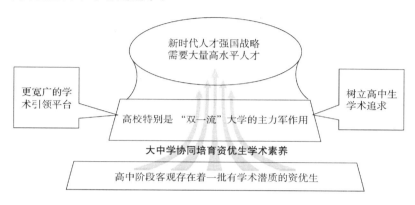

图4-9 高水平人才培养体系视野下的大中学合作育人整体思考

大中学合作育人机制的内在运行方式聚焦一个核心(聚焦学术志趣·激发学术潜能),采用两种模式推进(一般模式和强化模式),基于三个载体(专门课程开发与授课、课题研究指导、创新实验室建设),贯通四个体系(制度体系、资源体系、实施体系、评价体系),经历五个步骤(准备、启动、实施、提炼、优化)。

5.1 大中学合作育人机制的一个核心与两种模式

长期以来,我国高中阶段教育与高等教育之间存在的衔接问题,阻碍了学生优势潜能的持续发展。因此,上海中学推进的大中学合作育人模式将"聚焦学术志趣,激发学术潜能"置于核心位置。其中,"聚焦学术兴趣"强调"丰富"平台,合作高校提供多领域、跨领域的课程供学生选择学习。激活学术兴趣是推动学生专注学问、乐在其中的心理动机,充分考虑学生的个性化知识构成。"激发学术潜能"依靠"实践"磨砺,引导学生正确处理国家必修课程、各类学术领域专门课程及多领域探究课程之间的关系。

每个学生都是独一无二的、有不同学术发展取向的学生,其发展水平和需求存在现实差异。大中学协同育人宜采用一般模式与强化模式相结合,逐步聚焦的方式。上海中学通过对大中学合作构建拔尖创新人才早期培育链的实质性探索,形成了"一般模式(以选修课程或专门领域的实验组课程选学形式开展)"和"强化模式(以科技班、工程班等实验班形式开展)"两种实施方式。在不断优化迭代的过程中,这两种实施方式还可以逐渐形成"整合模式(以复旦大学—上海中学的学术兴趣与素养培育的导师制计划为例)"。每个学生依据自己的兴趣、特长与能力选择"个人的轨道",在聚焦志趣的同时,产生对"学术"的敬畏感和研究热情。

2008 年 9 月,上海中学与上海交通大学合作开办首个科技班,设置物理、化学、生命科学、计算机科学、医学五个科技领域的专门课程。后学校与大学的合作育人范围不断扩大,2012 年增设工程班,设置工程、通信、海洋、能源、环境五个领域的专门课程,该类课程超过学生在校期间总课时数的 25%,这种模式也称"强化模式"。学生通过听取每个方向的导论课,从 11 个领域的课程中选定 1 个方向,经历文献调研、开题汇报、中期报告、结题汇报、展示交流过程。一般模式则面向全体学生。上海中学从 2012 年开始与不同领域专业实力强大的大学合作,先后开设法学、软件科学、主持与演讲、金融等 10 多个实验组专门课程。全体学生均可报名参加,通过一定的评估进入实验组。一般模式形式更灵活,起点较低,主要结合短期小项目研究展开。2014 年,学校与复旦大学合作推出"导师制计划"。该计划是两种模式组合的一种新尝试。两校于 2014 年暑假合作选拔了高一年级和高二年级学有余力、有一定学术发展潜质的学生进入"导师制计划"。该计划强化模式设置的课程,关注各专业领域思维和方法提炼,取主干,舍枝末,将大学一学年、一学期的课程浓缩成 18 课时。每个学生须选择一种组合,每种组合文理结合。该计划拓展至全体学生的学科大讲座,覆盖了自然科学、新工科、医学、人文、社科等专业领域研究前沿(如图 4-10 所示)。

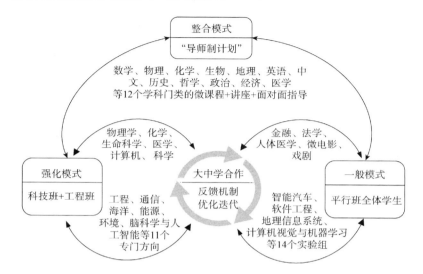

图 4-10 大中学合作育人机制的多元模式运行示意图

5.2 大中学合作育人机制的三个载体

创新知识基础、创新能力和创新人格基础以及创新环境营造对高水平人才成长非常重要。基于此,大中学合作育人需要匹配相关的载体。实践研究表明,专门课程、基于专门课程的课题研究体验、创新实验室平台是三个有效载体。

其一,设置专门课程,夯实学术基础。

大中学合作机制需要建立以学术素养培育来提升资优生教学质量的突破性观念,从学科思维和方法层面整体设计,创设贯穿高中三年的专门课程体系。该体系不仅可以促进学生的学术兴趣激活与学术素养开发,还可以内化学生将学术探究的价值追求与国家、社会需要紧密连在一起,形成学术志趣聚焦,是点燃高中生学术探究的灯塔。

我们曾对参与大中学合作项目的师生进行调研,学生对"大学专业课程的提前学习"的认识（60.6%）明显高于平均水平，教师对"大学教师与中学教师一起开发适合高中生、带有一定领域导向的专门课程"的认可度（74.8%）明显高于平均水平（如图4-11所示）。

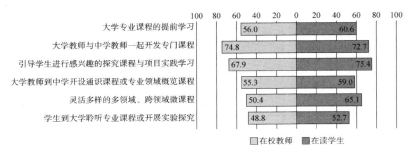

图4-11　教师与学生对大中学合作推进高中生学术志趣培养的课程要素建构认同度（%）

　　强化模式的11个领域（如前所述）的专门课程由大中学合作开设，课程设置在每周二、周四下午，每次2～3课时。在学习专门课程后（一个学期），每个学生在校内外专家的指导下聚焦于一个方向进行一项课题研究（一年半时间）。一般模式包括两类专门课程，均面向全体学生。第一类为中学教师自主开发的校本课程，具体包括7个学习领域、14个学科范畴的370多个专门科目及相应的课题探究模块。该类课程针对尚未发现自己感兴趣领域或想对自己感兴趣领域有进一步了解的学生。课程根据内容设置不同课时，内容涉及某个专门领域的概貌或某一小主题的深入探讨。第二类为实验组专门课程，目前设有金融、税务、地理信息系统等10多个实验组。实验组课程反映某领域最新发展，并强调基于实践的学习。整合模式（"导师制计划"）的专门课程包括高一"多领域"学科讲座（48学时，面向高一入选计划的学生，每周一次）、高一和高二学科"跨学科"微课程（72学时，每学期开设12门，每个学生至少修学4门）、"导师面对面（每位教授与四五名学生配对，每周安排2次1小时面对面交流，30学时）"、暑期课程（40～60小时，走入复旦大学，实际体验大学学术研究)、在线指导与慕课学习(学生与导师在面对面交流后,就诸多学科问题、学术探讨通过邮件、微信等进行线上交流)五种类型。

其二,参与"真学术"的课题研究,体悟研究方法。

从学术兴趣到学术志趣,不是一般意义上的越来越感兴趣,而是关乎内在倾向的价值变化(如图4-12所示)。针对高中阶段的资优生群体,需要以探究合作为主线,丰富学生的学术体验。上海中学推进开展的大中学合作育人模式,无论是哪种合作模式,学生均需要经历课题研究的过程。课题研究基于专门课程的学习,参与"强化模式"的每个学生需要在大学教师和校内教师的指导下,利用一年半的时间至少完成一个课题,经历开题、中期、结题的完整研究过程。参与"一般模式"的每个学生需要完成一个小课题,全体学生均需要完成一篇小论文。以"整合模式"的"导师制计划"为例,高一微课程是学术兴趣的导引课程;每个学生感兴趣的探究主题不同,随后以灵活程度更大的学科讲座作为过渡;之后,学生逐步对自己感兴趣的领域有了较深入的认识,进入高二学科微课程。微课程是学生从常规的中学课程走向学术探究的第一步,随着探究的深入,需要与导师进行一对一深度交流;在深度交流后,形成"真问题",学生带着课题通过暑期课程等形式体验学术研究。

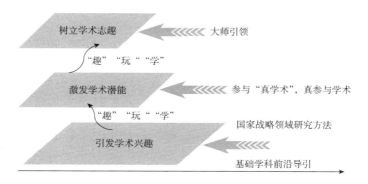

图4-12　高中生"学术志趣"聚焦的大中学合作育人导引的三个阶段

其三,营造"学术空间"的创新实验室建设。

随时走进创新实验室是学生学术志趣聚焦的关键,也是学生研究灵感的孵化器。实验室建设不能一蹴而就,宜采用"取舍得当,滚动更新"的方式进行。第一,大中学合作在构建中学创新实验室过程中需要有所取舍,取舍过程中需要考虑的要素包括周边大学实验室资源的便利性、实验设备的安全性、实验室预计使用率、课时安排、专业维护人员配备等因素。第二,自2002年起,上海中学逐步构建了金融创新实验室、土木工程实验室、环境工程实验室等30多个现代数字化实验室。设立创新实验室的前提是开发匹配的专门课程。课程随着科技和社会发展的不断更新,自动控制实验室等实验室也逐步被淘汰,并新增了仿生机器人实验室、VR实验室等。第三,随着创新实验室数量的增多,上海中学根据学生课题研究需要,对多个数字化创新实验室进行系统化的优化组合,逐步形成一些模块化的实验中心,如人工智能实验中心、化学分析测试中心等。

5.3　大中学合作育人模式的四个贯通体系

第一,制度贯通体系。制度的形成不是一蹴而就的,过程中需要不断反馈和调整。大中学合作育人从一开始的合作协议到逐步形成系列制度,需要建立协作机制,包括共同制订培育方案、合作组成教学团队、协同实施教学管理、联合实施教学评价体系等。以上海中学与上海交通大学的合作为例,2008年9月,上海中学首届科技实验班正式开班。上海中学与上海交通大学签订了"高中生创新素养培育项目"合作协议,明确双方共同确定实验班学生的培养理念、培养目标、培养模式、成效预测和评估的系统性设计,并确定了合作开设的五个专门课程方向(物理、化学、生命科学、计算机、自动控制)实施方案。随着项目的不断推进,五个专门课程方向进行了调整(如自动控制逐步更新为智能工程)和增设,并对教师团队进行了相应调整。在具体推进过程中,双方不断通过研讨增加补充协议。除合作协议外,中学还应建立校内教师与校外教师联系的制度、专门课程管理制度、实验项目经费管理制度、课程实施效果调研反馈制度等。

第二，资源贯通体系。该贯通体系包括实验室资源共享、高水平专家资源、优势专业课程资源、科创活动平台。在实验室资源共享方面，资源的贯通主要是大学面向高中生开放实验室资源，如高中阶段不适宜构建的学科高精尖实验室，而且高校的实验室有更为专业的指导人员。在高水平专家资源方面，立足于专门课程体系形成的专家授课团队是大学与中学资源贯通的核心，其中每位专家都对接高中学校的一位学科教师，形成贯通机制。每年来上海中学授课的大学专家有 200 余名，50% 左右的专家为在上海中学教授专门课程或指导课题项目研究 5～10 年甚至更久的教师。以上海中学与上海交通大学的合作为例，近 10 年来，由院士、国家级教学名师、入选国家"千人计划"的专家、"长江学者"、"973"首席科学家等大牌教授组成的"教授团"每年为上中学生开设高水平讲座至少 50 场，每年指导中学生研究课题约 50 项。在优势专业课程资源方面，大中学合作一般由大学的优势专业与中学的专门课程深度结合。例如，上海中学与华东政法大学合作开设的法学课程、与上海戏剧学院开设的主持与演讲课程、与华东理工大学开设的环境工程课程等。

第三，实施贯通体系。合作的关键因素是"人"，本质是人与人之间的互动。大中学合作实施贯通体系建设需要关注信息对称、长期协议执行、监督与激励。中学的办学条件、资源、目标和学生基本情况对大学专家来说可能并不了解，中学可以通过"专人对接＋定期座谈"的形式将学校发展的新要求及时传递给大学。建立长期的合作协议执行机制并配置专项支持经费，其目的是使双方的合作更为稳固和理性，从而增强双方合作的信心。在大中学合作的过程中，可以通过大学和中学共同组建的项目管理团队来监督实施过程，并通过过程性记录材料体现合作过程。激励机制对促进双方参与团队的积极性和合作深度有积极作用，中学可以通过专项奖励的方式激励教师参与,大学可以通过计入教学工作量等措施鼓励专家长期参与中学专门课程的开发和课题指导。上海中学设立的"上海中学学科类、科技类竞赛以及音体美比赛专项奖""上海中学园丁业绩奖条例"均包含对参与大中学合作项目教师的奖励。以"复旦—上中导师制计划"为例,在实施过程中,两校从管理层到一线教师都形成了良好的沟通机制,定期反馈实施过程中存在的问题,寻求合适途径以推进这个计划不断得到完善与升华。两所学校每学期均组织至少一次深入研讨,对学生的反馈进行回应。每年进行一次总结,邀请参与计划的当年毕业生到复旦大学进行交流,并颁发由两校盖章的学习证书。

第四,评价贯通体系。以评价导引合作改革走向深入是不可或缺的内容,在中学与大学合作育人的关键要素中,需要评价系统的贯通。上海中学大中学合作实践表明,基于过程的真实性综合素质评价模式是符合人才成长需求的评价模式。这种评价模式主要涉及学生成长的跟踪评价、学生发展的档案袋记录、中学自主开发的大学先修课程证书评价、大中学共同颁发结业证书、学生自我成长的反思性评价等。调研表明,参与大中学合作项目的学生和中学教师对成长跟踪评价的认同率分别为 78% 和 80%,显著高于其他类型的评价。学生成长的跟踪评价是长期的过程,如果贯穿人才成长的全周期,则对探索高水平人才成长规律具有很大研究价值。但是,评价系统的贯通不仅涉及合作双方的协作,更涉及教育政策层面的支撑,需要通过合作双方在"点"上的突破,逐渐辐射到"面",吸引更多学校参与,才能真正打通人才成长的评价链条。

5.4 大中学合作育人机制的五个阶段

大中学合作育人机制作为一项系统工程,体现迭代优化系统的思维方法,在阶段上分为准备、启动、实施、提炼、优化。其中,准备与启动阶段主要解决合作定位、沟通方式、合作形态等问题。实施阶段主要解决学生经历从高一到高三的导师带教完整周期、丰富合作形态等难题,关注中学与大学合作的制度贯通、资源贯通、实施贯通、评价贯通。提炼与优化阶段主要解决点(经双方团队选拔学生培养)面(面向全体学生进行学术导引)结合、经验上升为理性思考并向同类学校推广与辐射等问题,深化中学与大学实质性合作育人机制。

五个阶段中的启动和实施阶段可以分为点、线、面、体四个阶段。第一阶段基于一个"点"切入,从 2008 年上海中学与上海交通大学合作开设科技班开始,随后分别与同济大学、华东政法大学、上海财经大学合作开设三个实验组。第二阶段增设多个"点",相近的"点"逐渐连成"线"。上海中学于 2012 年增设工程实验班,同时增设多个领域的实验组,形成了"强化模式"和"一般模式"两条"线"。第三阶段打通各条"线"及相互之间的关联,形成横向链接。例如,2018 年起,科技班与工程班 11 个课程方向打通。同时,实验组逐步拓展至理、工、医与人文、社科等更多领域,与实验班课程形成交叉点,并按照学生学术潜能发展水平对课程内容和课题研究要求进行分层,形成专门课程网状"面"。第四阶段通过不断完善、协同重构,组成动态平衡的大中学合作生态系统,即以学生、大学教师、中学教师组成的基于专门课程的课题研究共同体为中心,以软硬件资源和制度作为保障,并与整个学校的办学理念、课程教学体系、文化特色、治理方式形成相适应的生态圈。在这个生态圈中,学生的学术志趣、学术潜能与教师的专业素养得到滋养和提升。

提炼和优化阶段的关键在于形成基于"真问题"的研讨制度。面向学生发展过程中遇到的真实问题进行研讨,一方面,有助于双方增进了解,对大中学合作培育创新素质人才过程中的问题、想法等进行充分沟通,从而不断完善合作机制;另一方面,也有助于激发大学参与高中创新素质教育的主动性,并将大学自由创新的土壤与科学严谨的态度厚植于中学,推进高中阶段学生创新素养培育水平的提高。上海中学分别于 2013 年、2015 年、2018 年、2020 年召开了四次大型研讨会。每次研讨会均立足于已有实践基础,并决定下一步合作方向,不断推动大中学合作实践的深入。

6 以现代数字化实验室平台促进学生潜能开发

随着现代科技的发展,让现代科技融入课程是重要的发展取向。我校于 2002 年开始在全国率先创设现代数字化实验室平台,极大地促进了学生的优势潜能识别与开发,引导学生基于感兴趣领域的优势潜能开发与志趣聚焦,在形成最佳阶段发展取向选择的同时,极大地提升基于数字平台的学习与创新能力。上海中学的现代普通实验室与数字化创新实验室,每个学生都有机会走进去。看一看我们学校的实验室一览表,感兴趣的学生都可以创造机会去申请学习与体验。

※小资料

上海中学现代普通实验室与数字化创新实验室

表 4-24 上海中学现代普通实验室与数字化创新实验室一览表

学科领域	实验室名称	类型	支持课程
物理学	光学实验室	创新	选修课程
	大学物理实验室(竞赛)	普通	竞赛课程
	物理数字化实验室(DIS)	普通	基础课程
	物理数字化实验室(Pascal)	普通	选修课程
	普通实验室(3 间)	普通	基础课程
	纳米光子学实验室	创新	选修课程、STEAM 课程

（续表）

学科领域	实验室名称		类型	支持课程
化学	分析测试中心	现代仪器分析实验室	创新	专门课程、选修课程、STEAM 课程
		环境工程实验室	创新	专门课程、选修课程、STEAM 课程
		数字化探究实验室	创新	
	普通实验室（3 间）		普通	基础课程
生物学	微生物学实验室		创新	专门课程、选修课程、基础课程
	细胞生物学实验室		创新	专门课程
	生态数据采集实验室		创新	
	普通实验室（2 间）		普通	基础课程
计算机科学	非线性编辑实验室		创新	选修课程、STEAM 课程
	摄影实验室		创新	选修课程
	录音工程实验室		创新	选修课程、STEAM 课程
	嵌入式实验室		创新	选修课程
	电脑音乐工作室		创新	选修课程
地理学	数字地理创新实验室		创新	专门课程、选修课程、STEAM 课程
金融学	金融创新实验室		创新	选修课程、STEAM 课程

（续表）

学科领域	实验室名称		类型	支持课程
医学与心理学	人体健康实验室		创新	专门课程、选修课程
	心理咨询与心理健康实验室			
人工智能	脑科学与人工智能实验中心	神经科学与基因工程实验室	创新	专门课程、选修课程
		脑认知神经反馈实验室	创新	专门课程、选修课程
		类脑智能实验室	创新	专门课程、选修课程
	计算机视觉与机器学习实验室		创新	选修课程
工程技术	机器人工程创新中心	乐高机器人实验室	普通	STEAM 课程
		开源机器人设计与制作实验室	创新	专门课程、选修课程、STEAM 课程
		工业机器人实验室	创新	选修课程、STEAM 课程
		仿生机器人实验室（人形、表情）	创新	选修课程、STEAM 课程

（续表）

学科领域	实验室名称	类型	支持课程
	无人机创新实验室	创新	选修课程、STEAM 课程
	土木工程创新实验室	创新	专门课程、选修课程、STEAM 课程
	VR（虚拟现实）实验室	创新	选修课程、STEAM 课程
	汽车实验室	创新	选修课程
	模拟驾驶实验室	普通	选修课程、STEAM 课程
	电子技术实验室	普通	STEAM 课程
	电机变频技术（强电）实验室	普通	STEAM 课程
	3D 打印实验室	普通	
	公共加工实验室	普通	
	智能建造实验室	创新	选修课程、STEAM 课程

在科技、教育、人才一体化视野下提升人才自主培养质量，学校科学教育做"加法"需要在引导学生会学会"玩"上下功夫。科学教育重在培养学生的科学思维、科学能力、科学态度与科学精神，引导学生科学地"玩"，这是一种主动探索的态度，始于"好奇心"，立于"志趣聚焦"，成于"全面而有个性的发展"。

——冯志刚

第五章

劳动导引

——资优生劳动素养提升

上中的同学们，龙门楼是一块圣地，走出了一批批国家栋梁。坚守本分，安心读书，做一个安静的读书人，你们以后一定也会成为栋梁。

　　　　　　　　　　　　　　　　　——冯志刚

2018 年 9 月 10 日,习近平总书记在全国教育大会上强调,"培养德智体美劳全面发展的社会主义建设者和接班人";"要在学生中弘扬劳动精神,教育引导学生崇尚劳动、尊重劳动,懂得劳动最光荣、劳动最崇高、劳动最伟大、劳动最美丽的道理,长大后能够辛勤劳动、诚实劳动、创造性劳动"。2019 年 6 月,国务院办公厅印发《关于新时代推进普通高中育人方式改革的指导意见》,明确要强化对学生的劳动教育。

2020 年发布的《普通高中课程方案(2017 年版 2020 年修订)》与《普通高中课程方案(2017 年版)》相比,一个重要的变化是将"劳动"作为独立、专门的科目列入国家必修课程,并且将必修学分规定为 6 学分,与外语、思想政治、物理、技术、艺术等科目的必修学分相同。将"劳动"科目列入普通高中国家必修课程,是完善新时代德智体美劳育人体系全面培养的重要内容,也是贯彻落实 2020 年 3 月发布的《中共中央 国务院关于全面加强新时代大中小学劳动教育的意见》的重要举措。

实验性示范性高中加强资优生劳动教育,提升资优生劳动素养,已成为学校育人方式变革与新课程"劳动"科目实施应当正视的问题。

我站在高山之巅
望华夏大地
紫塞雁门,赤城鸡田
盈车嘉穗,禾麦相连

土地塑我以骨

江河育我以血
千百年来跳动的脉搏
仍然似与我言

你听吧,听吧
只要侧耳心间
就能听得见
听吧,听那冰雪消融春声盎然
听吧,听那和风吹彻山崖海畔

沧桑易变,精神长在
奋斗的传统不曾改变
你看——
看啊,看那耙起锄落的汗水
看啊,看那麦浪滚滚的悠然
田畴有如少女般绮丽万千
稼穑孕育幸福
劳动创造璀璨
星火传承就在稻亩桑蚕

采采晚菘,薄言搜翻
日其稍暮,耕耘尤酣
俱往也矣
群英咸集,昔日的微光
已成灿阳
宴舞蹁跹,乐奏万方
团结的歌声
在四境唱响

绿舟扬帆,迎风起航

追随前贤足迹

劈波斩浪

百年宏图

迈步昂扬

山河是我的血肉

火光是我的方向

以梦为马

驰骋天际无疆

土地是我的灵魂

汗水是我的勋章

以未为笔

挥洒阡陌豪放

春禾是我的筋脉

秋实是我的丰藏

以田为卷

擘画万千希望

川流是我的精神

山岗是我的脊梁

以风为信

聆听山河回响

听那百年精神

而今郁郁苍苍

听那五千年的智慧

余音未央

看那当今华夏

兰秀菊芳

我们昂首迎接

新的辉煌

五音纷兮繁会

君欣欣兮乐康

明明在下,赫赫在上

国泰民安,山河无恙

(摘选自 2023 届学生在"红色研学·绿色学农"总结会上的诗朗诵)

第一节 资优生劳动教育的责任与使命

　　资优生劳动教育,既要关注对资优生的辛勤劳动、诚实劳动教育,更要关注对资优生的创造性劳动教育,这也是我国在激烈的国际人才竞争中立于不败之地的一个关键。资优生劳动教育,需要引导高中资优生树立新时期正确的劳动教育价值观。应认识到劳动教育不能简单等同于劳动技能教育,它是包含劳动习惯的养成、劳动态度的树立、劳动精神的塑造等一系列丰富内涵的教育活动。实验性示范性高中应创设资优生多元劳动教育实践的载体和空间,形成合适的劳动教育课程体系与跨学科渗透劳动教育路径,努力建立高中资优生劳动教育评价系统,培养德智体美劳全面发展的人才。

　　实验性示范性高中应厘清劳动素养培育与劳动实践教育之间的关系,梳理资优生劳动教育实践的路径。劳动素养培育与劳动实践教育相辅相成,缺一不可。没有素养指向的劳动实践教育是流于形式的,而缺乏实践体验的劳动素养培育是空洞说教的。探索资优生劳动教育实践的路径,应从认知(课程)—实践(项目)—体验(活动)—反思(评价)四个方面进行整体思考。这四个方面应是协同开展、相互促进的。应在劳动课程体系中侧重渗透、培育劳动认知、劳动情感、劳动精神,在劳动教育实践项目和活动中侧重磨炼劳动意识、劳动能力、劳动习惯,最终通过反思和评价,综合、全面、有效落实劳动素养的培育。

1 劳动教育要走出四个困境

资优生劳动教育要走出四个困境:一是劳动教育的"窄化"。没有明确"劳动教育"与"劳动技术教育"的边界,往往把劳动技术教育、通用技术教育等同于劳动教育,对劳动教育内涵与内容的丰富性(包括劳动生活教育、劳动创造教育等)认识不够;有时把劳动教育等同于劳动技术课,不清楚劳动教育的"全貌"。二是劳动教育的"弱化"。劳动教育有时沦为智育的附庸,既难做到"五育并举",更难看到以劳树德、以劳增智、以劳强体、以劳育美的具体举措。三是劳动教育的"异化"。把学校内外开展的脑力劳动与体力劳动视为劳动教育,没有专门进行劳动教育的时间、空间与资源的统筹安排。四是劳动教育的"物化"。在学校劳动教育中,往往过于强调通过劳动去获取"物化"的东西,缺乏珍惜劳动成果、体悟劳动价值等精神层面的分享、引领乃至内化。

2 努力建构劳动教育实践体系

实验性示范性高中应努力建构资优生劳动教育实践体系。这需要从四个方面进行努力:

其一,厘清劳动教育实践的内容边界。《辞海》将"劳动教育"解释为:"对学生进行热爱劳动和劳动人民、珍惜劳动成果、树立正确的劳动态度、通过日常生活培养劳动习惯和技能的教育活动。"我们通过这个解释以及《教育部　共青团中央　全国少工委关于加强中小学劳动教育的意见》的要求,既可以明确劳动教育的专门性质所在,又可以理清劳动教育内容涵盖劳动兴趣、劳动意识、劳动认知、劳动价值、劳动态度、劳动习惯、劳动技能、劳动精神、劳动创造等方面的劳动素养教育。

其二,创设劳动教育实践的丰富载体。加强劳动教育的学科渗透是重要一环——在语文、历史等人文学科教学中,渗透劳动观念、劳动意识、劳动价值等方面的教育;在物理、化学、生物、科技等实验学科教学中,注重劳动技能、劳动创造、劳动精神等方面的教育;在体育、艺术等学科教学中,注重劳动创造美以及劳动意志品质方面的教育。创设校内外劳动教育实训基地,进行劳动教育实践考察,针对高中阶段学生强调与志趣聚焦、专业引领、生涯规划有关的劳动实习。创设劳动教育实践的特色活动,包括从生存训练、红色研学与绿色学农中体验劳动成果的价值。当学生住在自己搭的帐篷里、吃着自己做的饭菜时,那种对劳动价值的思考与劳动成果的珍惜就会铭记于心。

对资优生的劳动教育实践载体,创设 STEM 课程体系是重要一环。上海中学夯实学校已有的高选择性课程体系基础,结合学生未来发展需求,形成基于关键能力(认知能力、合作能力、创新能力、职业能力)培养的高中 STEM 课程体系。该课程体系将中学物理学科和大学工程类课程进行衔接、融合,分为机械工程、软件技术、硬件技术、科学仪器、电工技术、数学、生活技术等 7 个模块,并在实践中不断调整,形成了较为完整的 STEM 课程内容体系和实施系统,促进学生面向未来的创造性劳动实践与创造能力的提升。

※小资料

让 STEM 课程成为学生创造性劳动的基本载体

基于认知能力、合作能力、创新能力、职业能力四个关键能力的培养目标,以及学校已经建立的高选择性课程体系,上海中学将STEM 课程的目标定位为:通过本课程的学习,学生经历 STEM 项目研究过程,了解如何综合运用科学、技术、工程、数学的知识解决技术和工程的真实问题,提升认知能力、合作能力、创新能力、职业能力。STEM 就是"Science-Technology-Engineering-Mathematics",它不是一门课,而是许多跨学科的系列课程。STEM 课程没有纸笔考试,成绩来自一个个实验、制作、课题和创意。在上海中学,需要修满 4 个学期的 STEM 课程。

STEM 课程包括必修性基础课程(了解基本的工程知识,培养工程思维)、选修性基础课程(根据自己的兴趣和潜能选择学习,进一步提升工程素养)、课题研究类 STEM 课程(即 STEM 主题课程)。STEM 主题课程中的项目虽然包含多学科内容,但是每门课程以1~2 个核心学科为主导,其他学科作为辅助思考的工具。三类课程与学校整体课程体系具有相同的结构,这种关系类似数学中的"分形",不仅使整个课程体系具有科学和艺术结合的美,更使其形成了一种生长的力量。具体课程类型和安排如表 5-1 所示。

※小资料

上海中学 STEM 课程类型和设置

表 5-1 上海中学 STEM 课程

类别	课程设置	模块	名称(已开设课程)
高一上 必修性基础课程	开设 3 门课程,每门 5~6 课时;每个学生在一学期中修 3 门	机械工程	机械设计与制造基础
		电工技术	电子技术
		硬件技术	开源硬件及传感器基础

（续表）

类别	课程设置	模块	名称（已开设课程）
高一下和高二上 选修性基础课程	提供若干门课程，每门6～8课时；每个学生在一学期中选修2门	机械工程	基于 AutoCAD 的二维建模与制图
			三维建模与 3D 打印
		软件技术	视频与音频剪辑
			网页设计与动画制作
		硬件技术	乐高机器人基础
		科学仪器	化学光谱分析法入门
			生命科学基础探究实验
		数学	基于 MATLAB 的数值计算
		生活技术	汽车原理与驾驶技术
高二下 课题研究类课程	提供若干门课程，每门12～16课时；每个学生在一学期中选修1门	机械工程	建筑结构设计
			无人机
			智能产品设计与制作
		软件技术	VR（虚拟现实）
		硬件技术	开源硬件与机器人设计
		科学仪器	化学、生命科学类课题探究
		电工技术	电机控制
		数学	数学类课题探究
		生活技术	EP 节能汽车的制作

STEM 课程的模块结构与课程开发要注意以下几个内容：

1. 厘清模块结构关系

STEM 课程分为机械工程、软件技术、硬件技术、科学仪器、电工技术、数学、生活技术等 7 个模块，每个模块都有 2 个层级结构（通用类、课题研究类），具备一定的通用类课程基础后才能选择相应的课题研究类课程。下图显示的是机械工程基础模块的结构关系。

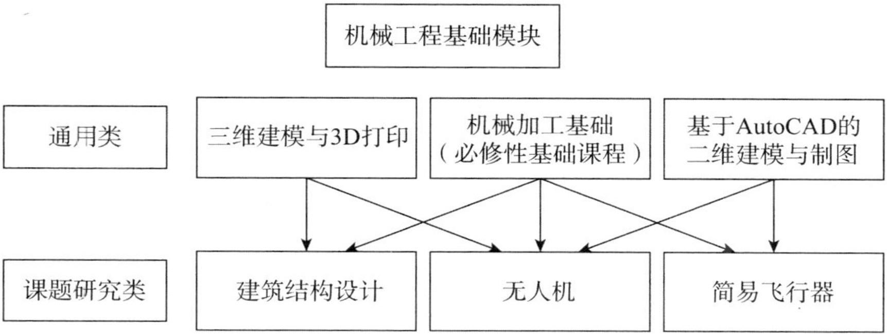

图 5-1　机械工程基础模块的结构关系

2. 明确 STEM 课程的管理与评价

（1）授课教师准备。STEM 课程不是各学科内容的简单叠加，需要教师对 STEM 素养与跨学科概念有充分的认识和理解，了解 STEM 教育要达成的教育价值，并从课程的高度理解课程或主题的结构、功能、性质、理念、内容、活动方式和评价以及课程设计和实施等。因此，学校成立了跨越多个学科的 STEM 教研组，主要成员包括数学、工程、物理、计算机、通用技术、化学、生物等学科共 11 名教师。在课程开发过程中，教研组教师集中学习了 STEM 课程的相关理论，还到其他兄弟学校参观学习，并分析了多个国外优秀教学案例。随后，每位教师立足所在学科提出 1~2 个 STEM 主题，通过讨论将相近的主题内容进行整合，形成综合主题。每个主题由 2~3 位不同学科教师（该主题的核心学科）组成课程开发小组，负责后续的课程实施。每门 STEM 课程的授课由 1~2 位教师进行。

（2）学生选课模式。高一上学期必修性基础课程要求每个学生在一学期中修完 3 门；高一下学期和高二上学期选修性基础课程提供若干门课程，每个学生在一学期中选修 2 门；高二上学期提供若干门课题研究类课程，每个学生在一学期中选修 1 门。在学期初，每个班级发放课程介绍（包括课程目标、内容和评价方式等），学生集中网上选课,走班学习。

(3)场地与设备、材料准备。由于 STEM 课程探究的本质与数字化创新实验室具有天然的适切性,因此 STEM 课程的开展大都依托学校的数字化创新实验室,包括无人机实验室、VR 实验室、土木工程实验室、3D 打印实验室、现代仪器分析实验室等。部分课题研究类 STEM 课程场地、设备及材料需求如表 5-2 所示。

表 5-2　部分课题研究类 STEM 课程场地、设备及材料需求

课程名称	场地和设备需求	材料需求
简易飞行器	实验台、开阔的试飞场地、激光校准仪	白纸(A4 纸 80 g)若干、橡筋动力飞机组装套件、剪刀、砂纸、轻木条、502 胶水、棉线等
3D 打印化学分子模型	3D 打印机、笔记本或台式机均可(2 人一台,安装 3D 建模软件)	3D 打印耗材
建筑结构设计	土木工程实验室(包括振动测试台、分析软件等)	桐木条、502 胶水、砂纸等
虚拟现实基础	VR 实验室(含安装 VR 软件的台式机若干、VR 眼镜等辅助设备)	
无人机基础	无人机实验室(包括任务飞行设备、模拟飞行舱、充放电设备等)	教学用无人机套件、基本工具

(4)学习评价。STEM 课程采用过程性评价,包括学生在过程中绘制的图纸、数据、计算过程、作品性能以及在管理平台上的资料学习与讨论参与情况,按照课程特点,根据不同的比例核算成绩。以"建筑结构设计"课程为例,该课程包括两次结构模型设计制作,评价

内容包括学生对结构模型的设计理念的介绍、模型制作的工艺和外形创意、模型的加载表现、加载后学生撰写的加载测试报告等,模型测试后的分析报告占主要部分。

3. 工程应用类课程融入高中 STEM 课程的课程设计案例

我校根据学生的具体情况,结合一些大学工科引论课程的具体教学内容,设计了这类新的 STEM 课程,并付诸教学实践。"航空航天工程设计入门"是美国麻省理工学院航空航天工程系针对低年级本科生开设的引论性课程,其主要章节的基本内容如表 5-3 所示。

表 5-3 美国麻省理工学院"航空航天工程设计入门"课程简介

章节	题目	部分主要内容
1	工程学入门	什么是工程学,航空航天工程史
2	工程设计	工程设计的概念
3	空气动力学	基本的空气动力学
4	飞行器	如何衡量飞行器性能
5	结构设计与图纸绘制	实验:设计火箭的外形结构
6	动力与无动力飞行器简介	纸飞机的飞行
7	推进装置	推进装置和电子设备
8	稳定性和控制	稳定性和控制的概念
9	关于工程设计的道德准则	工程与社会的关系
10	航天工程基础	空间环境简介
11	轨道动力学	卫星轨道的力学
12	卫星的设计	人造卫星的设计
13	大型遥控飞艇的制作	大作业,课题设计

该课程内容涉猎广泛、深入浅出。从工程学基本思想到基础物

理和工程理论(空气动力学、控制论),再到设计与社会的关系,可谓包罗万象。最后,延续几周的课题"大型遥控飞艇的制作"将整个课程推向高潮。

为了对该课程进行适当的删减改动,从而适应高中教学实际,首先,我们考虑删去航天工程的内容(章10—12),而只保留航空工程设计的部分(章1—8)。其次,仅保留基本的空气动力学内容和比较基础的结构设计内容(章3—6),对高层次和与后续课程衔接的部分也进行大幅修改(章8—9)。再次,出于课时考虑和高中注重通识教育的实际情况,对引入部分(章1—2)和一些设计细节部分(章4、7)也进行相应弱化。最后,大作业部分需要降低一定难度,以适应高中生动手实践的真实水平。由此,我们设计了基于如下教学内容的高中STEM课程"简易飞行器"。

表 5-4 "简易飞行器"课程简介

章	题目	主要内容	课时数
1	固定翼飞机的基本结构和原理	飞机的种类,固定翼飞机的原理	2
2	无动力飞行器实验	实验:纸飞机的制作和飞行	2
3	简明的空气动力学	基本的空气动力学	2
4	橡筋动力模型飞机I(仿制和调整)	实验:按图纸制作橡筋动力固定翼飞行器	4
5	橡筋动力模型飞机的飞行	实验:试飞、调整制作的固定翼飞行器	2
6	模型飞机的空气动力学简介	模型飞机机体和机翼的设计	2
7	橡筋动力固定翼飞机II(改造和设计)	实验:根据试飞的结果对飞机进行改造和重新设计	4

该课程总课时数为18课时,其中章1对应大学课程中的章1和章2,这样可避免过于专业的工程学引论(这一内容可以在其他通识

性高中课程中予以覆盖),而章3和章6由大学课程中的章3和章4转化而来。这里借鉴STEM课程的设计思想,在理论讲授中穿插动手实践内容(章2、4和5),以达到边动手边动脑的效果。同时,考虑把大学课程中较为复杂的大作业改为相对简单的橡筋动力模型飞机的制作,而将大学课程中相对基础的纸飞机的制作和飞行予以保留。橡筋动力模型飞机的制作是本课程中至关重要的动手实践环节,是整个课程的核心。大学课程的大作业"遥控飞艇制作"涵盖了图纸设计、电机控制、结构装配等多个环节,并不完全适合高中生的学习能力和课余时间。本课程中,橡筋动力固定翼飞机的大部分是木质结构,除少数关键部件(如螺旋桨、橡筋)外,都可要求学生从最原始的材料起,经过切割、打磨、黏接、调整,一步步动手制作完成。这部分制作分两个阶段完成:第一步是"仿制",即根据图纸完成;第二步是"研制",即通过前面的经验和知识对关键部件(如机翼)重新设计结构和制作工艺。每个学生都要自己动手,将没有任何制作标记的普通木材变成飞行器。

"无人机"课程依托学校无人机创新实验室开设,课程设计让学生体验"操作自己制作的飞机完成竞赛飞行"的整体情景。课程之初即明确具体任务:无人机组装和飞行竞赛。知识点由教师在学生遇到具体问题时穿插讲解;在阶段任务完成后,介绍无人机发展现状和我国航空航天领域发展现状。课程的期中和期末安排两次总结和评价,学生采取两人小组形式完成学习过程和评价;期中要求学生对飞行原理和控制原理的关键知识点进行整理、回顾,教师进行书面评价;对任务飞行环节以计时竞赛方式评价。教学形式以实际任务驱动,以实践活动为主体,采取学生活动、教师指导的协同式模式完成任务和教学,不安排专门的传统教授环节,仅设置期中和期末各1课时的总结评价。

4. STEM课程需要关注激发兴趣和提升能力的双重目标

实践研究表明,适合普通高中学生的STEM课程应具备以下基本特征:首先,在内容层面上,需要强调课程的广度而不是深度,要能体现该工程领域的全貌,以拓宽学生视野。其次,要适应高中学生的学习水平,注重本科内容和高中内容的衔接,而不是和后续本科课程的衔接。最后,在实施上,要强调动手实践,与高中阶段其他学科的教育形成互补,从而达到激发兴趣和提升能力的双重目标。

从教学内容和教学方法角度看,要把偏重实际应用的内容和基于课题探究的教学法作为课程的核心。动手实践和课题探究可分阶段层层推进。第一阶段是浅层次,课题探究应帮助学生复习巩固所学知识,掌握简单应用的方法,学生可以有步骤地按图索骥。在这种层次的探究中,被动接受要重于主动探索,其本质是作业的延伸。第二阶段才是提升课程的深度。这一阶段,可适度加大动手实践的复杂程度,加强对学生主动判断、主动反思、主动质疑的要求。

作为STEM课程的铺垫,宜在高中一年级常规分科课程之外,设置相应的STEM基础课程,奠定工程和技术知识基础,在高年级通过开展项目研究逐步聚焦到不同的领域。STEM课程的延伸一般为基于课题研究的专门课程,让学生独立完成课题研究,体验更为完整的科学探究过程。一所学校的资源有限,STEM课程的跨学科特性要求在更大范围内进行资源整合和共享。现有的社会资源统筹有待加强,要善于引进"外脑",借助外力,依托全社会的共同呵护,打通学生职业生涯规划的全路径。

STEM内容整合的本质在于汇聚不止一个学科,应运用同一主题,将不同学科观点串联起来,以支持学生实践活动。基于实践的整合本身就是多视角的,需要教师拓宽视野,回归真实世界,还原问题解决的工程路径。STEM课程的场地是开放性的,不应局限在一个教室、一个实验室,可以跨越学校甚至国界,整合线上和线下,让学生在更广阔的空间内体验、思考。

STEM课程实施的重要性在于,留给师生充足的创造空间,鼓励学生勇于探索,大胆尝试,不断萌发新的解决方案。STEM课程实施效果的决定因素是师资。以分科教学为主的课程结构可能会给学校建立适合自身特点的 STEM 课程体系带来阻力,一些已经适应分科教学的教师一时难以适应 STEM 教育跨学科的要求,因此需要统一思想、培养骨干、由点及面去展开。

专家点评:上海中学 STEM 课程关注科学、技术、工程、艺术、数学教育的整合,是培养学生基于科学和工程的创造力的一种重要载体。上海中学在高水平创新人才的早期培育实践,尤其是学校课程体系建设方面有扎实的基础。从课题实施过程的角度来看,学校始终聚焦学生的学术志趣,并基于认知能力、合作能力、创新能力、职业能力进行课程设计,逐步形成适合高中资优生的 STEM 课程建构与实施方案。STEM 课程体系充分体现系统性、高选择性和探究性的特点,课程的设计与实施充分凸显普通高中新课程新教材的理念。上海中学的 STEM 课程在逻辑结构设计、基于真实问题的教学设计、跨学科的 STEM 教研组建设、课程与过程性评价等方面亮点突出,其经验与结论具有很高的推广价值。

（点评专家:上海师范大学教授、博士生导师　惠中）

其三,拓宽劳动教育实践的多样空间。资优生劳动教育应有专门的场地与空间,包括劳动教育专用教室、劳动教育校内基地,以此强化劳动技能教育,优化劳动品质教育。在建设劳动教育实践专门空间的同时,也需要将其他符合劳动教育目标与内容的教育资源为我所用,不断拓宽劳动教育实践的多样空间,包括:利用当前学校的教育空间,引导学生运用现代技术、工具、手段进行创新、创意、创造活动,明确劳动创造与现代科技运用、发展之间的联系;借助学校建立的整合数字技术的创新实验室,运用实验室配置的先进技术,引导学生开展感兴趣的科技、工程领域的探究,在探究中体验劳动毅力、劳动精神与劳动价值的魅力。下面介绍上海中学 STEM 课程模块。

※小资料

上海中学 STEM 课程模块选介

必修模块"设计与制造"介绍

1. 概述。本课程主要介绍机械设计与制造的基本理论和原理，并通过动手实践加以理解。通过本课程的学习，学生可以了解设计与制造的基本概念、基本思想、基本流程和基本方法，了解一些常见的机械结构、移动副、机构的设计及工作原理。对简单的问题，学生将尝试自主设计并制作一个简易结构件及一个简单机构运作的活动件。对复杂的问题，学生将尝试识读工程图纸，对一些简单机械结构进行设计与制造，并在已有设计的基础上进行改进、制作模型。

2. 准备知识与前期课程。本课程为结构设计与制造方面的必修课程。在学习本课程之前，学生应对平面几何、立体几何、三视图有一定了解。如果对生活中的实例有兴趣，那么对本课程的学习有一定帮助。

必修模块"电子技术"介绍

1. 概述。本课程主要介绍电子技术的基本理论和原理，结合动手实践，引入电子工程基本内容。通过本课程的学习，学生可以了解电子信号和电子线路的基本概念和目的，基本电子元件、电子线路系统设计的基本概念和方法。学生尝试根据电路图制作简易的电路并进行调试，从而理解各电子元件发挥的作用。然后，学生根据自己的认识修改元件参数或更换元件，并观察电路功能上的变化，从而对已有的设计进行改进。

2. 准备知识与前期课程。本课程为电子技术方面的必修课程。学习本课程前，学生应对电荷、电源、电阻、电压、电流及回路、欧姆定律、电功率和电路的其他能量规律有基本了解。如果以前搭建过电路，那么对本课程的学习有一定帮助。

必修模块"开源硬件及传感器基础"介绍

1. 概述。"开源硬件及传感器基础"课程涵盖开源硬件的概念，认识常见的开源硬件。通过课程的学习，学生可学会使用 Arduino 开发环境及 Arduino 编程语言，结合项目及液位传感器、触摸传感器等，理解数字 I/O 与模拟 I/O 的使用及串口通信。

2. 准备知识与前期课程。本课程为必修课，面向高一全体学生，需要具备一定的电学知识。

3. 课时安排。本课程共计 5～6 课时（根据学期安排）。

表 5－5　"开源硬件及传感器基础"简介

课时安排	主要内容
1 课时	开源硬件及开源文化
	认识 Arduino
	小项目：LED 的闪烁
2 课时	认识 Arduino IDE
	Arduino 语言及程序结构
	小项目：交通信号灯
	小项目：流水灯
	如何利用传感器采集数据：液位传感器、触摸传感器
	小项目：利用液位传感器搭建水位提示系统
2 课时	Arduino 串口通信
	LED 数码管
	小项目：搭建鱼缸自动加水系统

选修模块"新乐高机器"介绍

1. 概述。本课程主要以乐高积木为媒介，介绍机械结构的基本概念和基本例子。在本课程中，学生利用乐高积木搭建并研究经典的机械结构，如车辆的传动结构、机器人的连杆结构等，用于学习基本的机械结构。课程的第一步,是了解几个重要的连杆结构,了解齿轮组传动结构的设计目的、主要原理和基本结构。在此基础上,学生进一步用学到的原理对一些机械传动系统进行分析。本课程旨在使学生能用乐高积木设计新的机械结构,并利用乐高积木进行制作,再由制作的模型对设计进行改进。

2. 准备知识与前期课程。本课程为选修课程,学生最好对必修课"设计与制造"中相关内容有兴趣,并乐于探索各种结构背后蕴含的原理。

选修模块"基于 CAD 的二维建模与制图"介绍

1. 概述。本课程主要利用 AutoCAD 制图软件,介绍机械制图的基本概念与常用的绘图技巧。在本课程中,学生首先通过制图来进一步理解机械。同时,在了解工程制图的原理与规则的基础上,初步对一些机械结构进行简单绘制。在具有由此获得的经验后,对复杂的零件,学生能看懂工程图纸,并对建筑平面图有一定了解。这些基础有利于学生对一个系统的机械结构产生新的理解。

2. 准备知识与前期课程。选修本课程的学生最好对必修课"设计与制造"中相关内容有了解并有兴趣,乐于接受更大的挑战,并对平面图纸有较高的领悟力。此外,学生应熟悉 Windows 系统的基本操作。

选修模块"视频与音频剪辑"介绍

1. 概述。本课程主要以多媒体软件 Adobe Premiere 为工具,讲授数字视频与音频的非线性剪辑的基础知识和技巧。在本课程中,学生首先需要学习并熟练掌握 Adobe Premiere 的基础操作方法,能对音视频进行简单的剪辑与处理。在此基础上,本课程的重点在于掌握 Adobe Premiere 的进阶操作技巧,包括为视频添加简单特效,根据所设想的创意完成视频创作与声音设计并压制、上传至网络,等等。通过本课程的学习,学生不仅能胜任媒体制作方面的任务,而且能进一步展示自己的独特创意。

2.准备知识与前期课程。选修本课程的学生最好对媒体制作有一定兴趣，并十分熟悉 Windows 系统的基础操作。如果在数字视频和音频方面有一些基础知识，那么对本课程的学习有帮助。如果选修本课程前选修过"基于 Python 语言趣味编程"，那么其中动画制作的相关内容对本课程也是一个补充。

选修模块"智能产品设计与制作"介绍

1.概述。本课程旨在让学生分析一个具有挑战性的真实问题，设计、权衡和评估解决方案并将方案物化，通过科学手段探索真实世界的复杂性，理解涉及多学科大概念及相关的系统模型；了解科学和工程研究中学术诚信、专利保护、科学职业规范等；理解科学、工程和技术对社会和自然界的影响，提升解决真实世界中复杂问题的能力和社会责任感。

2.准备知识与前期课程。学生要完成高一 STEM 基础课程"开源硬件及传感器基础""设计与制作""电子技术基础"的学习，掌握 Arduino 控制器和一些常见传感器、显示设备（如 LCD 等）的连接和控制，并能进行简单三维建模，使用实验室 3D 打印设备、激光切割设备，并做出简单模型。

3.课时安排。本课程共计 8～9 课时（根据学期安排），其中准备阶段 2 课时，执行阶段 4～5 课时，收尾阶段 2 课时。根据不同学生团队的基础和项目进度差异，课时可以略有调整。每期选修的学生人数为 15～20 名。

表 5 - 6 "智能产品设计与制作"课程简介

课时安排	主要内容
1～2 课时	发布项目需求，解释评价量规
	线上＋线下的调研，进行用户画像，明确问题
	各组交流调研数据

（续表）

课时安排	主要内容
3～7课时	撰写设计方案,列出材料和成本清单
	控制系统设计与搭建
	计算机辅助建模
	外部结构设计与搭建
	内部结构设计与搭建
	测试与优化
8～9课时	撰写产品使用说明
	设计产品宣传文案
	交流展示与改进

选修模块"电机变频技术"介绍

1. 概述。本课程主要内容为三相交流电的发电输电、三相交流电的连接及测量、三相异步电机的控制与变速。在本课程中,学生会初步了解三相交流电原理及学会测量,学会日光灯的连接,学会电灯的三相星形及 Y 形连接,学会异步电机的控制和变频控制,并在实际操作中加强对这些知识和技能的理解和掌握。在此基础上,学生将进一步探索这些电路的应用,包括利用三相交流电节能的方式,以及利用低电压电路控制高电压电路的方法。

2. 准备知识与前期课程。本课程为选修 1 类课程,学生最好对物理和电子有一定的兴趣,并且在必修课"电子技术"中对电子电路尤其是交流电的相关内容有比较深入的了解,最好具备基本的电路接线技能。此外,本课程应用矢量法描述交流电,所以高中数学中同频三角函数叠加的知识内容对本课程的学习有一定帮助。

选修模块"化学光谱分析法入门"介绍

1. 概述。本课程主要内容为通过紫外光谱分析、红外光谱分析等手段对物质的化学性质进行分析。在本课程中,学生初步了解物质光谱的基本概念以及化学性质与光谱之间的关系,即紫外光谱、红外光谱分析的基本原理。在技能方面,学生学会紫外光谱分析、红外光谱分析测试的制样和测试的操作。在此基础上,尝试对部分样品的紫外光谱和红外光谱进行解析,进而推测该样品的化学结构、所含的官能团等信息。然后,进一步在生活中提取已知化学成分的物质,制样后验证该物质的结构和官能团。

2. 准备知识与前期课程。本课程为选修 1 类课程,需要尝试操作复杂的化学分析科学仪器。选修本课程的学生最好对化学分析和科学仪器有一定的兴趣,善于观察、思考,且具有一定的耐心。如果本来就具有光谱分析的基础知识,或习惯查阅有关基本原理的相关书籍,那么对本课程学习有一定帮助。

选修模块"Python 语言趣味编程"介绍

1. 概述。本课程主要介绍 Python 中一些与图形和动画相关的库的有趣应用。学生通过学习,用计算机 Python 语言编写有趣的代码实例,复习巩固 Python 语言的相关知识。在本课程中,学生首先了解 Python Turtle 模块,再结合高中信息技术课中学到的 Python 语言,通过编程来进行图形的组合。在此基础上,本课程引入 Pygame 模块,学生在了解动画制作过程中的基本要素和原理后,能对先前设计和制作的简单图形进行创意整合,并编辑成有趣的小游戏。

2. 准备知识与前期课程。本课程为选修 1 类课程,其中用到的 Python 编程语言与高中信息技术课中的"算法与程序实现"衔接,所以熟练掌握后者对本课程的学习十分有帮助。此外,本课程主要涉及的是软件方面的程序设计,与前面涉及硬件编程的课程有相通之

处。所以,如果在必修课“开源硬件及传感器基础”和选修1“智能产品设计与制作”中对相应内容有兴趣,那么在本课程的学习中会展现相应的潜力。

选修模块“桥梁结构设计”介绍

1. 概述。本课程主要围绕桥梁结构设计制作的任务,学习建筑结构及相关的工程力学知识。学生还能体验土木工程设计图的绘制与桥梁结构模型的搭建、测试、优化等。在本课程的学习过程中,学生学会简单的桥梁结构受力分析,了解影响桥梁结构的稳定性和强度的因素。在此基础上,欣赏生活中经典的桥梁结构。作为课程的进阶内容,学生将进一步掌握桥梁结构设计的一般步骤,在结构设计与制作的过程中提升工程思维和创新能力。

2. 准备知识与前期课程。本课程为选修1类课程,学生最好在必修课“设计与制造”中对相关内容有比较透彻的了解,并有一定兴趣,尤其是设计图的绘制和简单模型制作技能在本课程中的使用。熟练掌握这些技能会使本课程的学习事半功倍。

选修模块“汽车原理与驾驶技术”介绍

1. 概述。本课程通过操作实践介绍汽车驾驶的基本原理,并传授基本的驾驶技能。在本课程中,学生了解汽车的驾驶操作环境,并进一步了解汽车的动力系统,以及离合器、刹车和油门的作用。通过动手操作,学生学会各种操作的协调配合,并习得(手动挡车)在坡道停车、起步的技能。在此基础上,了解城市道路在多车道情况下左转和右转的注意事项,并通过驾驶模拟,学会在狭窄的S形道路上正确判断车辆的位置,以及在堵车和超车过程中的正确驾驶方法。

2. 准备知识与前期课程。本课程为选修1类课程,学生最好能在必修课“设计与制造”中对机械结构有一定了解,且乐于动手操作。此外,选修课“新乐高机器”中关于传动机械的内容对本课程的学习和实践也有一定帮助。

选修模块"Hands on science 地理实践科学营"介绍

1. 概述。本课程利用地理科学实验箱、天象仪,结合地理信息系统(GIS)技术,展开一系列地球物理科学实验,培养学生的科学探究能力。地理科学研究的对象比较多,本课程通过模型制作将学生在高中地理课程中学到的内容具体化,既加深对知识的印象,也提升自己的理解,典型的例子如太阳系行星运动、地球的自转、地球的大气环流系统等。作为课程的进阶内容,学生可以使相关知识形成地理信息数据,通过地理信息系统技术手段整合到一起,形成地图。

2. 准备知识与前期课程。选修本课程的学生对高中地理课程中的相关知识有比较好的理解,并产生一定的兴趣。空间想象能力在本课程学习过程中也比较重要。此外,在必修课"设计与制造"中获得的动手操作技能对本课程的动手实践也有一定帮助。

选修模块"叶子的生物学"介绍

1. 概述。本课程主要借助植物的叶子作为媒介,融合生命科学、数学、艺术等知识。课程的主线为叶面指数测算和叶艺术画制作。单位地面上树叶的总面积,即叶面指数测算需要学生综合运用植物学和统计学知识进行实践。通过测算过程,学生认识了叶的结构、功能、分类,并进一步探索其背后蕴含的生命科学知识。在此基础上,学生还需要初步了解生物标本制作,制作树叶的艺术贴合画,从中理解生物进化在个别生物器官上的体现,同时也为学生在仿生学方面的创意打下基础。

2. 准备知识与前期课程。选修本课程的学生对生命科学尤其是植物学有一定兴趣,有耐心进行统计测算工作。必修课"设计与制造"中的基本动手操作技能对本课程学习和实践也有一定帮助。此外,高中生命科学中植物学形态解剖部分的内容在本课程中也有体现。

选修模块"建筑结构设计"介绍

1. 概述。本课程主要围绕抗震建筑结构的设计任务,学习建筑结构及相关力学、地震工程学、抗震设计等知识,体验抗震建筑结构的设计、制作、测试、优化等设计过程。作为本课程的知识基础,学生将比较系统地学习结构力学的基本概念及结构抗震设计方面的基础知识。通过结构设计、模型制作、模型测试、设计优化等一系列动手实践活动,学生的工程思维、创新设计、物化能力、技术意识、图样表达等素养会得到一定程度提升。

2. 准备知识与前期课程。本课程为选修 2 类课程,选修的学生最好在必修课"设计与制造"中对基本动手操作技能有所掌握。此外,设计图的绘制、力学基础知识、简单木工技能在本课程的学习中十分重要。如果学生在选修 1"桥梁结构设计"课程中获得相关知识和实践经验,那么对本课程的学习有很大帮助。

选修模块"无人机"介绍

1. 概述。本课程内容主要包括各类航空器及多旋翼无人机简介,四旋翼无人机的组装、调试、飞行与维修,四旋翼无人机的创意改装,等等。在本课程中,学生了解各种飞行器,尤其是四旋翼无人机的飞行原理。在此基础上,继续学习四旋翼无人机的实践操控与创意改装。在此过程中,学生的动手实践能力和自主创新能力得以提升。在课程学习过程中,还将穿插学生的自主调研活动。他们通过查阅资料,结合自己对航空领域特定问题的理解,进行汇报演讲。学生经历从动手实践到理论调研的过程,创新实践能力得到进一步提升,收获更多。

2. 准备知识与前期课程。本课程为选修 2 类课程,对学生拆解和组装的动手实践能力有一定要求。这些能力应在前面的课程中有所涉及,包括必修课中的"设计与制造"、选修 1 中的"汽车原理与驾驶技术"等。此外,电气控制、机械结构和空气动力学的基础知识也十分必要,学生可以在必修课中的"开源硬件及传感器基础"、选修 1 中的"智能产品设计与制作"以及高中物理课程中获得相应的基础知识。如具有查阅航空实践类科普图书的兴趣或习惯,则更好。

选修模块"虚拟现实"介绍

1. 概述。本课程主要利用第三方三维虚拟现实编辑软件进行可视化编程,在掌握基本使用方法后,学生根据自己的编辑思路设计三维场景,并让人物按自己的安排进行运动交互。作为本课程的基础,学生首先了解可视化编程的制作流程和创设编辑思路的方法,并利用软件简单完成可视化场景。在了解三维场景的基本构成方法后,学生结合现有的虚拟现实素材,综合考虑三维设计的重点和难点、场景搭建(人物和物品的设置),并在虚拟场景中实现运动交互。

2. 准备知识与前期课程。本课程为选修 2 类课程。要学好本课程,最好对基本的编程知识有一定的基础。建议学生在必修课"开源硬件及传感器基础"或选修 1"Python 语言趣味编程"等课程中获得相应的知识。此外,对视频、音频材料的剪辑和制作方面的兴趣及经验对本课程学习也有好处。这方面的知识在选修 1"视频与音频剪辑"中学到。

选修模块"ArcGIS 专题地图制作"介绍

1. 概述。本课程内容基于 ArcGIS 软件,利用庞大抽象的地理数据制作普通人都能理解的专题地图。学生学会计算机专题地理设计与制作的基本技能,并把在高中地理课程中学到的基本地理知识融入其中;将各种抽象的地理数据进行处理和整合,最后以专题地图的形式呈现。在学习和制作过程中,学生对地理概念的理解会不断深化,对地理数据的处理能力得到进一步提高。

2. 准备知识与前期课程。本课程为选修 2 类课程,课程的核心即地理信息系统的综合性较强。学习本课程的学生最好对地图及相关地理知识有一定了解和兴趣。图像和计算机方面的知识也十分重要。要学好本课程,学生需要对高中地理课程有兴趣。如果学过选修 1 中的"Hands on science 地理实践科学营",则更好。

选修模块"生命科学基础研究实验"介绍

1. 概述。本课程围绕食物中的生命科学现象,结合动手实践,巩固学生在高中阶段学到的生命科学知识,培养学生的生命科学实验技能。课程内容主要包括食物中能量、蛋白质、糖类、维生素 C 等营养物质的比较,醋蛋和渗透现象,以及关于酵母菌和对呼吸作用的探究。学生在课程中通过难度逐步递进学习和实验,初步学习简单生命科学实验的设计、数据的收集和处理以及问题的分析,并对结论进行讨论和推广。在完成课题探究的过程中,本课程培养学生在生活中发现生命科学问题,并乐于通过实践来探究解决问题的能力。

2. 准备知识与前期课程。完成探究课程的过程,要求学生有一定的相互合作能力,并能忠于事实,在感受实验带来乐趣的同时,也接受它带来的挫折。本课程基于高中生命科学课程内容,对其中部分内容进行延伸和拓展,所以掌握好前者十分重要。此外,一定的生物化学知识对本课程的学习也有帮助,学生在选修 1"化学光谱分析法入门"等课程中可获得一定的实践经验。

选修模块"二叉树模型与统计学在金融学中的应用"介绍

1. 概述。本课程围绕金融衍生品,借助统计学知识,向学生介绍金融学的基本概念和方法。在本课程中,首先,学生通过期权建立金融衍生品的概念。其次,学生学习一种基本的金融随机分析的离散简化模型,即二叉树模型。结合该模型,学生通过计算模拟等实践过程,初步体验金融学中的随机分析工作。最后,学生结合统计工具,将课程中所学的全部内容进行综合运用。例如,利用某股票的历史数据,通过统计方法得到二叉树模型的参数,并结合 Excel 对以该股票为标的物的期权进行定价。在此过程中,学生初步了解期权定价的原理和一些常用的统计方法。

2. 准备知识与前期课程。本课程需要用到基本的统计学知识,高中数学课程中的统计和概率知识构成本课程的基础。此外,具有通过计算机处理数据的能力也非常重要。有编程经验的学生在本课程中会有更大的收获。

选修模块"数字逻辑电路与微控制器入门"介绍

1. 概述。本课程主要介绍数字逻辑的原理和简单数字逻辑电路的制作，并利用计算机对微控制器芯片进行简单编程，实现数字逻辑电路的功能。通过本课程的学习，学生学会用数字逻辑来表达生活中的实际问题。对简单问题，尝试制作简单的数字逻辑电路来实现自动控制或自动运算的功能。对复杂问题，尝试通过设计合适的程序来对微控制器进行编程，最后通过以微控制器为中心的数字逻辑电路来解决问题。

2. 准备知识与前期课程。本课程为电子技术和机器人交叉科学模块的进阶课程。在学习本课程之前，学生应学过"电子技术""开源硬件及传感器基础"等必修课程，对其中的主要内容有较好的掌握，最好对电子和计算机技术有一定的兴趣。此外，前期 STEM 课程中的计算机编程、机器人或自动控制等课程对本课程的学习有一定帮助。

表 5 - 7　"数字逻辑电路与微控制器入门"课程简介

	章节	目标
1	数字逻辑基础	了解数字逻辑和数字逻辑电路； 学习将实际问题转化为数字逻辑表达式
2	数字逻辑电路的设计	学习逻辑门原理，并连接组合门电路； 学习寄存器元件原理，并连接简单的时序数字逻辑电路
3	微控制器基础知识	了解微控制器的主要架构和原理
4	微控制器编程方法	利用 C 语言对微控制器进行编程，实现简单的数字电路功能

3. 学生活动举例。选择所需的功能，设计一个数字逻辑电路，控制一个投币式自动售货机。通过用多路选择器、寄存元件，结合必要

的组合逻辑门电路来实现。形式和课时:2人结成小组,在2课时中合作完成。

其四,注重对劳动教育实践的评价引导。学校对学生的劳动教育实践评价,需要克服仅从物质奖励或激励的视角考虑劳动教育的价值,注重对学生劳动品质、劳动韧性、劳动精神方面的追求和引领,使学校在日常教学中将劳动教育贯彻到教育的方方面面;将劳动教育与学生的品德养成教育结合,与幸福生活教育、职业生涯教育等结合起来进行衡量,促进学生从自身综合素养提升的视角"常态化"地开展体验性劳动与创造性劳动。学校在建立专门的学生劳动评价制度时,引领学生乃至家庭重视劳动教育对学生核心素养的转化,关注学生认识劳动教育在促进物质与精神财富创造方面的功能,注重整理与记录学生在劳动态度、实际操作、劳动成果等方面的材料,作为学生综合素质评价的重要组成部分,尤其关注学生劳动体验中的诚信教育,力求在引导学生的辛勤劳动、诚信劳动与创造性劳动方面形成有特色的评价系统。

※小资料

青年学子"走进劳模"座谈交流会

2022年3月1日,"永远跟党走——建团百年、青春有为"上海中学建团百年系列活动之"走进劳模"劳动最伟大座谈交流会于甄陶楼报告厅举行。

为了进一步促进龙门青年养成劳动习惯、磨炼意志品质、争做德智体美劳全面发展的时代新青年,学校邀请了上海中学86届校友、上海新华传媒连锁有限公司党委书记兼执行董事、"长江韬奋奖"获得者钮也仿先生来校座谈交流。

钮也仿先生从推进上海书城旧貌换新颜说起,聊到其努力恢复在鲁迅日记中出现过上百次的内山书店,再到红色书店"1925书局"

的建成,与青年学子分享了自身的劳动创造故事,将自身的劳动历练与红色文化的传承、时代发展的需要紧密联系在一起。钮也仿先生的发言赢得了青年学子的热烈掌声。

在座谈交流中,上海中学团委还特意安排大家观看了一位全国劳模的视频短片。这个视频短片的主人公是上海中学 1962 届校友、复旦大学附属华东医院前院长、1989 年度上海市劳动模范、1991 年全国五一劳动奖章获得者、第六届全国职工职业道德先进个人俞卓伟先生。由于身体原因,他未能来到现场。视频中的俞卓伟先生,精神矍铄、面目慈祥,叙述了他的为医准则:健康所系,性命相托。病人把生命交到了医者手中,医者自然要以最庄重谨慎的态度做病人"生命的守护神"。他是高尚的医者,更是光荣的劳动者。他亲力亲为、一丝不苟,不仅治愈了病症,更温暖了人心。

在座谈交流中,钮也仿校友解答了几位学生对劳动认识的提问。他提出,劳动不应刻意地去实践,而是融入生活的点点滴滴。各行各业劳动者的劳动付出,都是最伟大、最光荣的。每一位劳动者努力干好自己的本职工作,都能成为行业中的榜样与佼佼者。

"人生在勤,不索何获?"高尔基说过,劳动是世界上一切欢乐和一切美好事情的源泉。青年学子认识到要把劳动当作幸福的创造载体与生活享受。上海中学将继续提高劳动教育的地位,以劳树德、以劳增智、以劳强体、以劳育美。

第二节　资优生劳动教育课程与素养分析

《普通高中课程方案(2017 年版 2020 年修订)》对新设的"劳动"科目实施的基本要求是:"劳动共 6 学分,其中志愿服务 2 学分,在课外时间进行,三年不少于 40 小时;其余 4 学分内容与通用技术的选择性必修内容以及校本课程内容统筹。"不同类型、不同区域学校的"劳动"科目应在提升学生劳动素养、促进学生未来职业生涯与专业发展取向选择上开辟新天地,努力构建资优生劳动教育课程体系。

1 资优生劳动教育课程

如果把资优生仅仅等同于高智商、高学历、奖项多的学生,那么在其成长道路上可能伴随"唯分数论"和"唯个人成就论",从而往"精致的利己主义者"方向发展,与上海中学"储人才、备国家之用"的办学理念相违背。在"五育并举"的育人方式变革中,既关注资优生的辛勤劳动、诚实劳动,更关注资优生的创造性劳动,是我国在激烈的国际人才竞争中立于不败之地的关键领域。上海中学在近 160 年的历史发展中,特别是 1949 年后,一直高度重视劳动教育,虽然随着形势的发展,创设劳动教育的载体、拓展劳动实践的空间、评价劳动教育的方式有所变化,但不变的是以劳树德让学生在劳动教育中立根铸魂,担负起国家拔尖创新人才培养的使命与担当。

※小资料

普通高中以劳树德的学校特色凸显

以劳动教育来树立学生的品德,一方面需要把握学校劳动教育特色平台,对学生进行以劳树德的引领;另一方面需要师生用自身富有智慧的劳动教育探索来促进与彰显学校的劳动教育特色。以劳树德的学校特色凸显,可从以下几方面下功夫。

1. 在劳动教育特色课程中开发德育力量

每一所学校的劳动教育均可以根据自身所处的环境与特有传统,创设属于学校特色的劳动教育课程形态,并要善于在特色劳动教育课程中凝聚德育力量。上海中学有一个劳动教育特色课程——48小时适应性生存训练,让学生到野外集体而非个体生存48小时,分小组生火、做饭、搭帐篷、进行劳动锻炼等。班主任引导学生积极参与并对学生进行德育教育,同时开展集体教育、合作教育、意志教育,打造班级的凝聚力。学校抓住这个特色课程,对学生进行关爱父母的教育,因为学生在这个过程中能体验到把日常生活安排妥当也是一件不容易的事。

2. 在劳动教育特色活动中拓宽德育空间

学校劳动教育的实践,离不开多样特色活动的推进,如为让学生体悟劳动者的辛勤与付出,引导班主任组织学生开展劳动体验周活动,让学生到学校各职工岗位进行劳动体验,感受一线劳动者的辛劳与不易,促进学生对各岗位职工的尊重。强化与劳动教育有关的特色活动,是班主任应当鼓励并加以提倡的事,要鼓励学生参加科创活动,不断拓宽科创空间,在劳动教育特色活动中不断拓宽德育空间。当代劳动教育已不拘泥于传统手工劳动,可利用新技术进行创新探索。学校在鼓励学生参加科技创新活动、科创空间开发中,开展劳动创新、创意、创造教育,引导学生在参加科创大赛等创造性劳动中养成探究精神、合作精神与创新精神,进一步丰富学生德育内涵,为学生成为德才兼备的创新型人才奠基。

3. 在劳动教育特色社团中融入德育元素

应鼓励学生参加或创设与劳动教育有关的特色社团,采取合适的方式激励学生在创设特色社团时将劳动教育、社会实践、社区服务、创客空间、探究学习等有机结合起来,如有的学校创设的创客社、魔方社、文欣社(传承非物质文化遗产社团)等。班主任在引导这类与劳动相关的特色社团发展中,可以结合新时代的创意经济、互联网思维、创客思维、大数据、云计算服务、个性化学习、个性化生产等发展趋势并加以引领,使劳动教育与时俱进,融入德育,关注时代发展,造福社会,等等。

4. 在劳动教育特色基地中创生德育内涵

应注重在劳动教育特色基地的选择与开发中不断创生德育新内涵。教师带领学生到企业去了解科技人员的劳动,让他们体会劳动创造价值的过程;在学校开发的劳动教育特色基地(如选送学生到革命老区上饶的绿色种植基地进行学农)中,注重引导学生,进行劳动意志品质教育、对劳动人民的敬重教育等。应善于利用中职校、高职院校乃至高新企业建立的职业技术、工程技术等方面丰富的学生劳动技能培养基地,在引导学生开展劳动体验与职业体验中,进行"工匠精神""大国工匠"方面的德育养成教育,请奋战一线的优秀技术人员现身说法,让学生尊重现代技术人才。

上海中学劳动教育归结起来可分为三个阶段。

第一阶段:20 世纪五六十年代,生活型劳动教育。这一阶段,提倡教育与生产劳动相结合。上中的课程表中,每班每周都是 5 天上课,1 天劳动,高三也不例外。高一:在校园里除了耕地外,每个班都有包干区,负责种植西红柿、卷心菜、茄子、辣椒、蚕豆、小麦等,大家学会一手农家活。学生每年下乡参加"三秋"劳动,住在农村,收割稻子等。高二:杂务劳动,包括食堂帮厨、腌咸菜、烧猪食及喂猪、校园卫生。学生生活在美丽清洁的校园里。高三:参加工业劳动。上中有个汽车改装厂,把货车改成救护车。车间内,车、钳、刨、铣,样样工具齐全。上中劳动技能的培训和学习有着其他学校无法比拟的环境和条件。59 届校友、中国科学院院士、生物学家王志珍回忆道:"我在美国学习汽车驾驶时特别体会到高中三年级设立汽车课程的重要性,这是在中国普通高级中学中极少有的独特训练。加上另外一门上中的珍品课'工厂实习',学习车、刨、钳等基本技术,培养我们对机械的认识和动手能力,实实在在贯彻'全面发展'教育。"从校长到教师,大家对劳动教育的重视高度一致。1978 年,上中复校,百废待兴,对于生产劳动教育要不要列入教学计划,是有一番争论的。面对种种思想障碍和实际困难,以叶克平为首的学校领导坚持安排生产劳动不动摇,带领师生回顾总结上海中学办学的优良传统,分析学校坚持生产劳动的必要性和现实意义,统一了大家的思想,健全了生产劳动的组织领导,建立了生产劳动制度。劳动锻炼了人,教育了人,也为加速复校作出了贡献。昔日的植物园、生物教学实验园地、地理园以及各处花坛和苗圃已初步恢复,荒芜的上中园又以树木苍翠、百花争艳的面貌出现在上海地区的西南角。上海十大名师之一、上海中学生物教师顾巧英发挥专业特长,亲自担任农业劳动指导,在先棉堂后面一块沃土上,开辟了一大片绿油油的农田。她常常早上起床先下地,课外活动忙农活。翻地、播种、挑水、浇粪、搭架、除草,收获的蔬菜送食堂。大家以普通劳动者为荣,你追我赶,体验着劳动是生活第一需要和劳动创造世界的快乐。上中的劳动课上,学生首先体会到劳动的艰苦、快乐和崇高,懂得了对劳动和劳动人民的尊重,从而达到培养和提高学生基本素养的目的。其次,互帮互助和集体主义精神得到了有效的培育。这样的劳动锻炼,为莘莘学子的身心健康和人的全面发展打下了较好的基础。他们今后无论走到哪里,不管遇到什么困难,都能坦然面对,勇于担当。老上中毕业生以高超的动手能力和严谨的工匠精神在行政、科研、教育、管理等重要岗位上,为国家发展、民族振兴发挥了积极作用。

第二阶段:1990—2012 年初期,情境性劳动教育。2014 年颁布的《教育部关于全面深化课程改革落实立德树人根本任务的意见》将立德树人作为发展中国特色社会主义教育事业的核心所在。上海中学前任校长唐盛昌首创性地提出了资优生德育,指出今天的资优生未来很有可能成为中国发展所需要的拔尖人才、高级管理人员,成为社会主义事业建设者和接班人的中流砥柱。因此,必须提升学生的思想境界和责任意识,注重引导学生参加各类实践活动,创设情境空间,让学生体验反思,将认知、体验与实践有机结合,真正实现学校的德育升华。学校为了磨炼资优生的劳动意识,培养良好的劳动习惯和动手能力,创设了日常生活管理、新生军训、街道挂职锻炼、志愿服务、48 小时适应性生存训练、与学农基地合作等情境性劳动场景。学生通过每日例行教室、寝室卫生打扫,每学期大扫除,培养劳动习惯,锻炼劳动能力,强化劳动意识,搭建家庭、学校、社区三位一体平台。在挂职锻炼、志愿服务中,学生扮演社工角色和小老师角色,用智力输出探索外来流动儿童社区教育新模式。学农基地分别有长兴岛、孙桥、凌空、大东海、健生、崇明、江西上饶等。学农内容由单纯的传统农业向传统与现代结合、学农与考察并进的模式转变。学生在学农基地参与传统农业的挥锄、下地、收割,体验一粥一饭的来之不易,实地参观现代农业,感受科技改变生活的社会主义新农村的新气象。老上中人是艰苦奋斗、吃苦耐劳的一代。进入 21 世纪,独生子女因受到溺爱而具有的不足在上中的住宿生活中尤为突出。上海中学 48 小时适应性生存训练可追溯到 1992 年中日少年在鄂尔多斯大草原夏令营中的较量,中国少年在生存意志、劳动技能方面的短板暴露了出来。生存训练课程创设了从东海之滨、周浦军营到东方绿舟生存挑战园区的空间转变,从 24 小时到 48 小时,从刚开始 30 名学生到整个高一年级 400 多名学生,通过定向越野、搭建帐篷、采购炊事等活动让平时在家饭来张口、衣来伸手的学生动足了脑筋,用足了力气。他们说:"从来没有一个 24 小时让人如此振奋,这 24 小时比过去的 24 天、24 个月都有意义。"许多学生在这之前从来没有去过菜场,有的没有干过家务活。在这 24 小时中,他们靠自己的能力完成任务,干起了从未尝试过的体力活。他们不仅经受了锻炼,体会到劳动的艰辛,还认识到劳动的乐趣和自己的潜力。他们感叹平时功课太忙,父母对他们太疼爱,使劳动成了他们的"奢望"。他们希望今后有更多机会。上中立足学校,放眼社会,整合资源,创设情境,在浸润中让劳动教育有魂发光。

第三阶段:2013 年至今,课程性劳动教育。冯志刚校长在唐盛昌校长资优生教育理念的基础上,大大推进基于学术志趣导航的拔尖人才早期培育,处理好兴趣特长、潜能倾向与社会需要之间的关系,进行学生个性化课程设置,促进学生志趣能匹配。将"劳动"科目列入普通高中必修课程,是完善新时代德智体美劳育人体系的重要内容。上海中学劳动教育的突破在于,寻找合适的劳动教育课程体系与跨学科劳动教育路径,通过学科渗透、生涯规划与专业发展取向选择等构建资优生劳动教育课程体系。

※小资料

上海中学劳动教育课程体系介绍

表 5 - 8　上海中学劳动教育课程体系

劳动教育课程	达成重点劳动素养目标	科目	实施建议(内容、方式、方法)	适用年级
促进德育发展的资优生劳动教育课程	劳动认知 劳动情感 劳动精神	劳动教育主题班会	班主任利用主题班会,组织学生通过形式多样的活动认识劳动的意义和价值,增强学生尊重劳动、热爱劳动的意志品质	高一、高二
		劳动模范进课堂	邀请市区劳动模范进课堂,和学生近距离接触,让学生聆听身边劳模的故事,传承当代劳模的精神,树立为人民服务的意识	高二
		生涯规划教育课程	利用上中丰富优秀的校友资源,开展校友进课堂活动,通过生涯规划课程,引导学生围绕职业兴趣、职业角色、社会地位、国家需求等思考未来职业发展	高一

（续表）

劳动教育课程	达成重点劳动素养目标	科目	实施建议（内容、方式、方法）	适用年级
提升劳动技能的资优生劳动技术教育课程	劳动习惯劳动能力	设计与制造	培养学生在机械工程方面的劳动技能和劳动创造力	高一上
		电子技术	培养学生在电工基础方面的劳动技能和劳动创造力	
		开源硬件及传感器基础	培养学生在硬件技术方面的劳动技能和劳动创造力	
		基于AutoCAD的二维建模与制图	培养学生在机械工程方面的劳动技能和劳动创造力	高一下和高二上
		电机变频技术	培养学生在硬件技术方面的劳动技能和劳动创造力	
		汽车原理与驾驶技术	培养学生在生活技术方面的劳动技能和劳动创造力	
		建筑结构设计	培养学生在工程学方面的劳动技能和劳动创造力	高二下
跨学科渗透的资优生劳动教育课程	劳动情感劳动精神	人文社科（政治、语文、历史等）	以历史学科为例：教师从历史发展角度，注重挖掘历史上辛勤劳动、诚实劳动、创造性劳动的典型模范人物和先进事迹，史论结合，引导学生理解和形成马克思主义劳动观	高中三年

（续表）

劳动教育课程	达成重点劳动素养目标	科目	实施建议（内容、方式、方法）	适用年级
跨学科渗透的资优生劳动教育课程	劳动情感劳动精神	自然科学（物理、化学、生命科学等）	以化学学科为例：高中化学教材中，每一化学原理背后总是闪现着化学家的智慧光芒。化学家对劳动实践中所产生的问题深入探索、分析、钻研，最后通过自我的创造思维，有了一项项重大的发明与发现。教师可利用这些典型事例对学生进行劳动教育	高中三年
		艺术体育（音乐、美术、体育等）	寒暑假期间，体育教师可以指导学生将体育锻炼和居家劳动有机结合，既锻炼体魄、强身健体，又培养劳动习惯，增强劳动意识	高中三年

2019年，在冯志刚校长的引领下，德育处经过一年的精心准备，将绿色学农、红色研学有机结合，带领学生到江西上饶学农，让学生近距离接触中国的乡土大地，在劳作中切实体验乡土中国的智慧与吃苦耐劳的奋斗精神，感受劳动的意义。江西上饶拥有丰富的红色资源，学生通过参观上饶集中营闽浙赣革命根据地旧址、方志敏清贫园等，追寻红色基因，弘扬革命精神。学生不仅学习劳动技能，更经过实地调查研究，从地理、生物、历史、政治四个学科方向提出十多个课题，丰富了劳动教育内容的深度和广度。江西上饶学农的课题有：对锄头和木柄进行合理改造，尝试帮助农民推广机械化种植；通过技术改变，发展传统农业，吸引人才回流；上饶与上海地区动物多样性分类比较研究；上饶红色旅游资源开发现状与发展对策研究……学农劳动教育不是简单的出出汗、动动手，回校后，教师还开设劳动教育微课。在"劳动的意义"

一课中,徐老师用一张学生在田间挖到一根藕后非常开心的学农照片导入,提问:"宋同学为什么那么开心?"有四个学生从获得一根藕(创造财富)、获得好心情(愉悦心理)、获得认可(展现才能)、获得新知识(创获知识)角度入手,关注劳动对我们个人的意义:既有益身体健康,又为我们带来心理上的愉悦。有学生更关注到劳动不但对个人有意义,而且还有社会价值。学生们发自内心地领会习近平总书记对劳动意义的伟大论断:"劳动最光荣、劳动最崇高、劳动最伟大、劳动最美丽。"在学农中带着问题去研学,去探究,切合资优生思维的特点,融入党课、思政课,让绿色学农、红色研学更富有内涵和新意,在内化学生红色基因与劳动素养的同时,也锻炼了学生解决问题的实践能力和创新意识,这正是对资优生德育立德树人的最好诠释。

上海中学在总结长期以来劳动教育探索实践的过程中,坚持树立新时代劳动教育理念,加强劳动教育整体规划和顶层设计,构建落实立德树人理念,完善资优生劳动教育体系,在培养和造就德智体美劳全面发展人才的道路上不断努力探索。

※小资料

上海中学劳动教育微课程选介

第一堂课:"劳动的意义"劳动教育微课教学设计

【教学背景】

学生们基本没有参加过农业劳动,对劳动的意义领会得不深入。经过这次赴江西上饶绿色学农、红色研学活动,对劳动的意义有了一定理解。但是,这些理解是碎片化的,还难以上升到思想高度。

【教学目标】

1. 明晰劳动的多重意义。

2. 激发对劳动的热爱。

【教学过程】

一、导入:从校园新闻图片导入

导语:同学们,学农期间,校园网新闻栏中的一张照片引发了大家的关注。我们班宋同学因和冯校长合照而获得"藕王"的称号。我们把照片放大,用一句网络流行语来形容,宋同学简直"开心到变形了"! 其实,我很想问问同学们,宋同学为什么会发笑?

课堂提问:宋同学为什么会发笑?

二、教师小结学生的回答

获得一根藕(创造财富)

获得好心情(愉悦心理)

获得认可(展现才能)

获得新知识(创获知识)

············

结语:同学们的回答不错! 有的关注到劳动对我们个人的意义,既有益身体健康,又为我们带来心理上的愉悦。有的关注到劳动不但对个人有意义,而且更有社会价值。其实,我很好奇宋同学当时是怎么想的,大家好奇吗?

课堂提问:宋同学当时为什么会发笑?

课堂提问:宋同学的回答和其他同学并不一样,这是不是意味着同学们说的劳动的意义没有根据呢?

三、对劳动的意义进行总结

结语:每个人对劳动意义的理解不完全一致,但是每个人在劳动中都可以创获幸福。在学农中,每个学生获得的感悟不同。正如习近平总书记所说的那样,幸福不是毛毛雨,幸福不是免费午餐,幸福不会从天而降。人世间的一切成就、一切幸福都源于劳动和创造。同学们,我相信,经历过这次学农,大家一定会发自内心地领会习近平总书记对劳动意义的伟大论断:"劳动最光荣、劳动最崇高、劳动最伟大、劳动最美丽。"

第二堂课:"劳动·锻造"劳动教育微课教学设计

【教学背景】

我校前往青浦进行"红色研学·绿色学农"活动,将研学、课题探究、学农有机结合。学生通过亲身体验田间劳作,参观各种现代化农业技术设备,并前往各类展馆参观学习,深入体验青浦的风土人情,进行学科课题考察,完成了一次适应21世纪中国全面改革开放的劳动教育。

【教学目标】

1. 体验传统耕作的劳动流程,了解多种现代农业技术手段。

2. 明白劳动形态的多样性,感受劳动的意义。

3. 认识到生态保护的重要性。

【教学过程】

一、导入

同学们,欢迎来到上海中学"红色研学·绿色学农"汇报展示课堂。

图5-2 校刊封面

本次青浦学农,我们不仅体验了青浦的风土人情,而且深刻地感受到现代科技与传统农业相结合的独特魅力。看,校刊封面上有一位同学引起了我的注意,寒冬腊月,他只穿着单薄的短袖,裤腿也卷得高高的。你们认识他吗?

学生回答:唐同学。

二、农业生产下的传统美德与现代观念

教师提问:唐同学,我想采访一下,你当时正在做什么呢?

唐同学:当时我们刚翻完土,正在把

图5-3 智能生态大棚

上午采的幼苗从袋子里取出来,准备进行移栽。因为干活比较卖力,所以我出了很多汗,就把外套、毛衣全脱了。老师,我也有一个困惑:现代农业机械化程度这么高,像这些比较简单的农活完全可以用机器替代,我们真的还有必要下田劳动吗?

图5-4　无土栽培草莓和植物工厂

赵同学:当然有必要。一方面,我们从繁重的学业中短暂地解放出来,感觉很好。至少我个人感到在紧张的期末考试结束后能去农田里挥汗如雨是一件很放松的事。另一方面,我觉得同学们下地耕作的意义,不仅在于体验农事,更在于感受劳动人民几千年来适应自然、改造自然的智慧,以及用汗水和勤劳创造富庶生活的美好愿景。"一粥一饭,当思来处不易。"我们在学农活动中亲身体验,在实践过程中才能懂得劳动的可贵与智慧的力量。

教师小结:感悟很深刻。其实,这个环节就是想让大家抛开书本,深入田间地头,亲身体验从翻土到播种这一传统的农业流程,在原始生产过程中培养吃苦耐劳的精神,感悟劳动的价值内涵。刚刚唐同学提到了劳动人民的智慧,从传统的耕作到现代农业精细化生产方式的迭代,离不开广大劳动人民的聪明才智。不过,劳动的形式发生了很大的变化,我们来看两张图片。

这是我们在学农期间参观时拍摄的现代农业的照片,图上分别显示的是智能生态大棚(如图5-3所示)、无土栽培草莓和植物工厂(如图5-4所示)。与传统的农耕相比,你们觉得图上显示的劳动有什么不同吗?

徐同学:从过程来看,人们的劳动内容发生了变化。传统农耕几乎全部依靠人力辅以简单工具,而现在更多的是脑力与体力的结合,人们不用再面朝黄土背朝天,做着简单重复却耗时耗力的事,而是使用各种智能监测手段,让机器去完成过去需要大量人手才能完成的工作。

王同学:从结果来看,还有一个很大的变化是,现在的很多农业技术可以突破自然界的限制。以前纯粹是靠天吃饭，不管是播种还是收获，都要紧依农时，不能耽误分毫，农业受到自然环境的强烈制约。但是，现在很多大棚中的农作物不再受天气、时令的影响。

教师小结：的确，最大的不同是现代农业搭上了科技快车。从"操心吃不饱饭"到"关注食品安全问题"，我们可以从老百姓最关注的问题中看出人们的生活一直在朝着更美好的方向发展。当然，从过去到现在，始终不变的是粮食来之不易的观念，是劳动人民踏实肯干的态度、勤劳勇敢的品质。传统精神承递至今，生产力的发展又丰富了新时代的劳动内涵，让我们在高科技的引领下，通过自己的智慧与创新，摆脱自然界的限制，走向物质丰裕、生活幸福的新时代。

说到这里，我有一个奇妙的设想：现在的科技水平已经很发达了，假如不久后的将来，我们生活在一个全自动化社会，所有的体力劳动都可以交给机器去完成，我们只需要坐在电脑前动动手指就行。那个时候，我们还需要关注什么呢？大家可以基于此尝试着展开对未来农业生产的畅想。

张同学1：我认为，从技术上实现全自动化在未来的发展中并非难事，农业的机械化可以减少人工的投入，进一步提升农业生产的高效性和专业性。但是，归根结底，生长在自然环境中、和自然打交道的是人，所以未来的农业生产还是要考虑人与自然的关系。

张同学2：我认为，未来农业发展必须注重对生态环境的保护。现代农业中使用高科技大大提高了农业生产水平，但不可忽视的是，机械化生产释放的大量 CO_2 会加剧温室效应，对水资源、土地资源的剥削与对生物环境的侵占和利用都会让地球变成工厂而非家园。因此，在设计、发展未来技术密集型农业时，我们必须注重环保，实现经济、社会、生态三效合一，保证可持续发展。

教师小结：是的，技术固然很好，但我们不能陷入"技术至上"的误区。科技是造福人类的，以人为本。所以，未来的农业一定是建立在可持续发展的基础上推行的生态农业，在促进当地经济发展的同时,注重对生态平衡的保护,形成一种良性循环的发展之路。

在青浦现代农业园区中,我们就参观了这样一个秉持生态环保理念的农业废弃物处理中心,通过农业和畜牧业的耦合,使农业生产某些环节的废弃物成为另一些环节的生产原料,从而实现物质循环利用和生产过程的清洁化,迈出了生态农业的第一步。

三、总结

教师结语:同学们,从传统的劳动美德到现在的技术更迭,再到未来农业的发展方向,在学农过程中,我们一一体验、考察、思索,对新形势下的劳动内涵有了属于我们自己的见解。正如习近平总书记所说:"劳动创造了中华民族,造就了中华民族的辉煌历史,也必将创造出中华民族的光明未来。"作为青年一代的我们,更应感恩劳动人民的付出,珍惜当下的美好生活,从前辈手中接过时代的接力棒,成为建设祖国的强大后备军。

上海中学还搭建了资优生劳动教育实践项目的活动框架,梳理学校已组织的学生实践和与劳动教育实践相关的项目和活动,对标劳动素养培养目标,形成劳动教育实施的主要建议(如表5-9所示)。

表5-9　劳动教育实施的主要建议

劳动教育项目活动	达成重点劳动素养目标	科目	实施建议(内容、方式、方法)	年级
落实劳动行为的资优生劳动教育实践项目	劳动能力劳动情感劳动精神	国防教育新生军训	以8月底的新生军训为契机,在加强国防教育和培养纪律意识的同时,指导新生学习内务整理,提高生活自理能力,为开学后的住宿生活做好准备	高一

（续表）

劳动教育项目活动	达成重点劳动素养目标	科目	实施建议（内容、方式、方法）	年级
落实劳动行为的资优生劳动教育实践项目	劳动能力劳动情感劳动精神	红色研学与绿色学农	以高二年级学农为契机，指导学生通过挥锄下地尝试传统农业，体验一粥一饭的来之不易；实地参观考察现代农业，感受农业科技带来的革新	高二
		48小时适应性生存训练	第二学期期中考试后，组织高一年级学生赴东方绿舟开展48小时适应性生存训练，通过定向越野、搭建帐篷、采购炊事等活动锻炼野外生存技能，磨炼劳动意志	高一
		暑期街道挂职锻炼	学生干部利用暑假时间到长桥街道、华泾街道挂职锻炼，扮演社工角色，实现劳动创造，分享劳动成就	高一、高二
磨炼劳动意识的资优生劳动教育实践活动	劳动能力劳动情感劳动习惯	日常生活管理	通过每日教室、寝室的卫生打扫，每学期一次的教室、寝室大扫除活动，培养学生的劳动习惯，锻炼学生的劳动能力，强化学生的劳动意识	高中三年
		志愿者服务	学生利用寒暑假、节假日参与博雅网社会实践平台志愿服务，深入各行各业，体验劳动行为，感受劳动价值	高一、高二

（续表）

劳动教育项目活动	达成重点劳动素养目标	科目	实施建议（内容、方式、方法）	年级
磨炼劳动意识的资优生劳动教育实践活动	劳动能力劳动情感劳动习惯	劳动体验周	每年3月初，结合学雷锋活动，学生穿上志愿者马甲，担任保安保洁、食堂工作人员等不同后勤角色，体验职工为学校各项活动正常开展付出的辛勤劳动，体验劳动过程，感恩劳动价值	高一、高二

※小资料

上海中学2022年"红色研学·绿色学农"劳动教育选介

2022年是中国共青团成立100周年，为全面贯彻党的教育方针，坚持社会主义办学方向，坚持育人为本、德育为先，构建德智体美劳全面培养的教育体系，上海中学组织全体高二学生赴青浦开展"红色研学·绿色学农"社会实践活动。

上海中学将"红色研学""课题探究""绿色学农"有机结合，打造出以立德树人为根本，以了解国情、开阔眼界、增长知识为基础，以着力培养学生的爱国主义情怀、社会责任感、创新精神、实践能力等综合素质为目标的特色资优生德育课程。

学农是我校一项传统德育课程，是实现立德树人的有效方式之一。学农活动旨在让学生近距离接触中国的乡土大地，在劳作中切身体验乡土中国的智慧与吃苦耐劳的奋斗精神，感受劳动的意义。

作为新形势下的教育形态，红色研学通过实地调查研究获取知识，在实践中培养社会主义核心价值观，追寻红色基因，弘扬革命精神。恰逢建团100周年，上海中学充分利用青浦红色资源，重温红色记忆,探寻红色足迹。

　　作为课堂教学的有效补充,课题探究是由学生自主提出问题、解决问题,在研究过程中学习科学研究方法,获得丰富的体验和科学文化知识。结合青浦当地资源,学校以地理、生物、历史、政治四个学科为方向,设置十余个课题供学生自主选择感兴趣的问题进行探究。

　　本次活动地点在青浦,位于太湖下游、黄浦江上游,水系丰富,农业发达。青浦历史悠久,崧泽遗址是上海迄今为止发现的人类最早的聚居地。青浦蕴含丰富的红色资源,陈云纪念馆展示了陈云同志在中国共产党历史上的地位和作用。扎根中国大地办教育,必然要结合当地精神文化资源,让学生在独特的实践体验中逐步形成高尚的品格和社会主义核心价值观,实现身体和心灵的共同成长。

　　上海中学秉承着"储人才、备国家之用"的办学宗旨,希望学生通过本次"红色研学·绿色学农"活动弘扬革命精神,提高创新能力,强化劳动精神,在中国梦的生动实践中放飞青春梦想,在实现中华民族伟大复兴的历史征程上谱写青春乐章。

(上海中学德育处供稿)

表 5-10 上海中学 2022 年"红色研学·绿色学农"日程安排

日期	时间	具体地点	内容
1月13日星期四	12:30—13:30	学校	出发前往活动基地,东门停车场
	13:30—13:50	地球村	办理入住
	14:00	未来广场	集合
	14:00—16:00	东方绿舟大园区 国防园区 红军足印纪念园	未来广场(开营仪式) 低碳征程录活动 驻足追贤活动 (红军足印纪念园) 胜利会师暨新征程誓言

（续表）

日 期	时 间	具体地点	内容
1月13日星期四	16:50	中国餐厅门口	集合
	17:00—17:30	中国餐厅	晚餐
	18:45	未来广场	集合
	19:00—20:30	国际青少年活动中心阳光会堂	红色主题讲座（新长征故事＋红色主题文艺讲座）
	20:30—21:00	野外生存区	班级民主生活
	21:15—21:50	地球村	洗漱、就寝
1月14日周五	06:15—07:00	地球村	起床、洗漱
	07:00—07:20		升旗,早锻炼
	07:20—08:20		早餐,内务整理
	08:20	未来广场	集合
	08:30—16:00	各课题方向对应基地	学科研学
	16:00—16:30	未来广场	体育活动
	16:50	中国餐厅门口	集合
	17:00—17:30	中国餐厅	晚餐

（续表）

日期	时间	具体地点	内容
1月14日周五	18:45	未来广场	集合
	19:00—19:40	国际青少年活动中心	研学讲座"课题指导"
	19:50—21:00	野外生存区	分方向课题指导
	21:15—21:50	地球村	洗漱、就寝
1月15日周六	06:15—07:00	地球村	起床、洗漱
	07:00—07:20		升旗,早锻炼
	07:20—08:20		早餐,内务整理
	08:20	未来广场	集合
	08:30—11:00	薛间村	田园劳作——采摘、翻耕
	11:20	中国餐厅门口	集合
	11:30—12:00	中国餐厅	午餐
	13:20	未来广场	集合
	13:30—16:00	薛间村	田园劳作——采摘、翻耕
	16:00—16:30	未来广场	体育活动
	16:50	中国餐厅门口	集合

（续表）

日期	时间	具体地点	内容
1月15日周六	17:00—17:30	中国餐厅	晚餐
	18:45	未来广场	集合
	19:00—20:30	国际青少年活动中心	学农讲座"生物""地理"
	20:30—21:00	野外生存区	班级民主生活
	21:15—21:50	地球村	洗漱、就寝
1月16日周日	06:15—07:00	地球村	起床、洗漱
	07:00—07:20		升旗,早锻炼
	07:20—08:20		早餐,内务整理
	08:20	未来广场	集合
	08:30—11:00	憩鹿坡	花田劳作——收割杂草、翻垦、竹篱笆
	11:20	中国餐厅门口	集合
	11:30—12:00	中国餐厅	午餐
	13:20	未来广场	集合

（续表）

日期	时间	具体地点	内容
1月16日周日	13:30—16:00	园区地球村	花田劳作——花草播种
			扫尘迎新 （地球村、宿舍大扫除）
			剪窗花、写对子、贴春联
			熬腊八、包饺子 农家美味制作
	16:00—16:30	未来广场	体育活动
	16:50	中国餐厅门口	集合
	17:00—17:30	中国餐厅	晚餐
	18:45	未来广场	集合
	19:00—20:00	国际青少年活动中心	讲座报告
	20:00—21:00	野外生存区	社会实践鉴定表＋评优＋班级民主生活
	21:15—21:50	地球村	洗漱、就寝
1月17日周一	06:15—07:00	地球村	起床、洗漱
	07:00—07:20		升旗,早锻炼
	07:20—08:20		早餐,内务整理

（续表）

日期	时间	具体地点	内容
1月	08:20	未来广场	集合
17日	08:30	绿舟剧场	结营仪式
周一	09:00	地球村	离营返回

2　资优生劳动素养要点

　　综合多方认识,对资优生劳动素养的理解,可以从劳动认知、劳动情感、劳动习惯、劳动能力、劳动精神等五个方面进行评估。

　　在劳动认知上,可以分为劳动观念、劳动知识两个二级指标,在评价要点上引导学生形成正确的劳动幸福观,将劳动作为公民品格的重要组成部分,"通过劳动教育带领学生走进社区和社会,从动手实践和切身反思中提升其公民意识、品格素养和社会责任感,以及奉献精神、宽容精神和乐于助人的品质"①。在劳动情感上,可以分为劳动态度、劳动兴趣两个二级指标,在评价要点上引导学生正确对待生产劳动、家务劳动、公益劳动、生存性劳动、主题劳动等多样性劳动,并根据自身的特点产生劳动兴趣。在劳动习惯上,可以分为劳动意识、劳动行为两个方面,在评价要点上引导学生敢于、勇于去劳动,并将劳动行为与自我发展、社会需要联系起来。在劳动能力上,可以分为劳动技能、劳动创造两个二级指标,在评价要点上引导学生养成生活技能、职业技能、动手技能与问题解决能力,鼓励学生在劳动中进行创造与创新。在劳动精神上,可以分为劳动韧性、劳动价值两个二级指标,在评价要点上注重引领学生在正确的劳动价值观引领下

---

　　①　傅添,姜啸.劳动教育需要新的时代内涵[J].中国德育,2017(10):16 - 19.

培育劳动意志与品质,并且把握我国劳动教育的实情,树立劳动集体文化。

资优生劳动素养评价指标要点的建立,只是为建立学生劳动素养评价指标体系提供一个参照,因为从要点走向评价指标体系需要在实践、评估监测中进一步研究每个指标的权重,且这个权重需要根据不同教育阶段的学生特点与劳动教育任务进行确定。在此,仅结合上述分析建立一个劳动素养评价指标要点(如表 5-11 所示),供学生自评参阅。

表 5-11　学生劳动素养评价指标要点

一级指标	二级指标	三级指标（评估要点）
劳动认知	劳动观念	1. 认识劳动光荣与劳动幸福,崇尚劳动、尊重劳动; 2. 认为劳动是积极的生存方式,是提升公民意识、品格素养和社会责任感的重要路径
	劳动知识	1. 积极参加劳动课程学习、劳动实践体验并获取丰富的劳动知识; 2. 懂得劳动最光荣、劳动最崇高、劳动最伟大、劳动最美丽的道理
劳动情感	劳动态度	1. 增强劳动感受,体会劳动艰辛,分享劳动喜悦; 2. 认识到好逸恶劳、不劳而获是可耻的
	劳动兴趣	1. 积极参与生产劳动、家务劳动、公益劳动、义务劳动、生存性劳动、主题劳动、动手实践等,并对其中某一或某些方面劳动学习、劳动体验产生浓厚兴趣; 2. 在感兴趣的劳动领域产生持续劳动的热情,并勇于去学习、探究,促进积极的劳动成果产生

（续表）

一级指标	二级指标	三级指标（评估要点）
劳动习惯	劳动意识	1. 让劳动意识成为核心素养重要组成部分,认识劳动的生活性、享用性、体验性、人文性; 2. 认识劳动联通生活世界和职业世界,将劳动与生涯发展、未来幸福生活联系起来
	劳动行为	1. 认真、主动地完成分配的劳动任务,养成良好的劳动行为习惯; 2. 在学校劳动、家务劳动、校外劳动学习中展现良好的劳动合作、探究行为
劳动能力	劳动技能	1. 将劳动技能养成与未来职业、生涯的可持续发展联系起来,持续提升劳动生活与职业技能; 2. 在劳动中展现动手能力与发现问题、解决问题的能力
	劳动创造	1. 劳动创意或创造在服务他人、社会中有积极的认可或贡献; 2. 展现通过辛勤劳动、诚实劳动创造出的成果
劳动精神	劳动韧性	1. 敢于磨砺劳动意志与品质; 2. 注重劳动过程中的个人体悟与集体意识,将劳动集体关怀与劳动集体文化创生结合起来
	劳动价值	1. 内化"幸福是靠奋斗得来的"的价值观念与精神内涵; 2. 在正确的劳动价值引领下勇于合作,敢于奉献与牺牲

第三节　资优生劳动教育的评价系统

　　资优生劳动素养的形成,离不开学校劳动教育的实践突破。学校劳动教育实践的有效推进,需要建立良好的评价指标导引体系。

建立新时期学校劳动教育实践评价指标,应立足于符合"德智体美劳全面培养"要求与"更高水平的人才培养体系"期许两个基本点,把握新时期劳动教育的本质自然性、目标改造性、概念发展性、内涵统领性、内容强联结性、执行适度性、价值召唤性、评价自发性等特征[1],进一步确立劳动教育在"五育并举"中的地位。

1 劳动教育实践评价指标建立维度

学校劳动教育实践评价指标的建立,需要将促进劳动教育与学生的品德养成教育、幸福生活教育、职业生涯教育等结合起来进行衡量,注重对学生劳动品质、劳动韧性、劳动精神方面的追求引领。资优生劳动教育实践评价指标的建立,可以形成"6+1"的评价指标系统。

"6+1"结构系统包含"6"大板块:

第一板块是劳动教育内涵认知,含专门属性、劳动素养两个二级指标,对劳动教育的专门属性与学生劳动素养进行理性认知。

第二板块是劳动教育内容体系,这一内容体系参照《上海市学校劳动教育实施指导纲要(试行)》,可以从学科课程(包括专门的劳动教育课与中小学劳动技术课、通用技术课与综合实践活动课之间的联系,劳动教育内容的学科融入等)、校内劳动、社会劳动、家庭劳动四个二级指标推进。

第三板块是劳动教育载体创设,可以分为课堂教学、学科渗透、实训基地、第二课堂等四个二级指标。选这四个二级指标的原因,一方面是参照学校美育的载体创设评价指标[2],另一方面是强调劳动

---

① 王连照.论劳动教育的特征与实施[J].中国教育学刊,2016(7):89-94.
② 史红.高师美育质量内涵与测度评价指标构建[J].美育学刊,2017(4):42-48.

教育对实训基地的关注,劳动教育需要有多样化的实训基地去推进学生动手实践、体验感悟。

第四板块是劳动教育空间营造,分为校内空间、校外空间、科创空间三个二级指标。为什么强调科创空间?原因就在于新时期劳动教育需要把握现代科技发展的需求、趋势去推进劳动体验、劳动创造。"知识经济时代的劳动教育,要关注创意经济、互联网思维、创客思维、大数据、云计算服务、个性化学习、个性化定制生产等的发展趋势。劳动教育要与时俱进,认真吸纳各类新创意的思想营养,以丰富和完善劳动教育的课程体系。"①

第五板块是劳动教育师资队伍,可设置队伍结构、教学水平、研修文化三个二级指标。当前学校教师中专门的劳动教育师资极为缺乏,因为大学相关院校没有专门的劳动教育师资培养机构,通常用劳动技术教师来替代劳动教育教师。所以,需要通过评价导引,促进劳动教育师资的培育与专业化成长。

第六板块是劳动教育质量保障,设置保障系统、质量监控、激励机制三个二级指标,是从学校管理视角推进劳动教育的有效落实。

"6+1"结构系统中的"1"个特色评估指标的设立,是为了在全面推进劳动教育的基础上,引导基础教育阶段不同类型、不同层级的学校把握地区实情、学校特点,进行劳动教育特色的创建,促进劳动教育的多样化、特色化发展,与学生的生涯发展、社会多样化需求紧密结合。劳动教育特色的创建评价,将从学校劳动教育的特色课程、特色社团、特色活动、特色基地、特色文化等五个二级指标进行衡量,并形成主要的评估要点。

---

① 徐海娇,柳海民.历史之轨与时代之鉴:我国劳动教育研究的回顾与省思[J].教育科学研究,2018(3):36-41,47.

2 学校劳动教育评价指标体系

基于实践导引的资优生劳动教育评价指标体系的形成,以及将其运用到学校劳动教育实践操作过程中,都要把握好导引的策略,形成比较科学的劳动教育评价机制。"科学的劳动教育评价机制,是提高劳动教育地位的有效举措之一。"①无论是对资优生劳动素养评价指标要点的思考还是对学校资优生劳动教育评价指标系统的设计,都需要集聚资优生群体的实验性示范性高中在劳动教育中根据学校实际与学生特点进行创造性实践。

表 5-12 中小学校劳动教育实践评价指标要点

一级指标	二级指标	三级指标(评估要点)
劳动教育内涵认知	专门属性	1. 认识新时代劳动教育的基础性、综合育人性,和其他各育并举; 2. 理解劳动教育的专门属性,把握劳动教育与劳动技术课、通用技术课、综合实践课之间的区别与联系
	劳动素养	1. 明确劳动教育是为了培育学生的劳动素养,促进学生树立正确的劳动幸福观与劳动价值观; 2. 注重学生的劳动认知、劳动情感、劳动习惯、劳动能力、劳动精神的培育

① 张童明,丁玲.核心素养视角下中小学劳动教育再思考[J].中小学德育,2018(7):14-17.

一级指标	二级指标	三级指标 （评估要点）
劳动教育内容体系	学科课程	1. 开设专门的劳动教育课，使用专门的劳动教育课程教材，编写校本教材； 2. 将新时代劳动教育要求通过常规信息技术课、通用技术课与综合实践活动课加以进一步落实； 3. 注重在语文、数学等学科教育中渗透劳动教育内容，并把握不同学科渗透劳动教育内容的侧重点
	校内劳动	1. 开展校内主题劳动、公益劳动、义务劳动、服务劳动等，提供家政、烹饪、手工、非物质文化遗产等可选学的劳动教育内容； 2. 注重校内体力劳动、智力劳动与劳动教育在内容方面的衔接与引导
	社会劳动	1. 注重校外生产劳动，包括学农、学工、学商劳动实习，形成劳动教育实践安排内容序列化； 2. 开展校外公益劳动、生存性劳动、社会实践、志愿者服务劳动等
	家庭劳动	1. 进行家务劳动方面的教育，引导学生自己的事情自己做，家里的事情帮着做，布置劳动教育家庭作业； 2. 引导学生践行中华传统美德，在家庭中参与孝亲、敬老、爱幼等方面的劳动
劳动教育载体创设	课堂教学	1. 注重专门劳动教育方面课堂教学的学案、教案、档案"三案合一"； 2. 注重劳动教育方面的课堂教学知识层递序列的形成
	学科渗透	1. 根据不同学科育人特点进行劳动教育的学科渗透； 2. 在劳动教育学科渗透方面形成多样的方式、平台与方法

（续表）

一级指标	二级指标	三级指标 （评估要点）
劳动教育载体创设	实训基地	1. 积极建设多样的校内劳动教育实训基地； 2. 利用校外资源，积极拓展丰富的校外劳动教育实训基地
	第二课堂	1. 将劳动教育与技术教育、社会实践、社区服务、信息技术运用以及研究性学习有机结合起来； 2. 通过设计、制作、研制、种植、养殖、服务、信息发布等活动形式，结合研学旅行、团日队日活动和社会实践活动，开展劳动教育
劳动教育空间营造	校内空间	1. 学校建立专门的劳动教育场地与空间，形成劳动教育专用教室或劳动教育创造空间； 2. 利用校内空间，组织学生进行栽种等方面的生产，以及到校办工厂实习
	校外空间	1. 加强普职沟通，促进职业教育资源在普通中小学劳动教育中的合理有效运用，利用中职校、高职院校等方面的劳动技能培养设施与设备，开展劳动教育与职业体验； 2. 借助校外企业、科研院所的实验场所等社会资源进行劳动教育实训
	科创空间	1. 把握科技发展带来的广阔空间，推动劳动教育与科创（STEAM）教育空间的结合，鼓励学校开展这方面的劳动创新、创意、创造教育； 2. 把握劳动教育与职业世界、未来世界的联系，借助多样空间，鼓励创造性劳动
劳动教育师资队伍	队伍结构	1. 有专门的劳动教育师资以及进行过劳动教育专业化培训的劳动教育师资； 2. 形成明确劳动教育内涵的学科教师队伍

（续表）

一级指标	二级指标	三级指标 （评估要点）
劳动教育师资队伍	教学水平	1. 劳动教育专门课的教学体现专业化水平； 2. 在劳动教育与其他形式的学科教学结合方面显现良好的水平
	研修文化	1. 加强劳动教育的教研文化建设，形成教师劳动教育研修共同体； 2. 促进教师劳动教育教学学术的提升，开展专门的劳动教育课题研究
劳动教育质量保障	保障系统	1. 在学校规划中含专门的劳动教育规划及劳动教育经费投入； 2. 明确劳动教育管理部门，对劳动教育相关的场地改造、资源配置、运行方式等进行统筹安排
	质量监控	1. 不仅要关注劳动产生的物化成果衡量，也要注重对珍惜劳动成果、体悟劳动价值等精神层面的分享、引领乃至内化； 2. 纠正仅从物质奖励或激励视角考虑劳动教育价值的错误观念，注重对学生进行劳动品质、劳动韧性、劳动精神方面的追求引领
	激励机制	1. 注重以劳树德、以劳增智、以劳强体、以劳育美的激励与落实，推进学校劳动教育的学科体系、教学体系、教材体系、管理体系的形成； 2. 强化劳动教育本身的激励，促进基于文化创生综合劳动与实践育人相结合
劳动教育特色建设	特色课程	创设契合学生特点与学校特色发展需求的劳动教育课程
	特色社团	形成劳动体验、劳动实践、劳动创造方面的特色社团，有明晰的劳动教育特色社团建设指南

（续表）

一级指标	二级指标	三级指标 （评估要点）
劳动教育特色建设	特色活动	强化与劳动教育有关的特色活动并产生一定的影响
	特色基地	注重校内外有特色的劳动教育基地建设，如基于普职沟通的劳动教育实践基地、职业体验基地、企业见习基地等
	特色文化	在劳动教育方面形成有特色的校园文化氛围或其他多样化的劳动教育文化呈现方式

在普通高中劳动教育实践与评价中，还有一个重要的导引是促进普职融通。普通高中新课程"劳动"科目实施的普职融通路径设计，首先应把握"劳动"科目实施的普职融通政策空间，然后在"劳动"科目实施路径上作出针对性部署。在与志愿服务的结合上，将与学生志愿从事的领域、学生职业生涯发展指导、劳动精神培育结合起来；在整合通用技术选择性必修内容上，应促进学生一定的专业领域发展认知、职业生存技能与劳动技能学习；在与地方课程、校本课程内容的统筹上，关注学生在真实的生活世界与职业世界之间建立积极的价值体验。

普通高中新课程"劳动"科目的实施，如从普职融通角度思考，可以解决"劳动"科目实施的一些普遍性问题，并带来劳动教育的特色化发展空间。"劳动"科目实施的普职融通，需在"融"与"通"上下功夫。"融"强调将职业教育中有关职业生涯教育、职业意识、职业技能训练等的做法，以及职业教育关注学生劳动意识、工匠精神、劳模培养的优势，融入普通高中劳动教育实刽中；"通"是让职业教育的实训基地、实践场所与"双师型"师资（既有教师资格又有某一专业技能或应用技能资质的教师,如高级技师、高级工程师,担任职业教育导师)等资源,为普通高中劳动教育共享、共通服务。①

上海中学在开展"红色研学·绿色学农"劳动教育实践中,引导学生在劳动体验过程中,同时开展地理、生物、历史、政治等学科领域的课题研究,引导学生将当地劳动教育体验与解决区域社会实际问题紧密结合起来,是资优生劳动教育极为形象的体现。以下选取上海中学 2022 届学生到崇明进行学农时开展的课题研究指南与 2023届学生到奉贤进行学农时开展的优秀课题选介。

※小资料 1

上海中学 2020 学年"红色研学·绿色学农" 劳动教育课题指南

一、到崇明学农的地理学科领域课题研究指南

崇明岛,是长江三角洲东端长江口处的冲积岛屿,是中国第三大岛和最大沙岛,也是中国最大的河口冲积岛,成陆历史有 1300 多年,被誉为"长江门户、东海瀛洲",全岛面积 1269.1 平方千米。② 岛上地势平坦,土地肥沃,林木茂盛,物产富饶。

崇明岛大部分地区属于上海市崇明区;小部分地区属于江苏省南通市启东市启隆镇和海门区海永镇,位于崇明岛北端。

课题一:崇明东滩湿地发育和生态价值研究

【参考资料】崇明东滩鸟类国家级自然保护区是以迁徙鸟类及其栖息地为主要保护对象的湿地类型自然保护区,位于长江入海口,在崇明岛的最东端(东经 121°50′~122°05′,北纬 31°25′~31°38′),由崇

---

① 刘茂祥.普通高中新课程"劳动"科目实施的普职融通路径探究[J].教育参考,2021(5):22-27.

② 数据来自上海市崇明区人民政府官网。

明东滩团结沙外滩、东旺沙外滩、北八滧外滩及其相邻的吴淞标高零米线外侧 3000 米以内的河口水域四大部分组成,在海堤外呈半椭圆形分布。保护区的区域面积为 241.55 平方千米,约占上海市湿地总面积的 7.8%。

崇明东滩是由长江径流夹带的巨量泥沙在江海的相互作用下沉积而成的,现仍以每年 80～110 米的淤长速度向东海推进。它是长江口规模最大、发育最完善的河口型潮汐滩涂湿地,南北狭,东西宽,区内潮沟密布,高、中、低潮滩分带十分明显,是亚太地区水鸟迁徙的重要通道,也是多种生物周年性溯河和降河洄游的必经通道。特殊的地理位置和快速演化的生态系统特征使崇明东滩成为具有国际意义的重要生态敏感区。

课题二:崇明岛地表水环境监测

【参考资料】水体富营养化是指水体中氮、磷等营养元素含量过高而引起的水质污染现象。其实质是营养元素的输入输出失去平衡,从而导致水生态系统中物种分布失衡,单一物种疯长,破坏了系统的物质与能量的流动,使整个水生态系统逐渐走向灭亡。

富营养化会影响水体的水质,造成水的透明度降低,使得阳光难以穿透水层,从而影响水中植物的光合作用,可能造成溶解氧的过饱和状态。溶解氧的过饱和以及水中溶解氧含量低,都对水生动物有害,会造成鱼类大量死亡。同时,因为水体富营养化,水体表面生长着以蓝藻、绿藻为优势种的大量水藻,形成一层"绿色浮渣",使底层堆积的有机质在厌氧条件下分解产生的有害气体和一些浮游生物产生的生物毒素伤害鱼类。富营养化水中含有硝酸盐和亚硝酸盐,人畜长期饮用这些物质含量超过一定标准的水,也会引起中毒或致病。

氮、磷等营养元素浓度升高,是藻类大量繁殖的原因,其中又以磷为关键因素。影响藻类生长的物理、化学和生物因素(如阳光、营养元素、季节变化、水温、pH 及生物本身的相互关系)是极为复杂的。因此,很难预测藻类生长的趋势,也难以定出表示富营养化的指标。

课题三:上海城市发展与水源地变迁研究

【参考资料】供水水源是支撑城市经济社会发展的源泉。分析研究供水水源地规划、建设和管理要素对提高城市建设管理质量,推进城市供水水源地调整和完善,提高水源地在城市经济发展中的地位,保障城市运行安全,具有相当重要的意义。

早期上海所有的自来水厂都从苏州河及黄浦江市内段取水。随着工业化发展和大量人口导入,上海饮用水源取水口上溯至黄浦江上游。此后,黄浦江上游开放性问题又凸显,难以完全杜绝的风险,如船舶油污、化学品入水等事故,都会对上海供水系统造成威胁。

2006年,上海市人民政府决定将青草沙建设成为上海的水源地,以改变上海80%以上的自来水取自黄浦江的格局。2010年,全部工程完工。2011年6月,青草沙水源地原水工程全面建成通水。

课题四:崇明岛陆地面积变迁

【参考资料】崇明岛在唐代初年是刚露出水面的小沙洲,后来因泥沙堆积不断扩大而形成岛屿。崇明岛的面积由1954年的600多平方千米增加到现在的1200多平方千米,目前仍以每年5平方千米面积在增大,且增大的面积集中于岛的东、北两个方向。由于长江口有向

图5-5　花博园世纪馆

东南伸展、口门沙岛有不断北靠的趋势,因此从前的崇明岛与我们看见的位置和形状相差较大。现状为崇明岛东、北方滩地仍在继续淤涨,其中东滩每年以100余米的速度向东海推进,预计在50年后和北边陆地接壤。

随着城市发展,人口增多,用地紧张,崇明岛作为上海重要的一块后备土地资源,其面积变迁对后续发展至关重要。研究面积变迁对研究崇明岛历史、规划未来发展方向至关重要。

【结题报告要求】包括课题名称、调查时间、调查地点、调查人员、

研究目的、实施过程(附照片)、研究结果(附照片、图表等)等。其他学科课题研究报告的要求与此相同。

二、到崇明学农的生物学科领域课题研究指南

课题一：花卉品种培育与现代花卉产业发展调研

第十届中国花卉博览会于 2021 年 5 月 21 日至 7 月 2 日在上海市崇明区举行，总体规划布局为"一心、一轴、六馆、六园"。"一心"为大花核心区；"一轴"为花博轴；"六馆"为复兴馆、世纪馆、竹藤馆、百花馆、花艺馆和花栖堂；"六园"为

图 5-6　花卉品种展示

依托园区森林、花田、水系、湿地等特色风物，构建玉兰、梅花、菊花、兰花、荷花和竹园六大展园。崇明区正力争打造具有国际影响力的花卉产业高地。自从取得第十届花博会主办权以来，崇明区从完善顶层设计入手，不断优化产业布局，加大全球精准招商力度，通过一系列举措全面提升花卉产业发展水平。除了智慧生态花卉园，崇明区还在推进优尼国际鲜花港、恒大高科技花卉园、上海国际菊花生态园、兰桂骐现代农业基地等一批具有行业示范引领作用的项目建设。本课题以 2021 年崇明花博会为契机，通过了解花卉品种培育原理及流程，调研花卉产业发展现状和趋势，为花博会顺利举办建言献策。

课题二：中草药品种培育与中草药产业发展调研

千年来，国人将西红花的花柱入药，活血化瘀、解郁安神。40 多年前，在上海市崇明庙镇，西红花才真正在国内实现人工种植。庙镇目前是我国最大的西红花种植地，鼎盛时期拥有 5000 多亩种植面积，产量占全国 90% 以上。一年一度的花期，每一百朵鲜花采摘后经烘制才能得到近一克的干花丝。强大的药效价值和农民们一年忙到头的人工费使西红花更加珍贵。随着同业竞争越来越激烈，庙镇西红花产业也开始寻求整合与拓展。几十年来，村民们大都是家前屋后划田种植，自制

烘干机进行干花处理。种植的人数、地域都相当分散,很难形成统一管理,也无法提高生产效率。为了突破瓶颈,种植基地和种植户联合企业与研究机构开始了新一轮探索。西红花纯露、西红花稻米、西红花米酒等不断开发出来的新品种,广受市场欢迎。本课题以西红花产业发展为例,对崇明地区中草药品种及产业发展进行调研,为崇明中草药产业发展建言献策。

课题三:崇明东滩湿地鸟类物种多样性调研

崇明东滩位于长江入海口,处于我国候鸟南北迁徙的东线中部,地理位置十分重要。崇明东滩记录的鸟类达 300 多种,迁徙水鸟有上百万只。其中,国家一级保护动物 4 种,国家二级保护动物 43 种。属中日候鸟保护协定的有 167 种,属中澳候鸟保护协定的有 51 种。列入《中国濒危动物红皮书》的水鸟有 12 种。本课题以崇明东滩为调查点,记录

图 5-7　西红花

观察到的鸟类物种及相关习性,结合地理环境等因素分析东滩湿地鸟类物种多样性的原因,为鸟类物种多样性保护提出合理化建议。

课题四:崇明东滩自然保护区生物多样性调查及生态环境保护

崇明东滩湿地是上海市目前仅存的优质自然资源之一,面积为 326 平方千米,1994 年被列入《国家重点保护湿地名录》,1998 年经上海市人民政府批准建立鸟类自然保护区,2002 年 2 月 2 日(国际湿地日)被正式列入《拉姆萨公约》的国际重要湿地名录。东滩湿地在长江泥沙

图 5-8　鹬

的淤积作用下,形成了大片淡水到微咸水的沼泽地、潮沟和潮间带滩涂。区内有众多的农田、鱼塘、蟹塘和芦苇塘,沼生植被繁茂,底栖动

物丰富,是亚太地区春秋季节候鸟迁徙极好的停歇地和驿站,也是候鸟的重要越冬地。其生物多样性价值体现在物种的多样性和生态系统的多样性上。东滩湿地是世界上罕见的快速演替的生态系统。本课题以崇明东滩湿地自然保护区为调查地点,通过调查其动物、植物及生

图 5 - 9　东滩湿地

境多样性,分析其生物多样性的价值,为东滩湿地生态环境保护提出合理化建议。

三、到崇明学农的历史学科领域课题研究指南

崇明,是一片有着光荣革命传统和优良革命精神的红色土地,保存和遗留了丰富的红色遗产。这些红色资源,都承载着一段厚重的历史,蕴含着丰富的革命精神,是崇明人民宝贵的精神财富。考察崇明,学习"四史",传承红色基因,牢筑信念之魂。

课题一:国共对峙时期崇明共产党的奋斗

1927 年第一次国共合作全面破裂,国民革命失败。中国共产党高举革命旗帜,同反革命势力抗争。

1929 年秋,中共崇明临时县委改为中共崇明县委,县委机关设在油车桥城隍庙。1929 年 12 月,中共崇明县委在这里召开会议,重新组建县委,由俞保元任县委书记,施季麟、郁志翘任县委委员。县委在这里领导全县的工农运动,并发展党员,建立武装队伍。当时全县党员有 67 人,分布在东起汲浜镇(今属中兴镇)、西至草棚镇(今属三星镇)的广大地区。

1930 年 3 月 5 日,中共江苏省委发出第十七号通告《关于目前政治形势与党的中心策略》。上级党组织指示崇明县委在"五一"国际劳动节举行暴动,同时联络南通、如皋、启东、海门等县接应。崇明县委经讨论决定于 4 月 12 日晚在堡西海界宅召开工农兵代表会议,研

究部署"五一"国际劳动节罢工、示威游行以及暴动等问题。由于国民党的破坏和富安纱厂"兄弟会"成员的叛变,国民党反动当局掌握了召开会议的情况,纠集70多人前往搜捕,出席会议的48名代表全部被捕,当夜被押往县城监狱关押。这就是崇明中共党史上震惊岛内外的海界宅事件。

崇明区海界宅事件纪念馆由"前言""海界宅事件前中共崇明县级组织机构""海界宅事件缘起""海界宅事件经过""监狱中的英勇斗争""英烈简介""海界宅事件部分余生者名单""海界宅事件后中共崇明县级组织机构的重建"等八大部分组成,展示了整个海界宅事件前后的大量图文资料。馆内还采用多媒体视频、沙盘复原、蜡像等表现形式,真实展现了地下中共崇明县委的沿革和先辈们走过的艰难曲折的道路。

1919年至1933年,爱国实业家杜少如相继创办了大通、富安纱厂。大通纱厂是崇明革命史上最早的工人运动发生地。1930年4月12日,大通纱厂工会24人参加崇明县工农兵代表会议时,由于叛徒告密,全部被捕。

可查阅相关文献资料,考察1929年中共崇明县委机关旧址、工农兵代表会议旧址、崇明海界宅事件纪念馆和中共大通富安纱厂地下党组织旧址,探究国共对峙时期崇明共产党人的奋斗,了解共产党人英勇抗争的事迹和革命精神。

课题二:抗日战争时期崇明人的抗争

1931年,日本侵略者发动九一八事变,中国局部抗战开始。1937年,卢沟桥事变爆发,中国进入全民族抗战阶段。中国共产党在极端困难的条件下坚持抗战,起到了中流砥柱的作用。

竖河镇大烧杀遗址内设竖河镇大烧杀遇难同胞纪念碑、3000平方米的祭扫广场和300平方米的侵华日军竖河镇大烧杀遇难同胞纪念馆。其中,竖河镇大烧杀遇难同胞纪念馆由序厅、全国战火初燃、崇明抗战、竖河镇大烧杀、抗战胜利、尾厅等六大部分组成,展示了大量留存的抗战资料图文和实物。馆内还采用浮雕、场景模拟、幻影成像、多媒体视频、沙盘复原等艺术表现形式，图文并茂地展现了整个抗日战争时期日本侵略者在崇明所实施的各种暴行和崇明人民奋起反抗侵略者的史实。作为收藏和展示人类记忆的一部分，竖河镇大烧杀遗址传承着崇明人民抗日战争的历史，深刻揭露了日本侵华的滔天罪行，有力回击日本右翼势力否认、篡改和美化侵略历史的倒行逆施，有效维护和还原历史事实真相，警示世人铭记历史、见证历史、以史鉴今，倡导爱国自强、维护和平。

1919 年至 1933 年，爱国实业家杜少如相继创办了大通、富安纱厂。1938 年，纱厂被日军强占并驻军，工厂四周构筑炮楼。1940 年 7 月 27 日，崇明抗日游击队在工人的配合下，将两枚定时炸弹放入大通纱厂车间内，并分别在纱厂东西城堡、堡陈公路上埋设地雷群。待日军军车通过时，炸弹准时爆炸，两路日军被全歼。如今，当年日军修筑的炮楼一所尚存，其他炮楼已毁。原厂房已改建，原办公楼还保留。

崇明有许多英雄儿女为了国家和人民，为崇高事业献出了宝贵的生命。崇明区烈士馆资料室保存着各个时期牺牲的烈士档案，烈士遗物，照片、图片及文书档案。烈士们的事迹感人肺腑。崇明区烈士馆是上海市花园单位、市级爱国主义教育基地和市级烈士纪念设施，是崇明区开展爱国主义教育的重要窗口。

查阅相关文献资料，考察竖河镇大烧杀遗址、中共大通富安纱厂地下党组织旧址、崇明区烈士馆，聚焦某一历史事件或历史人物，结合时代背景，探究抗日战争时期崇明人的抗争，认识中国共产党是全民族团结抗战的中流砥柱，了解抗战胜利在中华民族伟大复兴中的历史意义。

四、到崇明学农的政治学科领域课题研究指南

2016 年 7 月，崇明撤县设区。从 2017 年开始，崇明区启动全面建设世界级生态岛的历程，生态农业、文化旅游、环保轻工业、新时代

农村建设等事业蓬勃发展。至 2019 年底，崇明区辖有 16 个镇和 2 个乡。区政府所在地城桥镇是全区政治、经济和文化中心。

根据《上海市崇明区总体规划暨土地利用总体规划（2017—2035）》，至 2035 年，崇明将建设成为在生态环境、资源利用、经济社会发展、人居品质等方面具有引领示范作用的世界级生态岛，成为世界自然资源多样性的重要保护地、鸟类的重要栖息地，成为长江生态环境大保护的示范区、国家生态文明发展的先行区。

课题：利用好红色资源，可以达到激励人、鼓舞人、振奋人的目的。崇明区红色旅游资源丰富，其开发利用的现状如何？就"踏着革命先烈的足迹""回顾共和国的建设历程""感受社会主义建设新成就"等主题分类开展调查，分析崇明红色资源的开发与利用对培养高中生政治认同感的积极意义。

【参考资料1】海界宅灯火映照着革命草创时的困厄与坚守；竖河镇硝烟滚滚，挟裹着连天烽火中的苦难与不屈；解放的丰碑上，镌刻着新生的希望……2020 年，崇明区推出首份崇明红色地图，跟随地图，就可以追寻到岛上 22 处红色地标。崇明此次选取的红色地标，背后都有一段刻骨铭心的历史故事，值得党员群众亲临现场学习。线路一：从崇明岛岛碑到崇明区博物馆、崇明规划展示馆，再到崇明区档案馆和崇明区科技馆，可以了解崇明的"前世今生"；线路二：从崇明区烈士馆到解放崇明岛登陆纪念碑，再参观崇明施家河沿地下党斗争史展览馆、竖河镇大烧杀遗址、海界宅事件纪念馆，重温革命前辈的事迹，感受革命先烈的精神；线路三：从崇明民众抗日自卫总队高宅蔡天主堂自卫战旧址开始参观，再前往瀛东村村史馆、长兴岛博物馆，领略社会发展的历程。

【参考资料2】习近平总书记在"不忘初心、牢记使命"主题教育总结大会上强调，要把学习贯彻党的创新理论同学习党史、新中国史、改革开放史、社会主义发展史结合起来。

※小资料2

2023届学生学农期间开展的地理学科课题研究报告示例

报告主题:城乡二元结构的消弭:中国视角下的"星球城市化"
——以上海市青浦区张马村、林家村为例

[摘要]随着全球经济的发展和各国城市化进程的加快,世界各地逐渐形成了越来越多的城市群体系,而"星球城市化"概念便随着城市化应运而生。在中国新型城镇化规划的指导下,城乡二元结构趋于消解。本文拟在介绍"星球城市化"这一概念的基础上,结合中国城镇化国情,以上海市青浦区张马村、林家村为例,使用该理论解释探究形成当地城乡规划的原因;同时,进一步探讨该理论对中国城乡、城镇化规划的指导价值。

[关键词]城镇化　星球城市化　空间规划

1. 引言

2014年中共中央、国务院印发的《国家新型城镇化规划(2014—2020)》标志着中国特色的城镇化道路的启动。新型城镇化是在我国各地、农村和城市发展不平衡的背景下提出的,以中小城市和小城镇为重点对象。随着这一进程的展开,许多表现都印证了"星球城市化"理论中的特征。近年来,"星球城市化"理论的兴起为城市,尤其可能为中国未来的城镇化提供进一步参考,具有一定的研究价值。本文考察了在城市化程度较高的上海市郊区的两个村镇——张马村、林家村的发展情况,进一步以考察结论为基础,探析城镇化进程下的城乡规划模式和人口、产业结构的变动。

2. "星球城市化"理论及其表现特征

2.1 "星球城市化"理论

"星球城市化"概念最早源于列斐伏尔(Lefebvre)在1968年所著的

《城市的权利》,其中提出所谓"完全城市化"(the complete urbanization of society)和"城市社会"(urban society)概念。1970年,他在《城市革命》一书中正式提出"星球城市化"概念,认为城市化扩张使城市功能向外扩散,城乡边界趋于淡化,全球最终整合成一个统一系统。

在这一理论中,城市没有固定的形态,而是一种动态化的过程;城市没有边界,会不断拓展。社会空间组织的内部和外部发展及革命促进了城市化。最后,城市化的内涵也被扩展,包括空间的重构、地域管制和日常生活三个维度。

相比于其他城市研究理论,"星球城市化"理论着重强调过程的变化和发展,尤其强调乡村在城市化进程中的地位。

2.2　城乡二元结构的提出和改变

从沃斯(Wirth)提出用人口数量、人口密度、异质性三个属性来区别城市和乡村,再到后期学者通过人口的属性来定义城市,城市始终是发展的主旋律,而现代史则离不开城市和农村的对立。

在当今世界上,城市的传统区域已经不再是原来的小规模核心区,而是经历了极速向外扩展的过程,逐渐形成了以城市群为核心的城市形态。例如,美国以纽约为核心的东北部城市群,中国以上海为核心的长三角城市群。在城市内,也逐渐形成了多核心的模式。例如,上海在2021年提出将嘉定、松江、青浦、奉贤、南汇五个新城建设成为长三角城市群中具有辐射带动作用的综合性节点城市。这种扩散的现象也使城市的边界进一步突破,创造了全新的城市化尺度,原先的城乡二元结构理论不再完全适用。

2.3　星球城市化的表现特征

星球城市化在特征上将城市视为一种扩张手段,主张用过程的手段进行城市发展的理解。同时,"星球城市化"也是动态的和辩证的,将城市和非城市区域连接起来。此外,代表乡村的传统自然空间也被逐渐开发和压缩,几乎所有的自然环境都加入全球市场生产的循环系统中,传统自然空间带来的隔阂也被瓦解,出现了"星球城市化"的趋势。

3. 考察村落情况概述及特点

青浦区位于上海市西南部,是通往江苏省的重要门户。张马村和林家村位于距离规划中的青浦新城较远的青西地区。原先,青西地区是上海市饮用水的取水地,故工业开发程度十分有限,大部分地区处于自然状态或属于农业月地,在形态上和农村地区有相似之处。张马村和林家村靠近淀山湖地区,属于朱家角镇下辖村。

3.1 村落分布特点

张马村位于泖河中游位置,顺泖河可直达淀山湖,四周水系发达。该村的核心位置被河流环绕成岛状,在其西北部有太阳岛旅游度假区,农田呈半环状分布在中心岛四周。村落中的房屋以沿河分布为主,但是当地使用的主要交通工具还是以陆上方式为主。林家村居于沪渝高速、沈砖公路、朱枫公路围成的三角形的最长边中点上,位置临河条件不突出。林家村的村落分布主要是沿水道分布,呈一字形发展,同时在十字形水道的四周主要以农业用地为主。

图 5-10　张马村周边遥感影像　　图 5-11　林家村周边遥感影像

3.2 村落产业特点

3.2.1 自然旅游类:张马村

张马村发展以旅游业为依托,借助周边开发的太阳岛旅游度假区和寻梦源等旅游景点进行一系列开发。但是,张马村主要以饮食、住宿为主,本身并不接待大量的游客。同时,该地区以张马村为核心，借助周边景点优势，开拓了用地性质，把原本的农业用地进一步优化改造，创造更大的经济价值。

　　寻梦源是以张马村为核心开发的一个较为典型的案例。寻梦源位于张马村北部，主要以花卉展览为主，同时园内辅以各类带有田野特色的游乐设施，其开发源于原先的荒地改造，使荒废的土地得以进一步利用。目前园内也开设了有特色的住宿项目。根据走访调查及采访，来访者大部分来自上海市区，在花季入园游客总人次可以达到两万左右，有利于带动当地经济发展。在青浦，像寻梦源这样以自然景观为主要特色的园区还有很多，如青西郊野公园、西郊淀山湖湿地等。这样的绿色空间拓展了城市的功能。随着这些园区的落成和开放，原本农村地区的用地性质也发生了转化，不再单纯以农业生产为主，而是融合了第三产业的发展。这种用地性质的变化在"星球城市化"理论框架下被解释为一种城市影响力和城市边界的拓展。这一特点也促进了城市市区人口在市区和郊区之间的流动。

图 5 - 12　寻梦源景区遥感影像

　　一个可以预想到的未来是，随着张马村这类旅游村的进一步完善和发展，它们对游客的吸引力也会增加，当地的基础设施建设也会因此而随之提升,使交通得到完善,从而进一步使当地接入城市的主要交通网络中。通过交通,城市和乡村的边界再一次模糊,往常需要一天的车程如今可能被缩短到两小时,促进了城市人口之间的交互。

3.2.2 文化产业类:林家村

和张马村的起步较早不同,林家村起步较晚。由于地理位置的差异,林家村的发展路线也和张马村不同。相比于更加依靠周围自然环境,通过改变用地性质来打造旅游产业的张马村,林家村选择了更加精致的文化产业发展,通过利用当地原有的住房构建文创书店,以当地名人引领文化产业发展,开发了薄荷书屋、文创坊等一系列和文化艺术有关的社区环境。薄荷书屋的工作人员介绍,每月林家村都会接待一定数量的旅游团参观,这也鼓励了当地居民积极开拓艺术领域的爱好,在当地还有展示农民画家作画的场所。林家村更加注重利用现有住房进行开发,建设了一系列特色工作室。由林家村公示的一份 2020 年度土地承包经营文件可以发现,大部分土地还是用作农业用地,在土地性质的转换上并没有很大改变。

图 5-13　林家村示意图(图中标注较密集处即为文化产业开发密集区域)

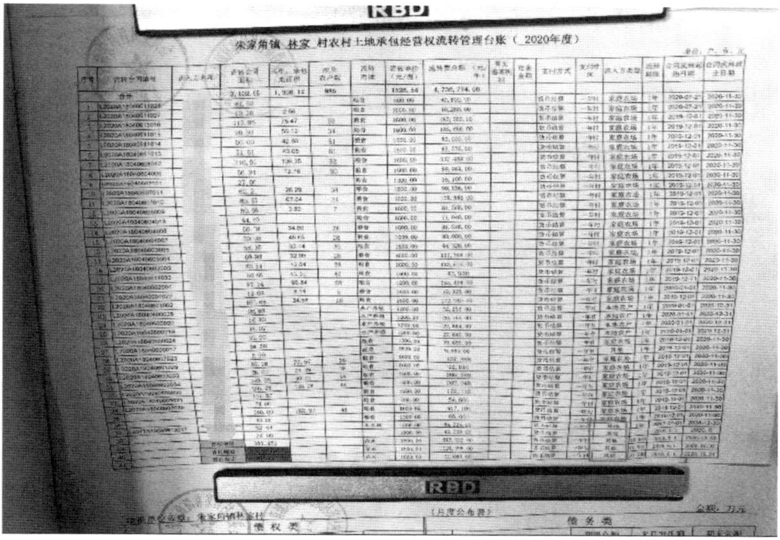

图 5‑14　林家村土地承包经营合同公示

　　林家村也是著名快板书艺术家赵松涛的故乡。据此,林家村开设了文化课堂和相关展演,吸引游客到来。在秋收季节,林家村也会结合当地农业的丰收,举办相关文化艺术表演。

　　林家村的发展有较大的局限性。首先是文化产品的竞争性不如中心城区大,还未做好调整,内容较为单一。相比于直接利用自然景观的旅游产业,文化产业的发展较为困难。其次是配套设施不足,其中包括交通、住宿、饮食等方面的建设欠缺,难以吸引散客单独前往,大部分只能接待团队游客。

　　这类文化村的发展也具有一定的观察价值,使原本贫于系统性文化的乡村得到文化上的整合,开阔了乡村地区的发展渠道,增加了人口的吸引力。这也使乡村地区的产业结构得以丰富。这种产业框架的改变也意味着资源在一定程度上的倾斜和建设上的加大投资。这使乡村有一种强有力的集聚成分存在,尽管这种成分并不是物质而是精神领域的。这样的发展也会吸引原本在外务工的年轻劳动者回到自己的村庄,投入村庄的进一步建设,从而带动村庄的发展。这种农村—城市—农村的人口回流也会进一步促进中国特色新型城镇化发展。

4. 中国特色"星球城市化"

在考察并整理了两个村落各自的分布和产业特色后,接下来,本文从"星球城市化"理论视角讨论该地的城乡规划发展趋势。在这里,中国特色是指中国一以贯之的农耕文明本色,涉及广大的农村地区。促进中国生产力发展的城市化、工业化进程的着力点除了重要的中心城市外,还有就是承担着转接作用的镇、乡两级行政单位,这也是国务院提出"新型城镇化"的原因之一。目前城市的能级和辐射范围较为有限,更需要下一级行政单位进行渗透。

首先,张马村和林家村的共同点是通过寻找自身特色,谋求进一步更深入地加入以上海市中心城区为主导的资本循环体系。根据马克思主义基本原理中的经济基础决定上层建筑,这一循环的深层次加入是当地文化等产业进一步发展的前提,也是"非农业人口"比重进一步回流、增加的前提。这种经济基础的发展是消弭城市和乡村人口经济差异的方式之一,也进一步促成了城乡结构的模糊。在"星球城市化"理论的背景下,这一点所引发的结果是导致日常生活背景的改变。一个可见的事实是,以乡村占比更大的浙江省为例,2021年城乡人均可支配收入之间的比例为 1.94:1,比上年缩小了 0.02,城乡居民的收入呈缩小趋势。从全国范围来看,农村居民收入的增长也快于城市居民。这种提升促进了乡村人口和城市人口之间生活质量的差距缩小,使中国特色的"星球城市化"或新型城市化有了基础。

其次,交通的改善对上海郊区,尤其是对青浦这一本身工业化程度、城市化进度较慢的地区有促进作用。虹桥交通枢纽的建立使市中心和本市西部地区连为一体,让中心城区影响力得到扩展。城市的边界并不局限于行政区域的划分,它从具象的政治边界变为生产力或产业等要素的代表。17 号线西延伸段到达了青西地区的朱家角和东方绿舟，使当地居民通勤更加便利。在考察之前，林家村刚刚翻修了村中的主干道路，以便于大型客车进入。

由于交通网络的建成，各地之间的联系更加紧密，促进了生产和交换的过程，形成了自己的内循环，从而以各节点为枢纽，继续进行自己的发展。

德国城市地理学家克里斯塔勒（christaller）提出的中心地理论或许可以进一步结合上述内容和"星球城市化"来探讨。从三原则之一的交通化原则来看，交通使六边形网络发生了变化，从而形成了一系列围绕交通干线而兴起的次级中心城市。这些次级中心城市又会继续带动六边形扩展，使六边形慢慢变成一个实心的边界，即从镇进一步辐射到乡乃至村的级别。这种情况在当今的中国很可能发生，随着基础设施如铁路建设的发展，也会带动各地区的发展，模糊行政上的联系。

最后，政策的支持带来了社会空间结构的产生和重组，同样迎来了扩散城市化的过程。扩散城市化即为人口密度区域土地利用和景观的转型，使星球城市组织不均匀地增强。这正是青浦正在发生的事。扩散城市化正如前文所言，使"非城市"区域中的社会生活模式向城市靠拢，并使原先的生活模式解体，对城市的发展、巩固和重构起到关键作用。在中国特色的"星球城市化"中，承担主要作用的不是传统的要素"集聚"，而是全新的"扩散"。乡村地区分布的分散性使传统城市的集聚效应在乡村的效力并不明显。工业基础较为缺乏、主要村落较为分散的分布情况使"扩散"成为中国城镇化的重要途径。城市在扩散过程中传播自身的经济影响和文化影响，通过交通等基础建设的开展传递到各地，促进各地自主发展。就像张马村和林家村一样，各地自主寻找特色产业吸引游客，进行产业多样化发展，从而经历一种自下而上的城镇化过程，反向达到这一目的。

5. 反思和展望

本文就城市化率较高的上海市,以"星球城市化"理论进行了一系列现象的阐释和归纳。研究发现,经济腹地较高的发展程度是"星球城市化"理论得以实现的前提。因此,在中国其他广大地区,仍然有很长一段的路要走。目前该理论可能仅适用于长三角等经济发展水平较高地区的中心城市。因为乡镇地区原本的经济基础是较为薄弱的,对中心城区交通、资本、基础设施的输入和建设有一定的需求及依赖。

中国特色的"星球城市化"需要用中国的视角来解释。在中国这片沃土上,这一理论并不意味着一味地从乡村转变成城市,而是更加强调乡村和自然空间在城市发展中的重要作用,注重景观的多样性,其联系、发展的观点也更加推动方法创新,服务于城市建设,促进自下而上的实践,进一步促进社会公平。

第六章

评价导行

——以评促学的综合素养评价

不管处在哪个年代，每个人都会有自己的追求，再平凡的人也有求知欲，都一直处在寻找自己心中灯塔的过程中。我们奉行的理念是：国家需要就是我们最大的兴趣爱好。实现自己心中灯塔的目标，基本方法是尽全力、高标准地去做好身边的每一件事情。

——冯志刚

欲促进学生德智体美劳全面而有个性发展,需要进行良好的综合素养评价指导。学校的综合素养评价能让学生正确地认识自己各方面素养的发展,进而认识自己的未来发展取向。

资优生的综合素养评价,是一个伴随高中三年学习的动态发展过程。学校在设计综合素养评价模型时,要充分考虑学生在校园中的每一个成长轨迹,让过程评价与结果评价导引学生校内外的学习行为方式与效能,充分考虑国际教育中对学生个性、潜能发展评价的认识,促进学生更好地成长。

> 三年前的那个夏天
> 你站在烈日下的操场上
> 耳畔是教官的哨令声
> 温热的风钻进你的衣领
> 你灌了一口盐汽水
> 无尽的气泡在胸腔里翻滚
> 这是你来到这里的第一个夏天
>
> 一晃两三年
> 匆匆又夏天
> 在一个蝉鸣不止的黄昏
> 你安静地回头
> 同那扇充满故事的门说了再见
>
> 当朝霞撕碎黑夜的宁静
> 我们从你们过去的世界中苏醒

杉树林中参差的小径
梧桐叶下婆娑的树影
我们踏入
你们曾经的梦境
舞台上澄澈的眼睛
樱花树下暮春的约定
我们循着
你们来时的脚印

你们是初春的微风
是仲夏的绿荫
是晚秋的红叶
是冬日的暖阳
你们是晨曦清澈
繁星闪烁
你们审视生活
追寻理想
你们是指引着我们的火炬

每当赤染朝霞初露晨光
你们带上了行囊和希望
每当时针轻旋铃声初响
你们执笔挥毫文字激扬
每当木叶萧萧夕阳彷徨
你们上下求索沉思冥想
每当星河贯空长夜未央
你们憧憬着明天和远方

现在你们将要再次启程

给未来留下悠长的回声

黑夜给了你们黑色的眼睛

你们继续会把光明寻找

清晨的第一缕光又将冲破云层

那是你们展翅翱翔的号角

红日初升,其道大光

河出伏流,一泻汪洋

奇花初胎,矞矞皇皇

前途似海,来日方长

（选摘自上海中学 2021 年 5 月给高三学生送别时学生诗朗诵）

第一节　基于智慧校园构建的德智体美劳全面素养评价

在深化新时代教育评价改革的背景下,如何在教育教学过程中促进基于学生素养培育的评价改革？上海中学立足于学生志趣能合一的个性化成长与学科核心素养培育要求,进行了学校层面的循证而行的评价体系改革。

1　循证而行:基于学生素养培育的学校评价导向

面对人工智能时代,学校应给学生怎样的评价导向才是合适的,才能使新时代学校教育评价符合"富有时代特征、彰显中国特色、体现世界水平"的改革要求？循证而行是学校评价改革的一个重要导向。普通高中新课程新教材(以下简称"双新")的实施,力求建立学生核心素养与课程教学的内在联系,着力推动人才培养模式的改革创新,提供了诸多学生发展的过程证据、活动数据、成长实据。大力推进"双新"视野下基于学生素养培育的学校评价循证而行,需要在"富有时代特征、彰显中国特色、体现世界水平"上拓展内涵与寻求突破,关注学生成长过程中的证据积累与数据分析。

学校评价循证而行"富有时代特征",应关注新时代育人本质达成与符合未来时代发展要求。普通高中课程在义务教育基础上,进一步提升学生综合素质,着力发展学生核心素养,使学生成为有理想、有本领、有担当的时代新人。基于学生素养培育的循证而行评价,应关注学生的理想信念与社会责任感,具有科学文化素养与终身学习能力,以及具有自主发展能力与沟通合作能力。学校评价应坚守立德为先、为党育人、为国育才的使命,在注重夯实学生科学文化素养的同时,促进学生发展的增值评价与终身学习导引的证据收集。学校既要关注学生现有水平的达成,更要关注学生面向未来问题解决的自主发展能力养成与系统、复杂难题突破的沟通合作能力生成,包括面对智能时代挑战的道德素养、创新素养养成方面的发展轨迹跟踪与积累,引导学生在成长过程中用自我发展证据来激励自己。

学校评价循证而行"彰显中国特色",应在融入国家要求、本土情怀、学校特点上下功夫。新课程新教材的实施,对每一个学科核心素养培育均有具体的要求。这是国家课标的规范,是一种国家要求的体现,是我国课程实施的特点,也是中国特色的一种显现形态。本土情怀是一种地区特色的反映。上海学校评价具有海派风格,关注多元文化融入,如现代技术平台的运用、数字画像的追踪等。学校特点是基于学生素养培育的评价探索,融国家要求、地区特征与学校文化的追求于一体,可以是学生素养要求的延伸、拓展,也可以是评价方式与手段的改革、运用,甚至可以是评价内涵的深化、提升。循证而行的学校评价应当关注学生成长过程中的学业成绩记录、活动开展、选学课程等实证元素,在学生志趣能合一的追求、志趣聚焦的指向性领域生成的评价导引下进行系统建构。

学校评价循证而行"体现世界水平",需要把握国际上学校评价改革的趋势,同时显现自身评价改革的核心竞争力。这涉及学校需要研究国际同类学校、区域对学生素养评价的共性以及个性差异产生的深层次原因,找到能反映学校评价共同发展趋势、有利于更客观科学地反映学生全面而有个性发展的评价要素、方式与平台。例如,国际上比较普遍的、能反映学生成长水平的循证评价,学生成长活动轨迹的分析评价,注重学生发展体验的活动评价。学校在评价探索中可以整合数字平台,针对学习者的主体成长、品德品格的成长、个性特长的成长等方面,进行数据收集与分析,引导他们实现指向成长成果与呈现成长结果的统一。上海中学在智慧校园的支撑下,将学生的课程学习、活动开展、成长轨迹整合到"三线坐标"理念指引下的综合素养评价系统,形成了自身的评价核心指标体系。

"双新"视野下基于学生素养培育的循证而行的学校评价体系,显现时代特征、中国特色、世界水平,需要在实践中探索、在改革中创新、在运用中验证。适应时代发展需要的真正的智慧校园建构是在大数据、学生成长证据使用过程中不断迭代,在常态模型和自动化模型比对下,给学生一个基于数据、学生成长证据的个性化发展方向建议。上海中学"双新"视野下基于学生素养培育的循证而行评价探索,得益于本部与国际部在同一校园,注重国际视野拓展、海派文化融入与学校传统积淀。不同类型的学校在"双新"实施中促进学生素养培育的循证而行评价,如果在时代特征、中国特色、世界水平三个方面不断努力,就能不断完善学校评价体系并保持独特的育人导引魅力。

2 关键突破:促进学生德智体美劳全面而有个性发展的综合素养评价

党的二十大报告将教育、科技和人才三大战略融为一体表述,要求学校自主培养拔尖人才,建立高质量教育体系,尤其强调要"完善教育评价体系"。作为新课程新教材实施国家级示范校,上海中学落实立德树人根本任务,强化"五育并举",在"乐育菁英"的教育理念导引下,探索导引学生全面而有个性发展的综合素养评价改革模型,促进高中生志趣能合一的个性化成长评价,促进不同领域优秀创新人才的早期培育。

实施综合素养评价是促进学生德智体美劳全面发展、培养个性特长的一项重要举措。学校为了培养全面而有个性发展的不同领域优秀创新人才,必须关注以下三个关键点,才能构建一个蕴含学校办学理念,凸显学校教育教学特色,以具体的评价维度促进学校育人目标达成的学生综合素养评价方案。

2.1 关注基于国家课程+学校课程的学习发展评价

课程是落实立德树人根本任务、实现"五育并举"的主要载体,也是发现和发挥每一名学生兴趣和潜能的内容平台。因此,学生的课程学习情况是对其进行综合素养评价的主要依据之一。综合素养评价关注课程的学习发展评价,既要注重对国家必修课程内容与要求的落实,夯实学科核心素养,也要关注学校特色的彰显与学校集聚学生的特点,引导学生对学校自主开发的限定选修与自主选修课程内容进行学习,促进学生不断发现自己的学科兴趣,挖掘自己的潜能,发挥自己的特长,促进学生核心素养培育与个性化发展。

2.2 关注学生志趣能合一的个性化生涯发展导引

高中阶段是基础教育与高等教育的衔接阶段,学生的志向逐渐形成,兴趣逐步聚焦,潜能逐步体现,是人的世界观、人生观和价值观形成的重要时期,也是学生进入社会前的重要准备阶段。这就需要高中学生开始进行人生规划,确立生涯发展目标。构建学生综合素养评价方案的关键是引导学生聚焦志趣、激发潜能,达成志趣能合一。

"立志":将个人兴趣的发展志向与对社会的理想、信念、责任及相关领域联系起来,激发内在动力。"激趣":在多样兴趣体验的基础上逐步聚焦,促进个性化知识构成,形成创新素养培育的重点领域。"增能":在兴趣聚焦领域的基础上,形成未来发展取向的指向性领域,个性化地发展优势与创新潜能。

志向的高远与坚守可以决定学生未来发展的高度。我们需要注重引导学生为了实现自己的理想,朝着自己的志趣与优势潜能领域的开发持续努力。在"趣"的坚守中找到自己的兴趣与潜能的匹配点,在"趣"的追寻中认识"能",在"能"的开发中聚焦"趣"。只有在志趣能合一的引导下,学生才能在高中阶段点亮属于自己的"灯塔",照亮个性化发展之路。

2.3　关注基于学生高中三年学习的大数据评价支撑

大数据具有海量、动态化、连续性、实时性、精准性等特征,使教育评价从"用经验说话"转向"用数据说话"。学生在高中三年的学习和生活中,所有与综合素养相关的数据都可以被采集,形成系统完备的学生大数据库。整合多源数据与信息,开展大数据分析,对学生的综合素养进行多维度、全方位的评估,可以形成基于大数据的学生综合素养数字画像,实现学生在全面发展基础上的个性化成长评价导引。

高水平创新人才所具备的许多重要素养都是在高中阶段各类课程和活动中逐渐显现的。学校应打造一个平台,服务于学生拓宽兴趣、发挥特长、培养能力。创设一套完善的课程体系,助力学生找到并发展个人的优势潜能,是学校不断完善校内综合素养评价平台的原始动力。借助学校智慧校园评价信息系统的开发,上海中学立足于学校开设的基础课程（国家必修课程的深化与延伸）、发展课程（国家规定的选择性必修拓展与校本课程开发）、优势潜能课程（自主发展，促进学生优势潜能开发的课程）的实施，形成了有利于学生德智体美劳全面发展与志趣能匹配的个性化发展导航综合评价系统（如图6-1所示）。

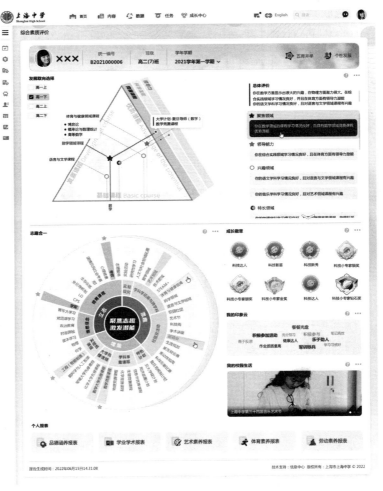

图6-1　个性化发展导航综合评价系统

第二节 基于志趣能发展匹配的个性化发展导航评价

在促进学生全面而有个性发展的理念指引下,上海中学为学生设计了一份可视化的个人成长报告,用两个模型图,形象、全面、易懂地呈现学生的综合素养评价。

1 引导学生个性化成长:三线坐标图探索

三线坐标图是一种可追踪、可持续的评价模型(如图 6 - 2 所示),是学生高中三年不断完善的个人发展取向图。模型通过大数据技术,挖掘学生真实学习数据中蕴藏的价值,从学习行为关联性中分析学生的学习兴趣和发展潜能,为学生的个性化发展提供方向导引。

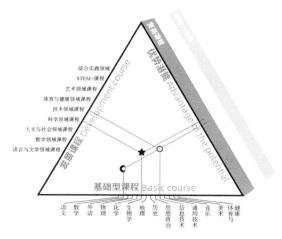

图 6 - 2 三线坐标图

三角形的三条边完美契合学校的三类课程。底边为基础型课程,包含学生在校学习的语文、数学、外语、思想政治、历史、地理、物理、化学、生物学、技术（含信息技术和通用技术）、艺术（或音乐、美术）、体育与健康等14门国家必修和选择性必修课程。左侧边为学校开发的自主选修课程，包含学习领域基础型课程和由德育课程延伸拓展而来的课程领域（课程群）：数学领域课程、语言与文学领域课程、科学领域课程、人文与社会领域课程、艺术领域课程、体育与健康领域课程、技术领域课程、STEM＋课程、综合实践领域。右侧边为学校促进学生不同类型优势潜能开发的优势潜能课程，包含竞赛课程（数学、物理、化学、生物学、信息学等）、科学课程（大学先修课程、实验组课程、大中合作项目、实验班专门课程等）、领导力课程（班级、校级、社团和社会活动的组织筹划）。右侧边的三类课程形成平行的三条边，代表学生志趣能发展的不同赛道，显示学生个性化成长方向。

三线坐标图的数据在学校开发的智慧校园综合素养评价平台上，在由计算机自动地、持续地、动态地跟踪学生成长发展的过程中逐步累积，学生每学期的选课及表现都被如实记录，持续追踪产生的数据"累积效应"能更加全面客观地反映学生的成长。三线坐标图以学生在三类课程中的具体表现作为显示数据，用不同符号连接三边（或两边）并显示对应的课程。此外，三线坐标图还以教师评语作为语料库基础数据，训练计算机自动生成对评价模型的解释，并提供基于学生志趣能的发展方向引导。

也就是说，三线坐标图把课程体系、评价体系和学生的真实学习情况全都通过模型构建集中在一个三角形模型中。选修课程与相关的基础学科产生融合，并在两者的连线交点处碰撞出图案，以显示该学生通过某种具体课程在哪个或哪些学科方向拓宽了视野或培养了实践能力。自主选修课程会与基础型课程碰撞出"兴趣领域"的交点，优势潜能课程会与基础型课程碰撞出"特长领域"的交点。如果达到三线合一，即学生的基础型课程、自主选修课程和优势潜能课程形成了聚合，则会通过显示星形符号并配以文字评价的引导，提示学生可持续发展的兴趣领域,帮助学生认识自我、聚焦志趣,激发潜能。

学生案例 1:一名学生兴趣爱好广泛,两年间自主选修课程的领域类别证明其在语言、文学、历史、政治等人文领域中有着浓厚志趣。该学生参与学校实验组课程"金融实验课",在课程学习期间培养了经济金融的相关特长,评价系统给出了她在人文与社会相关学科领域中的生涯方向发展导引。同时,该学生在学校的特色德育课程(如创新实践课程和国情民风课程)中表现优异,更说明她在人文领域中有一定潜质。在学校社团活动方面,她担任社团社长,并展现出组织才能和领导力水平。因此,综合评价系统也肯定了她在组织和领导力方面的优势。

学生案例 2:一名学生是学校科技实验班学生,也是学校"探索拔尖人才早期培育项目"的培育主体。在两年的科学潜力培育期间,她在脑科学与人工智能方向的专门课程中表现优秀。同时,该学生主动选修了多门与生命科学相关的选修课程,对生命科学产生了浓厚兴趣,主动了解该领域中的更多知识。据此,综合评价系统鼓励该学生未来继续深入探究生命科学,建议她在填报大学志愿时选择生命科学或医学类专业。

2　生动的可视化成长档案袋:志趣能探索图

全面体现学校"聚焦志趣、激发潜能"理念的志趣能探索图,由学校开发的综合素养评价系统中学生各类过程性成长数据形成,生动地将学生的成长表现和学习成果进行多维度、多样态呈现,让每一名学生都能实时地看到自我成长的真实状态。探索图基于志、趣、能三个维度,记录了学生进入上海中学后所有的成长数据和各类评价数据,生动地回顾了学生的成长历程,是一份可视化的成长档案袋。

"立志"板块重点覆盖旨在增强学生理想信念、责任感的各级各类社会活动课程,如学农、学军、双I(自我认识与交往)、CPS(创新实践与

图 6 - 3　志趣能探索图

服务)、LO(领导与组织)、国情民风等,是学校落实立德树人根本任务、强化"五育并举"的重要体现。自主选修课程与学生的社团活动以及学生根据个人兴趣和需求自主进行的实验探究合并在"激趣"板块,主要覆盖学生作为学习者的主动探索经历。学校优势潜能类课程如竞赛课程、实验班、实验组课程、大中学合作培养项目等合并在"增能"板块,是学校在兼顾课程广度的同时满足学有余力的学生进行深度探索的课程支持部分。由志、趣、能三个板块拼接而成的圆形饼图是每个学生高中三年丰富经历的体现,也是学校"双新"建设的三大亮点,即"育人情怀"的高度、"因材施教"的强度、"探究精神"的深度的综合体现。

　　志趣能探索图展现学生在学校的学习生活轨迹,凡是学生参与的课程和活动都被"点亮",如果表现优异,则以亮星显示。每个"点亮"的按键背后,都有相应的子项目报表,记录学生在活动中的表现和参与情况,以提供数据支撑和历史检索。志趣能探索图真正体现了学生在志趣能合一理念的引领下全面成长。

综上所述,学校教育评价改革是一个引导学生成就生命价值的过程。作为教育工作者,要发现学生的成长需求,挖掘学生的潜力优势,促进学生的个性发展。智能时代的到来,给学校带来了挑战,教育数字化转型正成为教育评价变革的重要推动力。我们将继续努力进行"智慧校园"建设,以评价撬动改革,积极探索基于数据融通的学生综合素养评价,为拔尖创新人才的早期培育作贡献。

※小资料

远　　星

看那朝阳破晓
点燃了覆满红光的大道
听啊,那是苍穹中的何种声响
看啊,是上中的星辰在舞蹈

我想带你走向旷野
去听来自远方的号角
那号声令人热血沸腾
是军训的歌声响彻云霄
听远方,吹响青春的号角
那是赛场上空我们激昂的呼号
我们在泳池中劈波斩浪
铅球在我们掌上轻于鸿毛

我想带你走向脑海

去看晴空里的霞蔚云蒸
去听激烈的驳辩，来到团课的课堂
在每个灵动的中午见证思维的闪光

我想带你走上舞台
踏出懵懂的舞步
艺韵溢满星河，徜徉云中宫阙
溯梦，在艺术长河中行舟
鎏金，在灿烂盛典上长明
在美好的十七年华绽放光彩
一颗新星闪耀在上中的舞台

我想带你攀登云端
看那山腰霞蔚云蒸，是化学试剂的翻腾
看那山巅白雪皑皑，是社科问卷堆叠成冰盖
坎坷，磨难，绝不能阻挡攀登的十班
向科学创新进发！花已盛开，硕果累累

我想带你徜徉天际
求知的云雀在此穿行
辛勤，博学，诲人不倦
不过是形容恩师最朴素的辞藻
我想带你走向深渊
看那玉石珠砾发掘于此
数理化，斗量银河取佳绩
计生地，周知寰宇夺桂冠

我想带你穿行沙漠

遥远的东方的绿洲

与我们共筑团魂

共度两载冬夏春秋

游尽千帆,回到我们的起点

我想带你走进我们的校园

看我们上中学子澎湃的力量

思想激荡,在那芦苇浩荡的田野

为上中喝彩,为成为一分子而自豪

你会由衷爱上这里! 这里便是梦想乡

(摘录自上海中学 2023 届 10 班学子在五四表彰大会上的诗朗诵)

第三节 国际视野下以评促学的综合素养评价展望

未来人才的竞争力,要关注国际视野下学生成长的评价。上海中学国际部在长达三十余年实践国际主流课程(如国际文凭课程、大学先修 AP\A-LEVEL 课程等)中,把握国际视野下以评促学的综合素养评价的精髓。在此,我们选取其中有利于我国学生认识自身素养发展要点的评价改革内容,希望能够提升我国学生国际视野下素养成长的核心竞争力。

1 国际视野下以评促学的综合素养评价实践

学生综合评价体系在本土和国际教育发展中均居于前沿位置。要完成这个重大的任务,需要绘制一个更完整的图景。我们需要有一个一体化的多功能系统,一个"一站式"提供每个学生全面情况的系统,点击屏幕上的按钮,就可以看到每个学生的全貌。我们要做的是建立学校的数据库,其中含有每个学生的基本信息、课外活动信息、教师或学校管理者与学生之间的对话记录、比赛奖项等,还有一些负面记录的清单。除此之外,我们也想了解学生的自我评价,特别是四大"支柱"(包括体育、艺术、创造行动与服务、自主性)的自我评价。我们还需要其他一些信息,特别是与学生朝夕相处的教师——班主任和学科教师给出的信息。

需要明确创设和发展综合评价系统的一般原则:一个原则是定性的,另一个原则是定量的,两者是一个平衡体系。上中国际部有一个教育活动课程模型——"树"的模型:从四个不同维度,或者说从"树"的模型的四个分支,用描述性语言来评估学生,但不会用打分来评价。这四个维度是:品性和价值观、知识和技能、创新和实践、艺术和健康。这四个维度也许还不能涵盖学生的所有方面。

以上是从班主任角度出发,那么学科教师呢?我们原先是如何做的呢?我们进行了形成性和总结性评价:教师给学生评分,从五个方面进行评价——专心听讲、知识理解、课堂参与、课后作业、努力程度。这种评价方式虽有好处,但也有需要改进之处。比如,有些教师可能会根据学生的考试分数对学生进行倒推评价。如果学生在期中或期末考试中得到 98 分、99 分等高分,有的教师就会尽己所能在五项形成性指标中作出最高的评价,但这是不正确的。实际上,这五项指标应真正成为过程性评估。因此,这五项评估不应等考试分数出来后再进行,而应在日常教学中逐渐累积并进行记录。考试分数只是一种让教师从一个角度对学生进行评价的某个单维度的定量数据。学生在课程中展现出的素养与能力也应在学生的评价系统中得以体现。只采用考试成绩来评估学生是不够的,需要对学生在这个充满变化的时代中发展足以应对挑战的各项素养的情况进行评价。

各类文献中有很多关于不同素养以及相互之间联系和区别的研

究可供参考。上中国际部筛选并组合特别希望学生培养和发展的十项素养:创造性、批判性思维、合作意识和能力、学术表达与交流、训练有素的思维习惯、决策力、主动性、风险承担与管理、数字素养、全球视野。在十项素养因子的基础上,还保留了一定的灵活性,教师可以添加学科方面或其他方面基于证据的评论项目来反映学生的素养和能力。一方面,教师会在这十项素养因子上给学生评分,从而产生可量化的数据;另一方面,需要基于证据的评语,作为教师对学生某些素养的具体描述性评价。样表设计如下:

表6-1　样表

素养因子	NA	1	2	3	4	5
	无法评价	需要进步	发展的起步阶段	发展状态正常	发展状态较好	发展状态领先
创造性						
批判性思维						
合作和能力						
学术表达与交流						
训练有素的思维习惯						
决策力						
主动性						
风险承担与管理						
数字素养						
全球视野						

　　以下用实例来诠释这十项素养因子。创造性:在数学课上,如果学生有能力经常问一些甚至我也没想过的问题,且问题的质量高,可以说这是一种好奇心,有时也代表了创造力;如果学生能指出我上课

中没有很好解释的地方,或提出一个甚至我也没有想到的解决问题的方法,或给出了比我更好的方法来解决问题,我认为这体现了批判性思维能力。合作意识和能力:这在课堂活动中很容易被观察到。学术表达与交流:就数学科目而言,它意味着无论是向同伴还是教师解释数学问题,学生都能使用正确的数学术语和沟通技巧。训练有素的思维习惯:学生学习解决问题时是否只是通过复制和反复操练,还是使用他/她基于对原理和本质的真正理解而形成的思维方式来解决问题,这是评估学生思考习惯的重要考量因素。决策力:当学生面临数学问题时,可能有不同的解决办法。也就是说,学生必须做出决定:哪一个是最高效的? 这反映出决策能力。"风险承担与管理"的能力有时会与"决策力"同时展现,如学生想做一个数学项目,有很多主题可以选择,学生需要做出选哪一个更优的决定。主动性:这是不言而喻的,也许教师在课前给学生布置了一些阅读任务,请他们把问题带到课堂上来讨论,这属于"主动性"素养评价的范畴。数字素养:根据学习的需要主动学习,使用一些数学软件,具备一些数字化研究技能。全球视野:无处不在,如在数学方面,我们知道"杨辉三角",在西方称为"帕斯卡三角",学生探究其背后蕴含的数学史。此外,学生做项目时,可以轻松地将他们所知道的、在数学课上学到的应用到现实生活中的全球性问题,如气候变化、经济问题等,这也是全球视野的体现。

由于有些行为可能同时落入两个或多个类别,因此这十个因素有时会互相重叠,有时也存在都不能覆盖到的素养。我们提供了额外的评论框供教师填写。

如果有了数据,那么就可以做一些数据分析。图6-4是一个学生的例子,可以看到,中间框是全班的平均数据,不规则框是这个学生的表现。所以,当接班的教师看到这张图时,会立刻对学生核心素养形成一幅整体的"画像"。教师打开学生综合评价系统,就能马上看到该学生以前的很多有效信息。

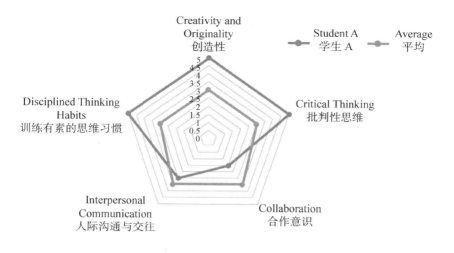

图 6 - 4 上海中学学生数据库

就以上示例中的学生而言,可以看到,他/她在创造性和思维习惯(批判性思维)方面做得比较好,但在沟通和协作方面的得分并不是很高。所以,教师大概知道需要和这位学生谈谈如何与他人交流数学知识,也许需要鼓励他/她克服腼腆害羞的心理。通过获取这些数据,教师可以使学生获得更好的学习体验。

此外,还可以做很多数据分析。比如,将学生放入上中国际部历史上所有学生数据库中进行比较。通过构建这个系统,我们拥有了一个学校的数据库,供学校的管理人员、班主任和学科教师使用,让教职员工更好地了解学生。

更重要的是,这也是教师在日常工作中做记录的一种方式。作为素养因子评判依据的大部分事实是在课堂上发生的。课后,教师可能想要记下一句:"哦,爱丽丝做得很好,她口头提出了我在课前没有想过的问题。"由此,教师不仅实际上已经在完成学期末的总结工作,而且由于不是在期末时回顾和记录这些早前产生的重要信息,因此新的记录方式也使教师评价更有效。

如果有了学生的综合评价报告,并且认真地使用和珍视,就会明白,重要的不仅是考试成绩,而且学生的其他能力与素养水平的发展也很重要。因此,期待能真正实现从以考试为导向转向以追求卓越的学习环境为导向。

为了加强家庭与学校的沟通,这个评价系统向家庭开放账户。如果教师在系统中输入了一些记录,那么家庭成员就可以更好地了解孩子,而不仅仅是看分数。这将使家校联系更完善,让家长360度全方位看待孩子的发展。上海中学国际部高中段就设置了这样一个全方位的综合素养评价模型,并进行了实践运用(如图6-5所示)。

综合评价系统的设置还有助于加强学生的自我反省。有时高中学生还没有真正了解自己,如果从学校的反馈中只看到分数,那么他们会只以分数为导向。他们需要更好地了解自己。例如,如果某个学生是"学霸",他/她是否能很好地将自己的想法传达给同伴或老师?综合评价将使他/她了解到学校对沟通技能也像学科能力一样重视。这让学生认识到他们所需素养的复杂性和综合性是使他们得到可持续发展的重要因素。

目前,国内外对学生综合评价的研究和实践方兴未艾,一个主要针对高中生评价体系的全新评价模型(Mastery Transcript Consortium,MTC)获得广泛关注。这个模型体系不含考试分数,而是会持续追踪、记录、评估学生的八项能力,内含61个小指标。整个电子档案追踪、记录、评估的八项能力包括:分析和创造性思维,复杂沟通——口头及书面表达,领导力及团队合作能力,信息技术及数理能力,全球视野,高度适应性、主动探索、承担风险,品德和理性兼顾的决策能力,思维习惯。这与上中国际部为高中生量身定制的学科素养报告"异曲同工",颇为相似。不同的是,上中国际部仍然保留学科名称和分数等级的报告作为学生综合评价体系的一个必要组成部分。

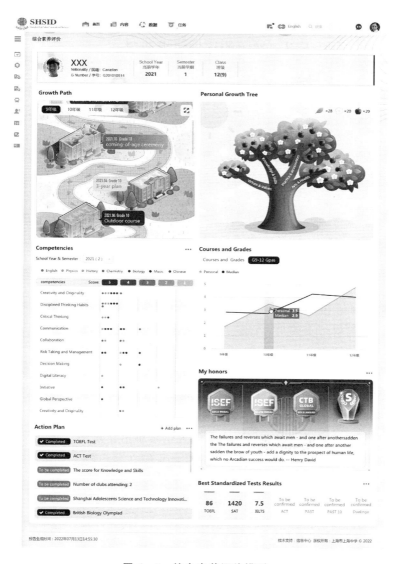

图 6-5 综合素养评价模型

2 国际视野下以评导学的评价追求展望

评价是很难的,但我们要迎难而上。都说评价是指挥棒,上海中学国际部 2022 年被全球顶级名校录取的 23 名学生,是不是就是学校成绩排前 23 名的学生?单看成绩,他们不是学校最顶尖的学生。也就是说,如果单从学习角度去评价学生,我们的评价标准和国外顶尖大学选拔学生的方式有所区别。那么,是什么让一些单看成绩并不那么突出的学生受到了全球顶级名校的青睐?这对评价有何启发?学生全面发展、身心健康、领导力、社会情感学习、交往能力、特长等通过传统纸笔考试测不出,但又是人的发展极其重要的组成部分的指标,就是评价改革亟待攻克的。

2.1 追求基于"温度""证据""成长"的评价

我们要追求的是:体现"温度"的评价、基于"证据"的评价、帮助"成长"的评价。在我们这里,"评价"不是"贴标签"和"分流"的手段。改革评价方式的目标不是进入顶级大学,而是支持学生,引领他们的学习和成长。围绕"温度""证据""成长"三个关键词,我们已经进行了多年的探索和实践。

苏格拉底说:"没有经过审视的人生是不值得过的。"自我反思和审视是一种勇气,可以帮助人的成长。我们在高中段一直认为体育、艺术、创造行动与服务、自主性能支撑人的全面发展和长久发展,因此强调这四个方面的"支柱"效应,并要求学生将这四个方面所做的点点滴滴努力进行记录,这有助于他们的内省。

上海中学几年前就对奖学金制度进行了改革。原来,学生只要成绩排名前十,就能"躺着"等待学校给颁发这个奖。改革后,这个奖除了对学习成绩有要求外,还需要学生自己提出申请,申请者需要根据自己一年的发展情况进行总结,并且面对由家长代表、教师代表和学生代表组成的评审团的提问。有些学生和家长刚开始还不能接受这种理念的变化,他们会挑战这种"不可思议"的评价制度。我们通过这些评价方式上的积极改变,已经撬动了学生对学习和评价的认识,他们已经逐步认识到考试成绩好并不是受到认可的唯一指标。

对高中生来说,需要关注基于全面成就的他人评价。高中生说到底还是孩子,正向激励仍是激发其内在学习热情的不二法门。为此,我们设计了各类奖项,对成绩好的、有特长的、偏科的、艺术类的、体育类的学生,希望都能通过激励制度进行鼓励。

2.2　国际视野下以评导学的学习生态建构

以评导学促进高中生成长,需要关注学习生态的建构。可以从基于核心素养的学科评价、学科素养报告再现能力发展、基于数字平台的学业规划等方面进行思考。

（1）基于核心素养的学科评价

上海中学通过基准测试报告提供选课依据。我们从 2022 年开始设计了基准测试,目标是测试学科核心素养的能力,而不是测试上课内容。我们不是要求学生超前学,不是学得越多越好,不是学得越辛苦越好,而是要掌握科学的学习方法,了解自己在学科素养能力方面的优势和不足,从而可以重点改进。通过这一测试,能更加精准地把握和预测学生将来在学科方面的优势、问题和潜力大小,从而对学生的选课更好地给出基于"证据"的建议。

我们相信,经过时间的积累,这种评价方式将会起到很好的学习方法的指挥棒作用。更重要的是,通过学科素养测试的方式,我们试图改变教师的教学方法,从重视内容的传授到重视素养能力的培养。

（2）学科素养报告再现能力发展

2019 年,上海中学独立自主开发的学科素养评价平台全新上线。学科素养报告由教师打分和撰写,打分的素养指标有十个,教师要选择其中至少五个素养指标,并给出基于证据的评论,不能泛泛而谈。学生各学科的素养水平可以与全年级的情况做一个总体比较,也可以记录学生学科素养发展的轨迹。这些数据对学生都有很强的指导意义。如图 6-6 所示,学生在 10 年级的各指标得分有所上升,但到了 11 年级由于课程难度加大又有所下降。可以看到,该生的各学科素养水平在 4 年中得到了稳步增长。这些都是真实的数据库中的实际例子,无论是对学生还是对教师都具有指导意义。

表 6-2　学科素养报告

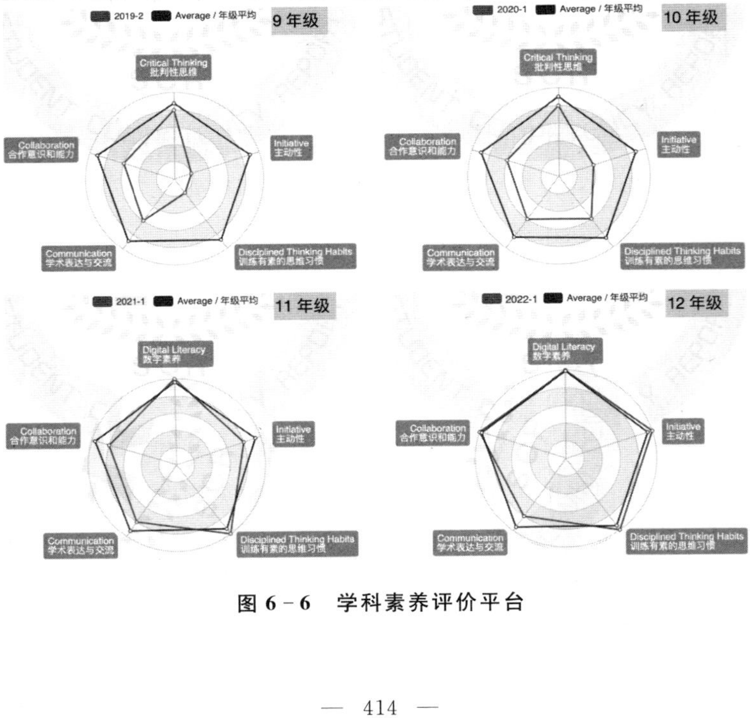

图 6-6　学科素养评价平台

（3）基于数字平台的学业规划

学生的学习看起来是个流水化的过程：课前预习、课上听讲、课后复习、教师评价。然而，由于数字平台的介入，学生的学习早已没有了"课堂"的边界，真正实现了随时可学、处处可学——信息技术彻底改变了课堂学习的生态。因为数字平台的介入，所以基本概念的学习与理解已在自学和论坛交流中得以初步完成，那么课堂上需要什么？深度学习与思想交锋、学术表达能力的培养等。对概念的深度理解是学生将来思想解放、创造力激发的根本，这不是把题目做熟练、做准确可以评价的。更为重要的是，学生的自主学习的意识和能力得到检验，不再是教师要我学，而是根据自己的情况进行学习与交流。可以看到，这种方法让教师对学生的评价变得更加具体、生动。

2.3　国际视野下以评导学的智慧校园系统导引

（1）为学生的个性发展做记录

我们设计了一个四年的成长地图，地图上包含学生四年（指 9—12 年级）中每个学年必须经历的重要活动，所有这些活动在智慧校园系统中留下的点点滴滴拼出了学生完整的四年学习与生活的记忆，仿佛一个"时光穿梭机"，见证学生的成长。摸透国际国内评价方式的精髓后，我们需要在日常教学和教研活动中身体力行，且注重素养评价导引，不仅在学校领衔开发学科课程学习的过程性评价，还深化学生素养评价方式、方法与电子系统。

（2）为学生的全面发展绘画像

个人成长树（如图 6 - 7 所示）是根据上海中学国际部高中段"树·人"的教育理念设计的一个立体图形，树上的四根枝丫分别代表学生四个方面的综合能力，树上的花、叶和果分别对应学生所参加的各种学术和非学术类活动，通过一定的积分制换算和累加。根据每个学生四年在四个方面活动的数量和结果，这个成长树可以呈现出不同的状态，体现某个阶段学生的发展状态，而树上枝丫的大小、果实的丰硕程度也指引学生进一步了解自己成长中的优势，以及考虑是否有进步和改善的空间，从而更好地进行自我发展的规划。

图 6 - 7 个人成长树

所有定量的指标均可进行后台计算，并对学生进行个性化推送。举个简单的例子，当某个学生在某个方面的发展略显滞后时，系统会根据数据分析和比对，进行一些智能推送。比如，高中段规定，每学年参加校园服务的时间必须达到 10 小时。如果一个学生没有完成校园服务，那么这棵树的第一个枝丫就会难以开花结果，而系统会在合适的时机对这个学生及时推送需要参加校园服务的提醒。

（3）为学生的关键信息做整合

这个综合评价门户界面的每一个模块对应后台的某个专门数据库，根据需求，按教学班、行政班、年级或整个高中段的不同范围进行数据分析和展示，也可以根据某些关键词进行数据库内信息的查询和定向搜索，这样就做到了基于数据为每个学生进行个性化分析；同时，辅助教师进行教学、教育活动的管理，从而提高整体管理效率和教育服务水平。我们要帮助学生在这个充满变化的时代中发展足以应对挑战的各项素养，让他们注意到自身所需素养的复杂性和综合性，使他们得到可持续发展。

譬如,在上海中学国际部高中部学生的评价中,关注对学生的数字素养与批评性思维、主动性、合作意识与能力、学术表达与交流、训练有素的思维习惯等方面素养进行衡量,并在不同年级阶段对不同的素养有所侧重地培养。9、10 年级关注批判性思维的培育,11、12 年级关注数字素养的提升。

人工智能时代来临了,每个人都会考虑自己的价值何在。在人工智能时代背景下,教师的价值在哪里? 让我们紧紧抓住"温度""证据""成长"三个关键词,充分利用信息技术和人工智能做好教育和评价,一定能成为"独一无二"的存在。

简而言之,这些年,上海中学一直在实践高中国际教育的评价和学习,体现了"温度",搜寻了"证据",助力了"成长"。最终,我们想要的,不仅是"对学习的评价",也是"为了学习的评价",更是"作为学习的评价"。毕竟,教育的最终目的不是选拔,而是培养。

拔尖创新人才培育没有统一的公式,更没有统一的方法、统一的"解",学校要结合自身实际探索适合的路径。要注重引领不同发展潜质的高中生激活学术探究兴趣、内化学术道德、夯实学术知识,提升学术能力,让拔尖创新人才自由成长。

——冯志刚

第七章

生涯导航

——我的生涯我做主

学校不是"驿站"，老师和同学也不是"过客"。尽管你们独自"长大"是一种必然，但是无论我们是否天各一方，在奋勇向前的同时，都应记住这份"师生情""同学情"。这是我们一生的"财富"，要用一生去"呵护"。

——冯志刚

当资优生的志趣聚焦于某一或某些领域时,学校教育工作者要引导资优生认真思考:通过高中三年的课程学习,怎样与大学需要选择的专业领域进行整体思考与谋划?这些专业领域的志趣聚焦与等第考科目选择怎样联系起来?进入心仪的大学后,怎样规划专业与未来职业理想?……带着这些问题,我们需要引导高中资优生进行未来专业发展取向选择与职业生涯的初步导航,引导资优生实现"我的生涯我做主"的未来发展追求。

生涯综合了个人一生的各种职业和生活角色。"生"即"活着","涯"即"边界",贯彻个人一生的各种活动。生涯发展理论起源于1908年弗兰克·帕森斯在波士顿成立职业指导局,出版著作《选择是一个职业》。生涯规划也称为"职业规划""职业生涯规划"。对高中资优生来说,进行早期生涯规划对缩短自身成才周期、提升自我发展的主动性具有重要意义。在本章中,我们将引导高中资优生认识自身志趣能匹配领域的大学专业发展取向选择,形成对自身感兴趣领域职业的初步认识,以及进行基于这些认识的高中等第考科目选择与自身的职业规划。

那个秋果发黄的季节

那个青涩的少年

走过上中路,走进龙门楼

从此,开始书写高中三年新的诗篇

驻足在龙门楼下,漫步在念慈湖畔

教室一角的思维碰撞,图书馆里的奋笔疾书

聚光灯下的才艺尽展,绿茵场上的肆意挥汗

甚至是和风飘洒馥郁的芬芳花香——

那些，已融入你们生活的点点滴滴

如今依旧美好如初

光阴荏苒，岁月匆匆

一念往昔峥嵘，清晰如昨

是湖面零碎的滟波

天边散落的栖霞

同伴们的声声鼓励

老师们的殷殷叮咛

而今，你们再次用脚步描摹回忆

绘制出最初的惊喜与憧憬

你们是我们时光的彼端

遇见你们就看见了我们未来的模样

你们一直是我们追随的榜样

是我们修身求索的方向

我们曾无数次仰望

你们胸有千壑的少年意气

沉稳从容的坚定步履

也曾无数次想知道

你们是如何将日复一日的冗长

积淀为知识的无尽藏

执冥思与理性的笔

缀以青春为名的音符

谱写出一曲静默而雄壮的华章

三年，若白驹过隙，忽然而已

现在，是启航的时候了

请扬起你们的风帆

在第一缕曙光撕破天际之时

踏上征途，乘风破浪

任山高海远

任道阻且长

不要回头，但看前方

我们每一位上中人

会始终站在你们身后

注视你们远去的身影

驶向辽阔浩渺的粲然星河

丈夫志四海，万里犹比邻

自强以遂志，自强以成己

愿往后路途

眼有星辰大海，胸有丘壑万千

心有繁花似锦

流年笑掷，未来可期

（摘选自 2020 年 5 月送别高三学生国旗下讲话的学生诗朗诵）

第一节　基于志趣能匹配领域大学专业发展取向选择

　　让学生在丰富多样的课程海洋里"游泳"，这是引导高中生达成志趣能匹配领域的重要载体。学校应基于课程选择的学生志趣能匹配，促进学生逐步聚焦志趣、激发潜能，在高中阶段形成最佳的大学专业发展取向选择。在志趣领域聚焦的基础上，如何选择基于志趣能匹配领域的大学专业,也是学生在高中阶段自主学习需要掌握的一门学问。

1 基于志趣聚焦匹配领域的专业取向选择需要把握目标与价值

上海中学原校长唐盛昌先生曾说过,思想境界与高度决定未来人生的发展高度与方向。英国作家、哲学家培根说,天赋如同自然花木,要用学习来修剪。要在目标导引下明确自身发展的使命,使命让生涯发展目标变得更有价值。使命是我们处在这个社会、世界的理由与价值,即想要成为什么样的人,为谁创造价值,以及创造怎样的价值。上海中学的办学宗旨是"储人才、备国家之用",资优生需要筑牢理想信念,在新时代的新征程上留下无悔的奋斗足迹,在自己喜欢的、国家需要的各领域勇攀高峰。

每个人都是带着成为天才的潜力降生到这个世界上的。可惜许多人穷极一生也不知道自己有什么天赋和潜能,更谈不上发挥和利用了。那么,我们如何发现自己的天赋和潜能呢? 学习是很重要的发现自己天赋和潜能的方式,通过选择不同的平台与感兴趣领域的探索,就能不断发现自己的天赋和潜能。我们要善于了解自己的阶段志趣和潜能所在,努力提升自己。为此,资优生要将自身发展的志趣和潜能开发与满足国家发展需要、实现民族复兴的各个领域需求联系起来。有动力、有兴趣去挑战,获得成就感,就在某一领域有潜能。

把握这些基点,我们持续追求自己的生涯目标,不断制订阶段发展过程中的发展目标,有以下几个思考要素:(1)我是谁:我的学习表现如何? 我的人际交往情况如何? 我的兴趣、能力性格特征是怎样的? (2)我要去哪里:我对高中毕业后的出路、未来人生方向做出的决定是什么? (3)我能做什么:我需要做什么才能达到目标? 我需要做什么才能成功？（4）现有环境允许我做什么：学校资源、家庭资源、社会资源、同伴资源。（5）最后我将成为什么：相关时间的期限是怎样的？我要采取什么行动？我如何知道自己已经达成目标了？

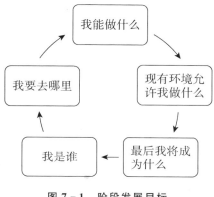

图 7 - 1　阶段发展目标

树立自身发展的目标很重要。明确的目标如北斗七星，指引我们不断前行。有目标，才有斗志，才能激发我们的潜能。如何设立自身发展的阶段目标？需要遵循目标设定的黄金法则 SMART。S(Specific)：具体的，不能笼统。例如，我要进入复旦大学新闻系学习。M(Measurable)：可测量的。指标是数量化的或行为化的。例如，学期末，我的数学成绩要达到 85 分。A(Attainable)：可实现的。在付出努力的情况下，目标是可以实现的，应避免设立过高或过低的目标。R(Relevant)：相关的。目标要与追求的职业倾向或人生发展方向有相关性，即树立目标的同向性。T(Time-based)：以时间为基础的。目标要有明确的截止期限，在一定时间内能完成。

阶段发展目标是为自身发展的长期目标服务的，可以思考 15 年后的自己应是怎样的。15 年说长不长，说短不短，但能引导资优生做出自己力所能及的成绩。从下面一些人才成长的例子，可以看到他们于我们并非遥不可及，也可以看到他们在国家需要的领域中已经"年轻有为"。让我们来看一看获得 2022 年阿里巴巴达摩院青橙奖的 15 位中国青年科学家，他们平均年龄仅 33 岁，六成来自基础学科，均已在重大科研攻坚中挑起大梁。

※小资料

2022年青橙奖得主平均年龄仅33岁，就在一定研究领域中有所突破

白蕊（西湖大学生命科学学院副研究员）：她参与并主导了全球唯一覆盖完整RNA循环的剪接体系列成果，为相关遗传病和癌症机理研究带来新思路。

陈明城（中国科学技术大学微尺度物质科学国家研究中心副研究员）：他致力于探索量子力学基础问题，并助力展现了"量子计算优越性"。

陈勋（中国科学技术大学电子工程与信息科学系教授）：他专注于神经生理信号处理与分析，助力实现面向开放环境的实用脑机接口。

陈厅（电子科技大学计算机科学与工程学院教授）：他提出了一系列软件安全的关键理论与技术，并运用于区块链软件、安卓软件和桌面软件三大场景。

江一舟（复旦大学附属肿瘤医院乳腺外科副主任医师、研究员）：他建立了三阴性乳腺癌的精准分型及个性化治疗方案，提升了难治性患者的治疗有效率。

任炬（清华大学计算机系副教授）：他在端边云协同智能计算领域提出多个创新性成果，为分布式协同模型训练与推理提供了系统化解决方案。

邵立晶（北京大学科维理天文与天体物理研究所研究员）：他提出了检验引力的新方法，为基础物理理论"添砖加瓦"。

同丹（清华大学地球系统科学系助理教授）：她构建了能源—经济—排放—协同治理间的交叉耦合模型，为减污降碳政策提供理论基石。

吴昊（清华大学丘成桐数学科学中心以及数学科学系教授）：她

研究伊辛模型、高斯自由场、均匀生成树等物理模型,解决了多个本领域公开问题。

吴嘉敏(清华大学自动化系助理教授):他通过计算成像方法突破了传统显微成像局限,显著提升活体成像的时空分辨率与数据通量。

杨树(浙江大学"百人计划"研究员):她研制出高性能新型垂直氮化镓功率器件,攻克了困扰氮化镓器件的动态性能退化难题。

杨辉(北京邮电大学电子工程学院教授、副院长):他致力于光通信网络跨层域高效调控技术研究,助力加速光通信网络智能化发展进程。

杨杰(清华大学化学系副教授):他发展了"分子电影"技术,实现对分子结构演化的直接捕捉。

姚永刚(华中科技大学材料科学与工程学院教授):他研发出精确可控的电热瞬态高温合成技术,有望促进材料制造及化工生产的高效、低碳、清洁化。

周杨(复旦大学上海数学中心青年研究员):他通过构造"纠缠的有理尾巴",得到了拟映射不变量穿墙公式统一的几何证明。

当代资优生生涯发展追求应与国家发展需要的基础科学领域、"卡脖子"科技领域等联系起来。为服务国家重大战略需求,加强拔尖创新人才选拔培养,教育部于 2020 年在部分高校开展基础学科招生改革试点(也称"强基计划"),主要选拔培养有志于服务国家重大战略需求且综合素质优秀或基础学科拔尖的学生,聚焦高端芯片与软件、智能科技、新材料、先进制造和国家安全等关键领域以及国家人才紧缺的人文社会科学领域。青年人才是国家战略人才力量的源头活水。有研究表明,自然科学家发明创造的最佳年龄段是 25 岁到 45 岁。资优生要立志成为国家战略领域与关键领域心怀"国之大者"。

2 基于志趣聚焦匹配领域的专业取向选择与学校课程选择学习融合

对高中阶段每一门课程学习、选修课程研习、社团与社会实践活动修习、企业考察见习，学生都可以与自身发展的未来专业取向选择联系，与自身发展的生涯目标联系，促进自身聚焦志趣、激发潜能（如图7-2所示）。

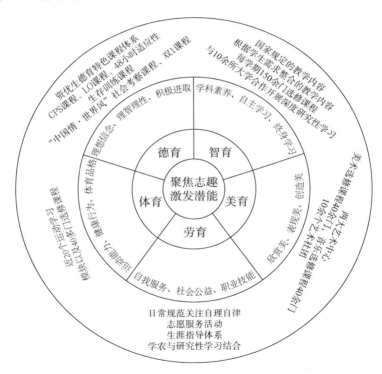

图7-2 专业取向选择与课程选择学习融合

学校应引导学生将对生涯目标的追求与学校创设的各类平台利用结合起来，包括：主动根据自身的发展目标参与创新实践服务课程、"中国情·世界风"社会考察课程、学校创新实验平台等,积极思考学习感悟,促进自身德智体美劳全面而有个性发展。

在生涯发展视野下推进普通高中学生到企业考察,具有积极的教育价值与社会价值。一次成功的、能引导学生进行职业规划与专业取向选择的企业考察,需要良好的组织准备,采取合适的组织方式,将企业考察与生涯规划指导、学生未来职业生活、学校微型校本特色课程开发、"校企合作"常规化运作等方面结合起来。企业考察应注重对不同类型高中生的特点分析与志趣引领,注重对企业资源的合理开发与企业责任的引导,促进学校教育的开放性与学生综合素养评价。

高中生企业考察的内涵是指学校有目的、有组织地引导高中生进入相应的企业进行考察,从中获得对企业的认知、对专业的理解与对职业的初步感知,从而形成自身的高中阶段合适发展专业取向或职业发展阶段倾向。高中生企业考察与生涯发展理论结合,将一种看似平常的企业考察变成一个有教育意义的生涯指导活动。学校在生涯发展理论的指导下引领高中生进行企业考察,具有以下几方面的价值:(1)促进学生对职业有初步的体验性认知。(2)加深学生对专业知识及运用现状的了解,从而激发自身的求知欲。通过参观学习,学生对不同专业或职业的前沿领域有一定了解。(3)起到对学生人生理想目标指引的作用。在企业考察的过程中,学生不仅能了解到企业发展的情况,而且对企业文化有进一步探求,促进学生不断调整自己的学业规划。

高中生企业考察,不仅让学生对自身的优势潜能或志趣所在有更深刻的认识,对书本知识与实践运用知识的差异有初步的了解,而且有利于学生在见习中进一步明确自身的职业生涯规划,进而对自身的课程选择学习与大学所选专业有明确的指引与认识。有一名学生参观了中国科学院硅酸盐研究所锂电池研发中心,明白了锂电池的相关信息和生活常识;在参观了等离子涂层研究场所后,明白了等离子涂层主要有四个作用:防腐、防摩擦、防氧化、防热。之后,该学生对物理学习更感兴趣,准备到大学选学与物理应用相关的专业。

高中生社会实践活动与生涯规划教育衔接,有利于高中生认识自己阶段发展的志趣,促进学生完成从高中阶段到大学阶段转型的生涯规划。对学校教育管理者来说,衔接的关键是一定要明确两者结合的活动要求设计、活动内容的设计以及活动载体的设计。在活动内容的设计上,要充分认识到活动内容应与职业生涯集群的相关课程学习紧密相关。美国联邦教育署把复杂的职业划分为 16 个生涯集群,并设计了相应的课程与可能涉及的生涯领域(见表 7 - 1,根据文献进行改编)。学生若在每一次社会实践活动的完成过程中,对活动对应的职业群课程有比较理性的认识与学习,就有利于对自身的志趣领域、优势潜能范畴、职业生涯选择乃至升入大学需要选学的专业有比较明确的阶段取向选择。

※小资料

16 个职业群与对应的课程和涉及的生涯领域举隅

表 7 - 1   16 个职业群与对应的课程和涉及的生涯领域

序号	职业群	对应的课程	涉及的生涯领域
1	农业、食品、自然资源	农产品和资源的生产、处理、销售、分配、预算、发展等	食品生产和处理系统、种植系统、牲畜养殖系统、环境服务系统、农业综合企业系统
2	建筑	设计、规划、管理、环保建设等	建筑前设计、建筑维护

（续表）

序号	职业群	对应的课程	涉及的生涯领域
3	艺术、音像技术及交流	设计、制作、展览、表演、写作、多媒体出版	声音与图像的设计和制作,新闻业和广播、表演艺术、印刷艺术、通信、视觉艺术
4	商业管理	商业运转效率与功能,商业规划、组织与领导	商业财务管理和核算、人力资源、商业分析、市场营销、管理和信息支持
5	金融	计划、金融服务、投资计划、银行存储、财务管理、保险	财务投资计划、商业财务管理、银行相关业务、保险
6	政府和公共事业管理	执行政府职能,包括管辖、外事服务、国家安全、国家收入	规范公共管理与服务
7	教育与培训	教育与培训相关知识	进行教育与培训、专业服务、行政管理支持
8	健康科学	计划、管理、诊断服务、信息提供、生物工程技术研究	健康科学的服务提供、医疗卫生
9	餐饮与旅游观光	管理、市场运作、酒店运作、住宿、风景点、娱乐、食品	餐饮业、旅游业
10	人类服务	为个人提供服务、养家置业	童年发展服务、精神健康服务、家庭和社区服务、消费者服务

（续表）

序号	职业群	对应的课程	涉及的生涯领域
11	信息技术	帮助个人掌握设计、发展和管理软件和硬件的技能、多媒体	计算机领域、IT与通用技术领域、数字化环境优化
12	法律、公共安全	管理、规划、提供合法的公共保障服务、本国安全	专业核心技术的修正服务、突发事件和火警服务、安全服务、法律保障服务
13	制造业	管理和规划、监督调配材料、相关技术支持和活动	生产计划控制和维护、生产操作与设计
14	市场、销售、服务	通过计划、管理等手段实现组织目标	专业的销售和市场销售、采购、市场交流和开发、市场信息管理、分配和后勤等
15	科学、技术、工程、数学	计划、管理、科学研究、专业技术协助服务	STEM涉及的领域，实验室测试服务、研究发展服务
16	运输、分配、后勤	计划、管理、人员调配、物流、相关主业和技术支持	运输基础建设与管理、后勤服务、移动设施维护、设备维修

注：以上资料参见刘茂祥《略谈高中生社会实践活动与生涯规划教育的衔接》一文，刊载于《上海课程教学研究》2016年第10期。

高中生社会实践活动与生涯规划教育衔接，关键是设计合适的载体，包括社会考察课程、社会实践项目、志愿服务活动、社会公益劳动、文化艺术活动等。在社会实践活动载体的设计中，需要明确的一条主线是，活动载体的设计应与职业群课程学习结合，与某一或某些职业领域结合，引导学生在社会实践活动过程中逐步对自身的职业领域、专业志趣有比较明晰的理性分析。例如,上海中学设计了一门双Ⅰ("自我认识与人际交往智能"英文的缩写)课程,该课程设计的明确导向是让学生在课程学习中认识自己的优势潜能领域与专业发展志趣,进而对自身的生涯发展进行规划。该课程主要利用周末或寒暑假的时间完成我们根据该课程的实践反思表,设计了基于职业群课程认识的社会实践活动设计与实践反思单供参阅(参见表7-2,根据生涯规划指导内容有所改编),以便不同类型的学校根据自身实际设计出有利于生涯规划教育的高中生社会实践活动载体与实施方式。

※小资料

基于职业群课程认识的社会实践活动设计与实践反思单

表7-2 基于职业群课程认识的社会实践活动设计与实践反思单

实施者姓名:＿＿＿＿＿ 性别＿＿＿＿＿ 年级＿＿＿＿＿

社会实践活动主题:＿＿＿＿(如"考察上海自来水厂");
涉及职业群领域:＿＿＿＿(如"健康科学");
我提出这一主题的原因:＿＿＿＿＿(如我对自来水净化感兴趣,我对水处理与环境工程这一职业领域的认知);
我准备重点发展的活动目标(选2~4个):＿＿＿＿＿
＿＿＿＿＿(如了解自己是否对环境工程领域有学习潜能,明确这一职业领域的发展前景与大学专业方向)
第一次安排的活动:＿＿＿＿＿(如组织一次相关职业群课程的学习与讨论);
第二次安排的活动:＿＿＿＿＿(如主动联系上海自来水厂进行考察,与专业技术人员交流)

促进高中生社会实践活动与生涯规划教育的衔接,在活动评价上,要注重学校主动根据时代的发展与高中生的生涯规划教育需求进行活动载体设计的主动性;要充分调动学生的积极性,让学生认识到社会实践活动是与自身生涯规划认识、优势潜能领域与职业群认识紧密结合在一起的,注重学生对完成社会实践活动任务的内省性;要注重学生根据自身知识的积淀与职业知识的变化进行社会实践活动设计的发展性,与时俱进,不断更新,促进高中生通过社会实践活动的完成,明确自身的最佳阶段专业发展取向选择,对自身的职业生涯有更加理性的规划,变被动学习为主动学习,真正发挥社会实践活动的实效性与长效性。

例如,上海中学开发了一门社会实践活动课程,名称为"中国情·世界风"社会考察课程。该课程利用寒暑假,引导学生结合家庭外出活动或考察,完成社会实践活动;同时,作为生涯规划教育的组成部分,在每年9～10月进行学生社会考察报告的评价,包括教师评价、学生评价及学校评价(参见表7-3,根据生涯规划指导有所改编),评出优秀考察项目并予以表彰,给学生以发展激励。

※小资料

"情系大山,点亮希望"大别山社会考察实践与评价表

表7-3 "情系大山,点亮希望"大别山社会考察实践与评价表

所属职业群	政府与公共事业管理	课时(小时):32
主题	"情系大山,点亮希望" 大别山社会考察	主要实施人:×××
考察学习 目标	对革命老区的考察,了解我国地区发展的差异性,对政府与公共事业管理的全面性与特殊性关系处理有进一步认识;明确自身的社会责任、能力所及与生涯发展倾向	
使用教材或 参鉴资料	《领导与组织——资优生必修课》 上海中学暑期大别山实践考察活动策划书等	

（续表）

所属职业群		政府与公共事业管理	课时（小时）：32
考察设计与要求		（一）活动前期策划与准备阶段 确定活动主题、活动内容；准备活动所需物品（赠送物品、学术交流相关物品）；安排人员分工 （二）行程与活动安排（略）（注重与团队成员优势结合，将自身的生涯发展、优势领域与活动安排结合）	
实施评价	自我评价	活动结束后，编制了"上海中学—大别山暑期考察活动记录"，明确了我们肩负的历史使命，对生涯发展、自身优势有初步感知	
	团队评价	该生在社会考察中，表现出良好的团队组织能力，对公共事务管理从全局与整体角度考虑问题，对这方面的生涯规划有初步认识	
	学校评价	该生在本次考察活动中，注重自身优势领域与感兴趣领域的结合，选择到革命老区进行考察，表现出对公共事务的关切，有利于今后进一步学习与理性地对待我国国情与自身发展对社会的奉献和认知	

第二节 高中资优生等第考 科目选择与职业兴趣倾向测量

1 高中资优生等第考科目选择与大学专业选考导向紧密相连

自 2014 年浙江、上海试行新高考政策以来，全国各地陆续试行新高考政策，即学生除了在选择语文、数学、外语作为必考科目外，从思想政治、历史、地理、物理、化学、生物、信息技术等 7 门学科中选择 3 门作为等第考科目，折合形成自己的高考分数，作为大学录取的标准，即"3＋3"选考模式和"3＋1（物理或历史）＋2"选考模式。自此，高中生如何选择切合自身发展实际与未来大学选择的等第考科目，成为学生与家长必须认真思考的问题。

语文、数学、外语三门高考科目是必须学好的科目，学生对另外七门科目中选择哪三门作为自身未来发展的等第考科目，显然将决定自身未来发展的追求。第一要素是需要看自身的兴趣所在以及自身发展的知识夯实情况，同时教育部发布的大学专业与等第考科目要求十分重要。2021年，教育部办公厅印发《普通高校本科招生专业选考科目要求指引（通用版）》，要求从高考综合改革省份2021年秋季入学的高一新生开始实行。对此，高中资优生与家庭需要及早了解，做好自身的学习规划与发展谋划。

※小资料

普通高校本科招生专业选考科目要求指引（通用版）

《普通高校本科招生专业选考科目要求指引（通用版）》（以下简称《指引》）是对《普通高校本科招生专业选考科目要求指引（试行）》和《普通高校本科招生专业选考科目要求指引（3＋1＋2模式）》的整合和修订。

1. 适用范围。《指引》是高校在实施高考综合改革省份对学生提出高中学业水平考试选考科目要求的指导意见，对"3＋3"选考模式和"3＋1＋2"选考模式的省份均适用。"3＋3"模式是指：前"3"为全国统考科目语文、数学、外语，所有学生必考；后"3"为考生须在物理、化学、生物、思想政治（以下简称政治）、历史、地理等科目中选择3科。省级招生考试机构和高校根据考生的成绩和志愿进行投档录取。"3＋1＋2"模式是指："3"为全国统考科目语文、数学、外语，所有学生必考；"1"为首选科目，考生须在高中学业水平考试的物理、历史科目中选择1科；"2"为再选科目，考生可在化学、生物、政治、地理等科目中选择2科。省级招生考试机构和高校按选考物理、选考历史两个类别分别公布招生计划,根据考生的成绩和志愿进行投档录取。

2. 指引结构。《指引》以本科专业类为单位设定科目范围一和科目范围二。科目范围一包括物理、历史两科,高校可提1科或不提;科目范围二包括政治、地理、化学、生物4科(在浙江可增选技术),高校最多提2科或不提。在科目范围内,□表示某专业类可提该科目要求,■表示某专业类必须提该科目要求。

3. 设置科目要求。高校各专业要从科目范围一、二内,根据实际选择1科、2科、3科或不提。选择1科的专业表示考生必须选考该科目;选择2科或3科的专业,表示考生必须同时选考规定的2科或者3科。未提出科目要求的,考生可根据生源省份高考综合改革方案选考3科。

示例:

哲学类的哲学专业:

A 高校科目范围一选择"历史",科目范围二选择"政治",考生选考科目中必须有"历史"和"政治"2科。

B 高校科目范围一选择"历史",科目范围二未提要求,考生选考科目中有"历史"即可。

C 高校科目范围一未提要求,科目范围二选择"政治",考生选考科目中有"政治"即可。

D 高校科目范围一未提要求,科目范围二选择"政治""地理"2科,考生选考科目中必须有"政治""地理"2科。

E 高校科目范围一未提要求,科目范围二也未提要求,考生根据本省高考综合改革方案选考3科即可。

4. 同一专业类的内设专业的选考科目要求可以相同,也可不同。如哲学类下,某高校哲学专业提"历史""政治"2科要求,逻辑学专业可提"物理"要求。2021年后新增列入《普通高等学校本科专业目录》的专业,其科目要求参照所属专业类的科目范围及要求。部分专业按试验班或专业类招生的,其选考科目要求应与该试验班或专业类包含的专业要求一致。同一高校的同一专业(类)的选考科目要求在所有实施高考综合改革的省份应当保持一致。

5.若高校部分特色专业确有特殊选拔要求、需突破《指引》范围的,须经学校学术委员会、学校党委(常委)会审议后,向学校主管部门申请,并按程序报审。

6.《指引》的科目要求适用于普通本科专业,职业教育本科专业的选考科目要求指引另行制定。有关省级教育行政部门可参照《指引》制定所属高校高职(专科)专业的选考科目要求指引。

高校按专业从科目范围一、二中提出选考科目要求,□表示某专业类可提该科目要求,■表示某专业类必须提该科目要求。若高校对某专业类所列科目均未选择,表示该专业对所列科目无选考要求。

表7-4 普通高校本科招生专业选考科目要求指引(通用版)

序号	学科门类	本科专业类	内设专业	科目范围一 (提1门或不提)	科目范围二 (最多提2门或不提,在浙江可增选技术)
1	哲学	哲学类	哲学,逻辑学,宗教学,伦理学	□物理 □历史	□政治 □地理 □化学 □生物
2	经济学	经济学类	经济学,国民经济管理,资源与环境经济学,商务经济学,能源经济,劳动经济学	□物理 □历史	□政治 □地理 □化学 □生物
			经济统计学,经济工程,数字经济	■物理	□政治 □地理 □化学 □生物

（续表）

序号	学科门类	本科专业类	内设专业	科目范围一（提1门或不提）	科目范围二（最多提2门或不提,在浙江可增选技术）
3	经济学	财政学类	财政学,税收学	□物理 □历史	□政治 □地理 □化学 □生物
4	经济学	金融学类	金融学,保险学,投资学,信用管理,经济与金融,互联网金融	□物理 □历史	□政治 □地理 □化学 □生物
			金融工程,金融数学,精算学,金融科技	■物理	□政治 □地理 □化学 □生物
5	经济学	经济与贸易类	国际经济与贸易,贸易经济	□物理 □历史	□政治 □地理 □化学 □生物
6	法学	法学类	法学,知识产权,监狱学,信用风险管理与法律防控,国际经贸规则,司法警察学,社区矫正	□物理 □历史	□政治
7	法学	政治学类	政治学与行政学,国际政治,外交学,国际事务与国际关系,政治学、经济学与哲学,国际组织与全球治理	□物理 □历史	■政治 □地理

（续表）

序号	学科门类	本科专业类	内设专业	科目范围一（提 1 门或不提）	科目范围二（最多提 2 门或不提，在浙江可增选技术）
8	法学	社会学类	社会学，社会工作，人类学，女性学，家政学，老年学、社会政策	□物理 □历史	□政治 □地理 □化学 □生物
9	法学	民族学类	民族学	■历史	□政治 □地理
10	法学	马克思主义理论类	科学社会主义，中国共产党历史，思想政治教育，马克思主义理论	□物理 □历史	■政治
11	法学	公安学类	治安学，侦查学，边防管理，禁毒学，警犬技术，经济犯罪侦查，边防指挥，消防指挥，警卫学，公安情报学，犯罪学，公安管理学，涉外警务，国内安全保卫，警务指挥与战术，技术侦查学，海警执法，公安政治工作，移民管理，出入境管理，反恐警务，消防政治工作	□物理 □历史	■政治 □地理 □化学 □生物

（续表）

序号	学科门类	本科专业类	内设专业	科目范围一（提 1 门或不提）	科目范围二（最多提 2 门或不提,在浙江可增选技术）
12	教育学	教育学类	教育学,科学教育,人文教育,艺术教育,学前教育,小学教育,特殊教育,华文教育,教育康复学,卫生教育,认知科学与技术,融合教育	☐物理 ☐历史	☐政治 ☐地理 ☐化学 ☐生物
			教育技术学	■物理	☐政治 ☐地理 ☐化学 ☐生物
13	教育学	体育学类	体育教育,运动训练,社会体育指导与管理,武术与民族传统体育,运动人体科学,运动康复,休闲体育,体能训练,冰雪运动,电子竞技运动与管理,智能体育工程,体育旅游,运动能力开发	☐物理 ☐历史	☐生物 ☐地理 ☐化学
14	文学	中国语言文学类	汉语言文学,汉语言,汉语国际教育,中国少数民族语言文学,古典文献学,应用语言学,秘书学,中国语言与文化,手语翻译	☐物理 ☐历史	☐政治 ☐地理 ☐化学 ☐生物

（续表）

序号	学科门类	本科专业类	内设专业	科目范围一（提 1 门或不提）	科目范围二（最多提 2 门或不提,在浙江可增选技术）
15	文学	外国语言文学类	英语,俄语,德语,法语,西班牙语,阿拉伯语,日语,波斯语,朝鲜语,菲律宾语,梵语巴利语,印度尼西亚语,印地语,柬埔寨语,老挝语,缅甸语,马来语,蒙古语,僧伽罗语,泰语,乌尔都语,希伯来语,越南语,豪萨语,斯瓦希里语,阿尔巴尼亚语,保加利亚语,波兰语,捷克语,斯洛伐克语,罗马尼亚语,葡萄牙语,瑞典语,塞尔维亚语,土耳其语,希腊语,匈牙利语,意大利语,泰米尔语,普什图语,世界语,孟加拉语,尼泊尔语,克罗地亚语,荷兰语,芬兰语,乌克兰语,挪威语,丹麦语,冰岛语,爱尔兰语,拉脱维亚语,立陶宛语,斯洛文尼亚语,爱沙尼亚语,马耳	☐ 物理 ☐ 历史	☐ 政治 ☐ 地理 ☐ 化学 ☐ 生物

（续表）

序号	学科门类	本科专业类	内设专业	科目范围一（提 1 门或不提）	科目范围二（最多提 2 门或不提,在浙江可增选技术）
15	文学	外国语言文学类	他语,哈萨克语,乌兹别克语,祖鲁语,拉丁语,翻译,商务英语,阿姆哈拉语,吉尔吉斯语,索马里语,加泰罗尼亚语,约鲁巴语,亚美尼亚语,马达加斯加语,格鲁吉亚语,阿塞拜疆语,阿非利卡语,马其顿语,塔吉克语,茨瓦纳语,恩德贝莱语,科摩罗语,克里奥尔语,绍纳语,提格雷尼亚语,白俄罗斯语,毛利语,汤加语,萨摩亚语,库尔德语,比斯拉马语,达里语,德顿语,迪维希语,斐济语,库克群岛毛利语,隆迪语,卢森堡语,卢旺达语,纽埃语,皮金语,切瓦语,塞苏陀语,桑戈语,语言学,塔玛齐格特语,爪哇语,旁遮普语	☐物理 ☐历史	☐政治 ☐地理 ☐化学 ☐生物

（续表）

序号	学科门类	本科专业类	内设专业	科目范围一（提1门或不提）	科目范围二（最多提2门或不提，在浙江可增选技术）
16	文学	新闻传播学类	新闻学，广播电视学，广告学，传播学，编辑出版学，网络与新媒体，数字出版，时尚传播，国际新闻与传播，会展	☐物理 ☐历史	☐政治 ☐地理 ☐化学 ☐生物
17	历史学	历史学类	历史学，世界史，考古学，文物与博物馆学，外国语言与外国历史，文化遗产，古文字学	☐物理 ☐历史	☐政治 ☐地理 ☐化学 ☐生物
			文物保护技术	☐物理 ☐历史	■化学 ☐生物
18	理学	数学类	数学与应用数学，信息与计算科学，数理基础科学	■物理	■化学
19	理学	物理学类	物理学，应用物理学，核物理，声学，系统科学与工程，量子信息科学	■物理	■化学 ☐生物
20	理学	化学类	化学，应用化学，化学生物学，分子科学与工程，能源化学，化学测量学与技术	■物理	■化学 ☐生物

（续表）

序号	学科门类	本科专业类	内设专业	科目范围一（提1门或不提）	科目范围二（最多提2门或不提，在浙江可增选技术）
21	理学	天文学类	天文学	■物理	■化学 □地理
22	理学	地理科学类	地理科学，自然地理与资源环境，人文地理与城乡规划，地理信息科学	□物理 □历史	□地理 □化学 □政治 □生物 （至少选1门）
23	理学	大气科学类	大气科学，应用气象学，气象技术与工程	■物理	■化学 □生物 □地理
24	理学	海洋科学类	海洋科学，海洋技术，海洋资源与环境，军事海洋学	■物理	■化学 □生物 □地理
25	理学	地球物理学类	地球物理学，空间科学与技术，防灾减灾科学与工程	■物理	■化学 □生物 □地理
26	理学	地质学类	地质学，地球化学，地球信息科学与技术，古生物学	■物理	■化学 □生物 □地理
27	理学	生物科学类	生物科学，生物技术，生物信息学，生态学，整合科学，神经科学	■物理	■化学 □生物

（续表）

序号	学科门类	本科专业类	内设专业	科目范围一（提 1 门或不提）	科目范围二（最多提 2 门或不提，在浙江可增选技术）
28	理学	心理学类	心理学，应用心理学	□物理 □历史	□政治 □地理 □化学 □生物
29	理学	统计学类	统计学，应用统计学	■物理	■化学
30	工学	力学类	理论与应用力学，工程力学	■物理	■化学
31	工学	机械类	机械工程，机械设计制造及其自动化，材料成型及控制工程，机械电子工程，工业设计，过程装备与控制工程，车辆工程，汽车服务工程，机械工艺技术，微机电系统工程，机电技术教育，汽车维修工程教育，智能制造工程，智能车辆工程，仿生科学与工程，新能源汽车工程，增材制造工程，智能交互设计，应急装备技术与工程	■物理	■化学 □生物
32	工学	仪器类	测控技术与仪器，精密仪器，智能感知工程	■物理	■化学 □生物

（续表）

序号	学科门类	本科专业类	内设专业	科目范围一（提1门或不提）	科目范围二（最多提2门或不提,在浙江可增选技术）
33	工学	材料类	材料科学与工程,材料物理,材料化学,冶金工程,金属材料工程,无机非金属材料工程,高分子材料与工程,复合材料与工程,粉体材料科学与工程,宝石及材料工艺学,焊接技术与工程,功能材料,纳米材料与技术,新能源材料与器件,材料设计科学与工程,复合材料成型工程,智能材料与结构	■物理	■化学 □生物
34	工学	能源动力类	能源与动力工程,能源与环境系统工程,新能源科学与工程,储能科学与工程,能源服务工程	■物理	■化学 □生物
35	工学	电气类	电气工程及其自动化,智能电网信息工程,光源与照明,电气工程与智能控制,电机电器智能化,电缆工程,能源互联网工程	■物理	■化学 □生物

（续表）

序号	学科门类	本科专业类	内设专业	科目范围一（提 1 门或不提）	科目范围二（最多提 2 门或不提,在浙江可增选技术）
36	工学	电子信息类	电子信息工程,电子科学与技术,通信工程,微电子科学与工程,光电信息科学与工程,信息工程,广播电视工程,水声工程,电子封装技术,集成电路设计与集成系统,医学信息工程,电磁场与无线技术,电波传播与天线,电子信息科学与技术,电信工程及管理,应用电子技术教育,人工智能,海洋信息工程,柔性电子学,智能测控工程	■物理	■化学 □生物
37	工学	自动化类	自动化,轨道交通信号与控制,机器人工程,邮政工程,核电技术与控制工程,智能装备与系统,工业智能,智能工程与创意设计	■物理	■化学 □生物

（续表）

序号	学科门类	本科专业类	内设专业	科目范围一（提1门或不提）	科目范围二（最多提2门或不提,在浙江可增选技术）
38	工学	计算机类	计算机科学与技术,软件工程,网络工程,信息安全,物联网工程,数字媒体技术,智能科学与技术,空间信息与数字技术,电子与计算机工程,数据科学与大数据技术,网络空间安全,新媒体技术,电影制作,保密技术,服务科学与工程,虚拟现实技术,区块链工程,密码科学与技术	■物理	■化学 □生物
39	工学	土木类	土木工程,建筑环境与能源应用工程,给排水科学与工程,建筑电气与智能化,城市地下空间工程,道路桥梁与渡河工程,铁道工程,智能建造,土木、水利与海洋工程,土木、水利与交通工程,城市水系统工程	■物理	■化学 □生物 □地理

(续表)

序号	学科门类	本科专业类	内设专业	科目范围一（提 1 门或不提）	科目范围二（最多提 2 门或不提,在浙江可增选技术）
40	工学	水利类	水利水电工程,水文与水资源工程,港口航道与海岸工程,水务工程,水利科学与工程	■物理	■化学 □生物 □地理
41	工学	测绘类	测绘工程,遥感科学与技术,导航工程,地理国情监测,地理空间信息工程	■物理	■化学 □地理
42	工学	化工与制药类	化学工程与工艺,制药工程,资源循环科学与工程,能源化学工程,化学工程与工业生物工程,化工安全工程,涂料工程,精细化工	■物理	■化学 □生物
43	工学	地质类	地质工程,勘查技术与工程,资源勘查工程,地下水科学与工程,旅游地学与规划工程	■物理	■化学 □地理
44	工学	矿业类	采矿工程,石油工程,矿物加工工程,油气储运工程,矿物资源工程,海洋油气工程,智能采矿工程	■物理	■化学 □地理

（续表）

序号	学科门类	本科专业类	内设专业	科目范围一（提1门或不提）	科目范围二（最多提2门或不提,在浙江可增选技术）
45	工学	纺织类	服装设计与工程,服装设计与工艺教育,丝绸设计与工程	□物理 □历史	□化学 □生物
			纺织工程,非织造材料与工程	■物理	■化学
46	工学	轻工类	轻化工程,包装工程,印刷工程,香料香精技术与工程,化妆品技术与工程	■物理	■化学
47	工学	交通运输类	交通运输,交通工程,航海技术,轮机工程,飞行技术,交通设备与控制工程,救助与打捞工程,船舶电子电气工程,轨道交通电气与控制,邮轮工程与管理,智慧交通	■物理	■化学 □地理
48	工学	海洋工程类	船舶与海洋工程,海洋工程与技术,海洋资源开发技术,海洋机器人	■物理	■化学 □生物 □地理

（续表）

序号	学科门类	本科专业类	内设专业	科目范围一（提 1 门或不提）	科目范围二（最多提 2 门或不提，在浙江可增选技术）
49	工学	航空航天类	航空航天工程，飞行器设计与工程，飞行器制造工程，飞行器动力工程，飞行器环境与生命保障工程，飞行器质量与可靠性，飞行器适航技术，飞行器控制与信息工程，无人驾驶航空器系统工程，智能飞行器技术	■物理	■化学 □生物
50	工学	兵器类	武器系统与工程，武器发射工程，探测制导与控制技术，弹药工程与爆炸技术，特种能源技术与工程，装甲车辆工程，信息对抗技术，智能无人系统技术	■物理	■化学 □生物
51	工学	核工程类	核工程与核技术，辐射防护与核安全，工程物理，核化工与核燃料工程	■物理	■化学 □生物

（续表）

序号	学科门类	本科专业类	内设专业	科目范围一（提1门或不提）	科目范围二（最多提2门或不提,在浙江可增选技术）
52	工学	农业工程类	农业工程,农业机械化及其自动化,农业电气化,农业建筑环境与能源工程,农业水利工程,土地整治工程,农业智能装备工程	■物理	■化学 □生物
53	工学	林业工程类	森林工程,木材科学与工程,林产化工,家具设计与工程	■物理	■化学 □生物
54	工学	环境科学与工程类	环境科学与工程,环境工程,环境科学,环境生态工程,环保设备工程,资源环境科学,水质科学与技术	■物理	■化学 □生物
55	工学	生物医学工程类	生物医学工程,假肢矫形工程,临床工程技术,康复工程	■物理	■化学 □生物
56	工学	食品科学与工程类	食品科学与工程,粮食工程,乳品工程,酿酒工程,葡萄与葡萄酒工程,食品安全与检测,食用菌科学与工程,白酒酿造工程	■物理	■化学 □生物
			食品质量与安全,食品营养与检验教育,烹饪与营养教育,食品营养与健康	■物理	□化学 □生物 （至少选1门）

（续表）

序号	学科门类	本科专业类	内设专业	科目范围一（提1门或不提）	科目范围二（最多提2门或不提,在浙江可增选技术）
57	工学	建筑类	建筑学,城乡规划,风景园林,历史建筑保护工程,人居环境科学与技术,城市设计,智慧建筑与建造	☐物理 ☐历史	☐政治 ☐地理 ☐化学 ☐生物
58	工学	安全科学与工程类	安全工程,应急技术与管理,职业卫生工程	■物理	■化学 ☐生物
59	工学	生物工程类	生物工程,生物制药,合成生物学	■物理	■化学 ☐生物
60	工学	公安技术类	刑事科学技术,消防工程,交通管理工程,安全防范工程,公安视听技术,抢险救援指挥与技术,火灾勘查,网络安全与执法,核生化消防,海警舰艇指挥与技术,数据警务技术,食品药品环境犯罪侦查技术	■物理	■化学 ☐政治 ☐生物

（续表）

序号	学科门类	本科专业类	内设专业	科目范围一（提1门或不提）	科目范围二（最多提2门或不提,在浙江可增选技术）
61	农学	植物生产类	农学,园艺,植物保护,植物科学与技术,种子科学与工程,设施农业科学与工程,茶学,烟草,应用生物科学,农艺教育,园艺教育,智慧农业,菌物科学与工程,农药化肥,生物农药科学与工程	■物理	■化学 □生物
62	农学	自然保护与环境生态类	农业资源与环境,野生动物与自然保护区管理,水土保持与荒漠化防治,生物质科学与工程,土地科学与技术	■物理	■化学 □生物 □地理
63	农学	动物生产类	动物科学,蚕学,蜂学,经济动物学,马业科学,饲料工程,智慧牧业科学与工程	■物理	■化学 □生物
64	农学	动物医学类	动物医学,动物药学,动植物检疫,实验动物学,中兽医学,兽医公共卫生	■物理	■化学 □生物

（续表）

序号	学科门类	本科专业类	内设专业	科目范围一（提 1 门或不提）	科目范围二（最多提 2 门或不提，在浙江可增选技术）
65	农学	林学类	林学，森林保护，经济林	■物理	■化学 □生物
			园林	□物理 □历史	■生物 □化学
66	农学	水产类	水产养殖学，海洋渔业科学与技术，水族科学与技术，水生动物医学	■物理	■化学 □生物
67	农学	草学类	草业科学，草坪科学与工程	■物理	■化学 □生物
68	医学	基础医学类	基础医学，生物医学，生物医学科学	■物理	■化学 □生物
69	医学	临床医学类	临床医学，麻醉学，医学影像学，眼视光医学，精神医学，放射医学，儿科学	■物理	■化学 □生物
70	医学	口腔医学类	口腔医学	■物理	■化学 □生物
71	医学	公共卫生与预防医学类	预防医学，食品卫生与营养学，妇幼保健医学，卫生监督，全球健康学，运动与公共健康	■物理	■化学 □生物

（续表）

序号	学科门类	本科专业类	内设专业	科目范围一（提1门或不提）	科目范围二（最多提2门或不提，在浙江可增选技术）
72	医学	中医学类	中医学，针灸推拿学，藏医学，蒙医学，维医学，壮医学，哈医学，傣医学，回医学，中医康复学，中医养生学，中医儿科学，中医骨伤科学	■物理	□化学 □生物 （至少选1门）
73	医学	中西医结合类	中西医临床医学	■物理	□化学 □生物 （至少选1门）
74	医学	药学类	药学，药物制剂，临床药学，药物分析，药物化学，海洋药学，化妆品科学与技术	■物理	■化学 □生物
			药事管理	□物理 □历史	□化学 □生物 （至少选1门）
75	医学	中药学类	中药学，中药资源与开发，藏药学，蒙药学，中药制药，中草药栽培与鉴定	■物理	■化学 □生物
76	医学	法医学类	法医学	■物理	■化学 □生物

（续表）

序号	学科门类	本科专业类	内设专业	科目范围一（提1门或不提）	科目范围二（最多提2门或不提，在浙江可增选技术）
77	医学	医学技术类	医学检验技术，医学实验技术，医学影像技术，眼视光学，康复治疗学，口腔医学技术，卫生检验与检疫，听力与言语康复学，康复物理治疗，康复作业治疗，智能医学工程，生物医药数据科学，智能影像工程	■物理	■化学 □生物
78	医学	护理学类	护理学，助产学	□物理 □历史	□化学 □生物 （至少选1门）
79	管理学	管理科学与工程类	管理科学，信息管理与信息系统，工程管理，房地产开发与管理，工程造价，保密管理，邮政管理，大数据管理与应用，工程审计，计算金融，应急管理	■物理	□政治 □地理 □化学 □生物

（续表）

序号	学科门类	本科专业类	内设专业	科目范围一（提 1 门或不提）	科目范围二（最多提 2 门或不提,在浙江可增选技术）
80	管理学	工商管理类	工商管理,市场营销,会计学,财务管理,国际商务,人力资源管理,审计学,资产评估,物业管理,文化产业管理,劳动关系,体育经济与管理,财务会计教育,市场营销教育,零售业管理,创业管理	☐物理 ☐历史	☐政治 ☐地理 ☐化学 ☐生物
81	管理学	农业经济管理类	农林经济管理,农村区域发展	☐物理 ☐历史	☐政治 ☐地理 ☐化学 ☐生物
82	管理学	公共管理类	公共事业管理,行政管理,劳动与社会保障,土地资源管理,城市管理,海关管理,交通管理,海事管理,公共关系学,健康服务与管理,海警后勤管理,医疗产品管理,医疗保险,养老服务管理,海关检验检疫安全,海外安全管理,自然资源登记与管理	☐物理 ☐历史	☐政治 ☐地理 ☐化学 ☐生物

（续表）

序号	学科门类	本科专业类	内设专业	科目范围一（提1门或不提）	科目范围二（最多提2门或不提,在浙江可增选技术）
83	管理学	图书情报与档案管理类	图书馆学,档案学,信息资源管理	□物理 □历史	□政治 □地理 □化学 □生物
84	管理学	物流管理与工程类	物流管理,采购管理,供应链管理	□物理 □历史	□政治 □地理 □化学 □生物
			物流工程	■物理	□政治 □地理 □化学 □生物
85	管理学	工业工程类	工业工程,标准化工程,质量管理工程	■物理	□政治 □地理 □化学 □生物
86	管理学	电子商务类	电子商务,电子商务及法律,跨境电子商务	□物理（授工学学位必选） □历史	□政治 □地理 □化学 □生物
87	管理学	旅游管理类	旅游管理,酒店管理,会展经济与管理,旅游管理与服务教育	□物理 □历史	□政治 □地理 □化学 □生物

（续表）

序号	学科门类	本科专业类	内设专业	科目范围一（提1门或不提）	科目范围二（最多提2门或不提,在浙江可增选技术）
88	艺术学	艺术学理论类	艺术史论,艺术管理,非物质文化遗产保护	☐物理 ☐历史	☐政治 ☐地理 ☐化学 ☐生物
89	艺术学	音乐与舞蹈学类	音乐表演,音乐学,作曲与作曲技术理论,舞蹈表演,舞蹈学,舞蹈编导,舞蹈教育,航空服务艺术与管理,流行音乐,音乐治疗,流行舞蹈,音乐教育	☐物理 ☐历史	☐政治 ☐地理 ☐化学 ☐生物
90	艺术学	戏剧与影视学类	表演,戏剧学,电影学,戏剧影视文学,广播电视编导,戏剧影视导演,戏剧影视美术设计,录音艺术,播音与主持艺术,动画,影视摄影与制作,影视技术,戏剧教育	☐物理 ☐历史	☐政治 ☐地理 ☐化学 ☐生物
91	艺术学	美术学类	美术学,绘画,雕塑,摄影,书法学,中国画,实验艺术,跨媒体艺术,文物保护与修复,漫画,纤维艺术	☐物理 ☐历史	☐政治 ☐地理 ☐化学 ☐生物

（续表）

序号	学科门类	本科专业类	内设专业	科目范围一（提1门或不提）	科目范围二（最多提2门或不提，在浙江可增选技术）
92	艺术学	设计学类	艺术设计学，视觉传达设计，环境设计，产品设计，服装与服饰设计，公共艺术，工艺美术，数字媒体艺术，艺术与科技，陶瓷艺术设计，新媒体艺术，包装设计	☐物理 ☐历史	☐政治 ☐地理 ☐化学 ☐生物

注：以上资料摘自《教育部办公厅关于印发〈普通高校本科招生专业选考科目要求指引（通用版）〉的通知》。

从《普通高校本科招生专业选考科目要求指引（通用版）》可以看出，大学诸多理学、工学、医学专业对"物理""化学"提出两科必选的要求，也就是通常所说的"理化双选"。高中阶段学生在对未来发展指向性领域不明晰的情况下，还是要在保持全面发展的基础上学好优势学科。

2 高中资优生等第考科目选择与职业兴趣倾向测量建立一定联系

高中资优生对等第考科目的选择，除了与当前的学科知识积淀与未来大学专业要求相连外，还可以通过职业兴趣倾向测量来发现自身的职业兴趣。由于高中阶段仍然是学生打基础的阶段，因此这一测量只能作为参考，不能作为直接的等第考选科依据。然而，在学生对未来发展倾向尚没有比较理性的清晰认识之前，职业兴趣倾向测量可以作为一种努力的尝试。

高中生应当明确职业测量是认识自己的一种方式,但不能完全据此确认自己的发展取向。在日常生活中,经常有人问:"你们的兴趣是什么?"回答有:"我喜欢阅读。""我喜欢看书。""我喜欢跑步。"……这些大多属于感官兴趣。其实,兴趣有多个层次,有一个兴趣"金字塔"。与此同时,我们可以利用一些测量工具来了解自己当前的兴趣。随着外在环境以及社会发展需求的变化,我们的知识结构、人生积淀、兴趣也会不断发生变化。兴趣是个体积极探究某种事物的认知倾向,这种认知倾向有三个不同的发展阶段,分别是感官兴趣、自觉兴趣、志趣。

在职业兴趣倾向测量方面,美国霍兰德职业兴趣测量较为经典。霍兰德职业适应性测验(The Self-Directed Search,简称 SDS)由美国著名职业指导专家霍兰德(Holland)编制,在几十年间经过一百多次大规模的实验研究,形成了人格类型与职业类型的学说和测验。该测验能帮助被试者发现和确定自己的职业兴趣和能力专长,从而比较科学地做出专业取向选择与求职择业兴趣判断。霍兰德在其一系列关于人格与职业关系假设的基础上,提出了六种基本的职业兴趣类型:社会型(S)、企业型(E)、常规型(C)、实际型(R)、调研型(I)、艺术型(A)。

社会型(S)职业兴趣的共同特征:喜欢与人交往、不断结交新的朋友,善言谈,愿意教导别人;关心社会问题,渴望发挥自己的社会作用;寻求广泛的人际关系,比较看重社会义务和社会道德。典型职业:喜欢要求与人打交道的工作,能不断结交新的朋友,从事提供信息、启迪、帮助、培训、开发或治疗等事务,并具备相应能力。例如,教育工作者(教师、教育行政人员)、社会工作者(咨询人员、公关人员)。

企业型(E)职业兴趣的共同特征:追求权力、权威和物质财富,具有领导才能;喜欢竞争,敢冒风险,有野心、抱负;为人务实,习惯以利益得失和权力、地位、金钱等来衡量做事的价值,做事有较强的目的性。典型职业:喜欢要求具备经营、管理、劝服、监督和领导才能,以实现机构、政治、社会及经济目标的工作,并具备相应的能力。例如,项目经理、销售人员、营销管理人员、政府官员、企业领导、法官、律师。

常规型(C)职业兴趣的共同特点:尊重权威和规章制度,喜欢按计划办事,细心、有条理,习惯接受他人的指挥和领导,自己不谋求领导职务;喜欢关注实际和细节情况,通常较为谨慎和保守,缺乏创造性,不喜欢冒险和竞争,富有自我牺牲精神。典型职业:喜欢要求注意细节、精确度,有系统、有条理,具有记录、归档等内容,根据特定要求或程序组织数据和文字信息的职业,并具备相应能力。例如,秘书、办公室人员、记事员、会计、行政助理、图书馆管理员、出纳员、打字员、投资分析员。

实际型(R)职业兴趣的共同特点:愿意使用工具从事操作性工作,动手能力强,做事手脚灵活,动作协调;偏好于具体任务,不善言辞,做事保守,较为谦虚;缺乏社交能力,通常喜欢独立做事。典型职业:喜欢使用工具、机器,擅长基本操作技能方面的工作;对要求具备机械方面才能、体力或从事与物件、机器、工具、运动器材、植物、动物相关的职业有兴趣,并具备相应能力。例如,工程、技术性职业(计算机硬件人员、摄影师、制图员、机械装配工),技能性职业(工匠、技工等)。

调研型(I)职业兴趣的共同特点:思想家而非实干家,抽象思维能力强,求知欲强,肯动脑,善思考,不愿动手;喜欢独立的和富有创造性的工作;知识渊博,有学识才能,不善于领导他人;考虑问题理性,做事追求精确,喜欢逻辑分析和推理,不断探讨未知的领域。典型职业:喜欢智力的、抽象的、分析的、独立的定向任务,要求具备智力或分析才能,并将其用于观察、估测、衡量、形成理论、解决问题,具备相应的能力。例如,科学研究人员、教师、工程师、电脑编程人员、医生、系统分析员。

艺术型(A)职业兴趣的共同特点:有创造力,乐于创造新颖、与众不同的成果,渴望表现自己的个性,实现自身的价值;做事理想化,追求完美,不重实际;具有一定的艺术才能和个性;善于表达,怀旧,心态较为复杂。典型职业:喜欢的工作要求具备艺术修养、创造力、表达能力和直觉,并将其用于语言、行为、声音、颜色和形式的审美、思索和感受,具备相应的能力;不善于事务性工作。例如,创意、设计、艺术方面的职业(演员、导演、艺术设计师、雕刻家、建筑师、摄影家、广告制作人),音乐方面的职业(歌唱家、作曲家、乐队指挥),文学方面的职业(小说家、诗人、剧作家)。

大多数人并非只有一种性向。一个人的性向中很可能同时包含社会性向、实际性向和调研性向三种。霍兰德认为,这些性向越相似,相容性越强,一个人在选择职业时所面临的内在冲突和犹豫就会越少。为了帮助描述这种情况,霍兰德建议将这六种性向分别放在一个正六边形的每一角。以下是一位学生的职业兴趣图例,属于ERS型职业兴趣倾向,可以在艺术型(A)、企业型(E)、社会型(S)领域中寻找适合自己的专业或职业发展方向。

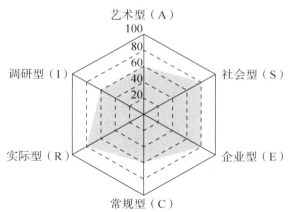

图 7-3　职业兴趣图例

对高中生来说,在选择高考科目和确定专业发展取向前,可以找到相对专业的霍兰德 SDS 职业兴趣量表,了解自己当前的职业兴趣与需求,然后对所选择科目做出自己的判断。①

※小资料

根据自己的志趣找到属于自己的小岛

你在大海中航行,看到了六个小岛。这六个小岛各有特色。

A 岛:弥漫着浓厚的艺术文化气息,很多文艺界的朋友来寻找灵感。

S 岛:居民个性温和、友善,乐于助人,互帮互助,重视教育,充满人文气息。

E 岛:居民善于进行企业经营和贸易,能言善道。来往者多是企业家、经理人、政治家、律师等。

C 岛:岛上建筑非常现代化,岛民个性冷静保守,处事有条不紊,善于组织规划,细心、高效。

R 岛:居民大多数擅长手工活动,自己种植花果蔬菜、修缮房屋、打造器物、制作工具,喜欢户外运动。

I 岛:有很多天文馆、科技博览馆及图书馆。居民喜欢观察、学习,常有机会和来自各地的哲学家、科学家、心理学家等交换心得。

假如你有七天的假期,让你选择一个岛去生活,你会选择哪个岛?为什么?

假如你想在某个岛度过一生,你会选择哪个岛?为什么?

你有什么发现?你的两个选择是一致的吗?

(注:一般而言,愿意选择某个岛度过一生的,往往是自己最感兴趣的职业领域。以上每个岛的字母与六种职业兴趣倾向一致。)

---

① APESK.霍兰德 SDS 职业兴趣测试［EB/OL］.(2018－05－03)［2023－06－18］.http://www.apesk.com/holland2.

需要进一步强调的是,通过霍兰德职业兴趣量表测试下来的职业兴趣,可以为自己未来的大学专业与等第考科目选择提供一定的参考,但不能作为最终的专业取向选择的唯一依据,还要参考自己的学业成绩、家庭环境等多种因素。因为高中生的志趣能发展处于可塑期,对社会、工作的环境还未定型,自由、可塑性的余地还很大,要综合考虑多种选择后进行抉择。

第三节　高中生职业世界地图与职业生涯发展规划

1　高中生职业世界地图与大学专业选择

高中生应根据自己的志趣能匹配领域进行心仪的大学专业取向选择,同时在认识自身职业兴趣倾向的基础上,进一步对心仪的大学与专业有所认识,了解自己期望的职业世界。作为实验性示范性高中的学生,应当对心仪的大学与专业有一个基本的认识。在选择大学时,对"985"大学、"211"大学与"双一流大学"心中要有谱;对自己感兴趣领域的大学专业排名也有所认识,可参看教育部学位与研究生教育发展中心定期在网上公布的全国学科评估结果。

※小资料

"985"大学、"211"大学与"双一流大学"名称略介

1998年5月4日,国家提出要建设50所世界一流大学,这就是"985"大学名称的来源。"985工程"实施后,评定了39所高校,其中一期有34所,二期有5所。

"211"大学是指面向21世纪、国家重点建设100所左右的高等

学校。在实施过程中,全国一共评选出 112 所 211 大学。

"双一流"大学是指建设世界一流大学和一流学科的统称。第一轮"双一流"大学名单是在 2017 年公布的,所有"985"大学和"211"大学都在这个名单内,另外还新增了一些非"985"、非"211"的"双一流"大学,名单中一共有 140 所大学。2022 年,教育部公布了第二轮"双一流"大学名单,在原有 140 所大学的基础上增加了 7 所,一共有147 所。

高中阶段的学生需要认识到新高考对自身综合素养与关键能力的培养提出了新的要求,对自身的素养提升、能力培养作出主动规划。普通高中在应对新高考的过程中,需要大力加强学校的内涵发展,努力提升办学品位,关注学生综合素养与关键能力的培养,促进学生面向未来的可持续发展。在选择大学与专业时,要对自己的发展喜好、大学所在城市、专业排名、社会需求等进行综合衡量。

从某种意义上说,专业选择与未来职业选择有很大的关联度。选择的专业与职业竞争是面向全体同龄学生的,只有根据所处的阶段及早做出规划与选择,并且朝着选择的方向不断努力,才有"努力过,不后悔"这句感人至深的话。学生可以先简单了解一下未来所处的职业世界到底是怎样的。

职业世界往往与人的知识结构、兴趣爱好、性格特征等紧密相关,涉及人、理念、物、实务等因素,从而构成一个职业世界地图。所选专业、兴趣与某一领域的职业具有相关性,根据与人有关、与数据有关、与思想有关、与事物有关,构成一个坐标轴,从而形成一张职业世界地图。

学科专业按照横向分为理学、工学、农学、医学、文学、历史学、哲学、经济学、管理学、法学、教育学、军事学、艺术学等 13 个门类。每个学科门类下面设有一级学科,如"机械工程""电子科学与技术""计

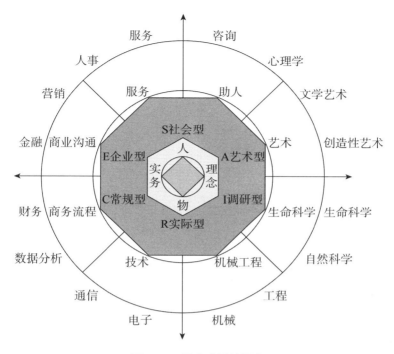

图 7 - 4　职业世界地图表

算机科学与技术""建筑学"等;一级学科下又分为二级学科,如"机械工程"下的二级学科有"机械制造及其自动化""机械电子工程""机械设计及理论""车辆工程"等。依据各职业的主要职责或工作性质划分,2021 年《中华人民共和国职业分类大典》分出 8 个大类、66 个中类、413 个小类、1838 个细类(职业)。[①] 有兴趣的学生与家庭可以看看自己感兴趣的职业类型,然后据此选择合适的大学与专业,这也是一种比较理性的判断与选择。

---

① 国家职业分类大典修订工作委员会.2021 年《中华人民共和国职业分类大典》[EB/OL].(2021 - 12 - 21)[2023 - 10 - 03]http://zchweb. oss-cn-beijing.aliyuncs.com/contract/temp/2021122116541363304.pdf.

2 认识自己的职业世界与职业能力持续夯实

这里所说的"职业能力",是指广义上的职业能力,主要是某类职业群的共同基础能力。对高中生来说,培养的潜能主要是指自己的优势智力领域。这里分析的"职业能力"主要是职业通用能力与核心能力。如果高中生某一方面职业能力特别突出的话,也可以与未来的职业生涯选择联系在一起。

一般而言,能力结构包含三部分,称为"能力三核",包括知识(我懂得的东西)、技能(我能操作与完成的事情)、才干(我的个性、品质、内在特征)。知识包括专业知识(我懂得的东西无法迁移,需要重新学习)、陈述性知识、程序性知识。知识不一定仅仅来自学校,通过自学、实习、培训等也可以获得知识。

※小资料

能力修炼的四个阶梯与能力管理的四个策略

能力的修炼有四个阶梯:无知无能(通过学习)—有知无能(获得知识并进行练习)—有知有能(掌握技能并进行实践)—无知有能(进一步学习,精通才干)。

能力的管理有四个策略:聚焦优势(精进、外化)—利用储存(重新定位、组合使用)—培养潜能(选定、刻意学习)—躲避盲区(躲避、授权、认真面对)。

职业能力是人们在未来职业生涯甚至日常生活中必需的,并能体现在具体职业活动中的最基本能力,具有普遍的适用性和广泛的可迁移性。诸多学者对职业能力提出了自己的思考。职业核心能力是人们职业生涯中除岗位专业能力之外的基本能力,它适用于各种职业,适应岗位的不断变换,是伴随终身的可持续发展能力。它在德国、澳大利亚、新加坡称为"关键能力";在中国大陆和台湾地区称为"关键能力",在香港地区称为"基础技能""共同能力";在美国称为"基本能力",在全美测评协会的技能测评体系中称为"软技能"等。职业核心能力是成功就业和可持续发展的关键能力,是当今世界发达国家、地区职业教育和人力资源开发的热点。

职业核心能力可分为职业方法能力和职业社会能力两大类。职业方法能力是指主要基于个人的,一般有具体和明确的方式、手段的能力。它主要指独立学习、获取新知识技能、处理信息的能力。职业方法能力是劳动者的基本发展能力,是在职业生涯中不断获取新的知识、信息、技能和掌握新方法的重要手段。职业方法能力包括自我学习、信息处理、数字应用等能力。

职业社会能力是指与他人交往、合作、共同生活和工作的能力,既是基本生存能力,又是基本发展能力。它是劳动者在职业活动中,特别是在一个开放的社会生活中必须具备的基本素质。职业社会能力包括与人交流、与人合作、解决问题、革新创新、外语应用等能力。学校对新高考的改革理念与实施方式的精准把握,应与高中生关键能力的培育紧密结合,进行教育教学改革与突破。

2017 年 9 月,中共中央办公厅、国务院办公厅印发的《关于深化教育体制机制改革的意见》要求"在培养学生基础知识和基本技能的过程中,强化学生关键能力培养",并提出需要培养学生的四个关键能力,即认知能力、合作能力、创新能力与职业能力。这四个能力译成英文分别为"cognitive ability""cooperation ability""creative ability""career ability",取这四个词语的英文首字母组合,可以将学生的关键能力简称"4C 能力"。把握新高考改革精髓,有利于推进高中生关键能力培养。职业能力作为一个关键能力之一,成为立德树人要培养的能力。

在未来的专业学习与职业生涯发展中,决定自己能赢在终点的,有几个方面:第一是有良好的起点,也就是通常说的"不输在起跑线上"。但这一点不是决定因素,哪怕输了也没关系,可以靠之后的过硬职业能力追上,包括自我学习能力、合作能力与创新能力等。第二是良好的价值观驱动以及个人追求高度的境界与品格。境界与品格往往决定一个人在未来发展的高度。要不断追求,不"得过且过",用更高的标准要求自己,不养成"差不多就行"的心态。第三是持续的学习与良好的职业能力,能够使一个人赢在终点上。

3 高中生职业生涯规划与生涯决策平衡选择

对自己未来发展职业生涯规划的思考,美国旧金山大学管理学教授韦里克(Weihrich)提出的 SWOT 分析为我们提供了很好的思路:SWOT 是由英文单词 Strength(优势)、Weakness(不足)、Opportunity(机会)和 Threat(挑战)的首字母组合而成的。优势是可控并利用的内在积极因素,如能力优势;不足是可控并努力改善的消极因素,如性格的不足或经验的缺乏;机会是不可控但可以利用的外部积极因素,如社会需求、机遇等;挑战也是不可控但可以利用的外部积极因素,如竞争者等。

表 7-5　SWOT 分析演练

优势:	机会:
不足:	挑战:

在 SWOT 分析演练中,可以列出你所具有的优势与不足、面对的机会与挑战,完成 SWOT 组合分析图,并以此作为规划高中生活的依据。

第一步,面对将来的发展,你有哪些优势? 比如,性格、兴趣、能力、学习经历等。请把答案填入"优势"一栏中。

第二步,你还有哪些不足可能会影响你的发展? 你可以听听父母、老师和朋友的看法,然后把答案填入"不足"一栏中。

在 SWOT 组合分析图中,优势—机会(强化区)是有利于我们发展的,你应充分利用这些优势并把握机遇;优势—挑战区(储备区)标明你虽然在某些方面具有优势,但很可能面临非常激烈的竞争;不足—机会区(提升区)是需要我们去努力提升的方面,这样才能获得更好的发展空间;不足—挑战区(规避区)需要我们客观面对,应该根据实际情况尽可能避免。

在未来的等第考科目选择、大学或专业选择乃至职业生涯选择的过程中,当我们遇到两难选择、模棱两可或不清楚自己的真实想法时,还有一个常用的工具是生涯决策平衡单,在这里我们也做一个简单的介绍。

※小资料

生涯决策平衡单

当我们发现自己感兴趣的发展方向有好几个或在几个值得发展的方向上难以取舍,或者对自己的等第考科目与大学专业选择还不能确定时,我们可以使用生涯决策平衡单来帮助决策。下面是生涯决策平衡单使用指南。

1. 列出你的选项,三个最优,越明确越好(例如,准备选择"物理""化学""历史"作为等第考科目,或者准备选择"英语翻译""机械工程""生命科学"作为大学专业取向)。

2. 列出你在选择时经常考虑的重要因素(譬如,自我与社会价值实现、当前学习成绩、心仪大学要求、父母期许、未来职业达成、家庭职业环境、教师教诲影响、志同道合同学的共同爱好、职业发展稳定性等）。按照你认为这些因素的重要程度分别打分，最重要的为 10 分，最不重要的为 1 分。不需要排序，只需要打分即可。可以有相同分数，但不能出现两个以上的相同分数。

3. 评分。在每个选项与看重因素的交叉格，按照选项的满足情况评分（1～10 分），1 分为最差，10 分为最好。例如，"选项 A：物理"对应看重因素下的"当前学习成绩"，如果当前物理学科成绩不错，就可以在该交叉格的满足度上打 9 分；如果该科成绩一般，但有提升空间，则可以在该交叉格的满足度上打 7 分。你可以依次在各因素与选项的所有交叉格上对满足度进行相应评分。如果某一选择项在你看重的任何一个重要因素的满足度评分上均低于你的底线，则这一选项可以不再作为你的选择项。所有打分，请打整数分数。

4. 计算。计算每个选项的加权分数（加权分数＝看重因素的重要度分数×该选项的满足度分数，如"选项 A：物理"满足看重要素"当前学习成绩"为 9 分，即"当前学习成绩"的重要度为 9 分，则交叉格的加权分数为 81 分，以此类推，最后选出每个选项的加权总分），加权总分最高的即为当前最优选项。

5. 整体看生涯决策平衡单，根据自身发展的价值取向判断哪一项分数的确需要调整，可适当进行调整，调整后再核算加权分数，得出最优选项。

6. 思考几个问题：(1)面对最后的分数，可能有新的选项或方法出现，让你看重的因素都得到满足了吗？(2)如果你仍然选择分数低的选项，一定要有一些重要的价值（如国家发展、社会发展与家庭发展的战略需要）。你能把它们列出来吗？(3)如果你选择分数高的选项，能让不太满意的地方变得满意吗？（例如，你未来想学"机械工程专业"，可当前的物理、化学成绩还不能令你满意，那就想办法去努力提升这些学科的成绩，功夫不负有心人。）

表 7 - 6　生涯决策平衡单(样张)

看重要素 (将看重因素 列于下面)	重要度 (1～ 10 分)	选项 A 名称 (物理或机械工程)	选项 B 名称 (化学或环境工程)	选项 C 名称 (生物或生命科学)
加权总分合计				

　　海明威说:"比别人优秀的人并不是真优秀,真正优秀的人是比过去的自己更优秀。"在未来成长的道路上,我们要敢于面对失败,不要轻言认输。许多人认为胜利的人才是真英雄。其实,只有输过的人才是真英雄,因为只有输过,才能真正明白胜利的意义。在追求梦想的道路上,要敢于自己与自己较劲,规划好自己人生发展的道路。

后　记

　　立足于"为党育人、为国育才"的教育价值追求与"储人才、备国家之用"的办学宗旨落实,针对上海中学集聚的学生群体资质相对优异这一特点,如何把握学校实际与学生成长需求,在传承中发展,在发展中创新,形成对资优生发展指导的智慧集结,是我们一直在认真思考的问题。

　　普通高中建立学生发展指导制度是一项复杂的系统工程。《普通高中课程方案(2017年版2020年修订)》把学生发展指导系统作为学校实施的重要内容之一专门提出。上海中学在长期探索中形成的以"聚焦志趣、激发潜能"为导引的学生发展指导系统,结合上海市全员导师制的落实,根据集聚学生资质相对优异的特点,构建了契合资优生发展需求的学生发展指导系统。这无论是对推进上海中学作为教育部批准的普通高中新课程新教材实施首批国家级示范校的示范内容呈现,还是对同类学校建立学生发展指导系统,均具有重要价值。

　　在"构建德智体美劳全面培养体系,形成更高水平人才培养体系"的视角下,上海中学这一类型的实验性示范性高中,积聚了一批资质相对优异的学生群体,而高中阶段有发展潜质的学生对未来发展方向的学术志趣需要进一步明晰。立足于有潜质学生的学术志趣聚焦的全方面引领,学校注重以学生德智体美劳全面发展为根基,关注每一个学生优势潜能与个性潜质的开发,创设多样的学生发展平台与载体,以"认识自我"与"认识社会"为纵线,以"聚焦志趣、激发潜能"为横线,以全面导师制落实为中轴,在多年实践基础上完善学生发展指导系统,帮助学生形成更为理性的生涯选择。

　　本书为广大学生与家长呈现了一个全面、真切的上海中学立足于学生全面而有个性发展的导引图景。学校在促进学生志趣能匹配的整体思考下,进行了德育先导——立志先立德、多维导才——全员导师制的升华、课程导趣——在知识的海洋中遨游、劳动教育导引——资优生劳动素养提升、评价导行——建立以评促学的综合素养评价系统、生涯导航——促进学生形成最佳阶段发展合适取向等六个方面的学生成长导引实践探索,为学生整体规划高中三年的学习以及找到自身的发展追求,为学生成长提供了可资借鉴的智慧启迪。

　　本书第一章由刘茂祥老师负责撰写;第二章由上海中学德育联席会各特色课程指导老师提供素材,张泽红书记负责统稿;第三章由王莺老师、刘育琦老师以及各年级组长负责撰写;第四章由樊新强老师、树騑老师、李锋云老师、张智顺老师组稿;第五章由张泽红老师、刘茂祥老师、王莺老师、刘育琦老师、程林老师共同完成;第六章由树騑老师、马峰老师提供素材;第七章由刘茂祥老师、程林老师负责。上海中学各教研组、专门课程负责人等提供学生发展指导的多种类型素材。全书由冯志刚校长、张泽红书记统稿审定。

　　本书介绍的资优生发展指导体系,是上海中学多年来培育学生的智慧集结,也是上海中学多年来立足于学生可持续发展的改革探索结晶。希望本书的出版能为上海中学在校生及其家长、为梦想进入上海中学的学生及其家长、为想全面了解上海中学的各界同仁,提供一个全面认识上海中学的平台。衷心感谢为本书出版作出贡献的每一位师生。衷心感谢为本书出版付出辛劳的上海教育出版社徐建飞主任与各位编辑。由于在本书编写过程中,学校教育教学改革还在持续进行中,因此如有不妥之处,还请读者指正。

本书编写组

2024 年 5 月

图书在版编目（CIP）数据

志存高远：普通高中资优生发展指导 / 冯志刚，张
泽红主编. — 上海：上海教育出版社，2024.4
（"龙门书院·上海中学"书系）
ISBN 978-7-5720-2592-1

Ⅰ.①志… Ⅱ.①冯… ②张… Ⅲ.①高中生 – 人才
培养 – 研究 Ⅳ.①G632.0

中国国家版本馆CIP数据核字(2024)第076254号

责任编辑　徐建飞
美术编辑　金一哲

"龙门书院·上海中学"书系
志存高远——普通高中资优生发展指导
冯志刚　张泽红　主编

出版发行　上海教育出版社有限公司
官　　网　www.seph.com.cn
地　　址　上海市闵行区号景路159弄C座
邮　　编　201101
印　　刷　上海盛通时代印刷有限公司
开　　本　890×1240　1/32　印张 15.25　插页 4
字　　数　396 千字
版　　次　2024年5月第1版
印　　次　2024年5月第1次印刷
书　　号　ISBN 978-7-5720-2592-1/G·2284
定　　价　90.00 元

如发现质量问题，读者可向本社调换　电话：021-64373213